当代儒师培养书系·儿童教育和发展系列

主编　舒志定

DIGITAL MEDIA READING
FOR CHILDREN

儿童数字媒体阅读

胡水星　／著

ZHEJIANG UNIVERSITY PRESS
浙江大学出版社
·杭州·

图书在版编目（CIP）数据

儿童数字媒体阅读 / 胡水星著. — 杭州：浙江大
学出版社，2022.12
ISBN 978-7-308-23040-7

Ⅰ.①儿… Ⅱ.①胡… Ⅲ.①儿童－阅读辅导－研究
Ⅳ.①G252.17

中国版本图书馆 CIP 数据核字（2022）第 170534 号

内容简介

随着信息技术的飞速发展，阅读载体和媒介的多元化给人们带来新的阅读体验。数字化阅读让阅读更精彩，但同时也带来了新的阅读挑战。为了适应数字媒体时代的阅读变革，培养儿童的数字媒介素养，提升儿童的学习能力和阅读水平，本书从理论和实践的角度构建儿童数字媒体的阅读内容框架。

第 1 章"数字时代与数字媒体特征"，重点阐述数字时代发展趋势和数字媒体内涵、特征。

第 2 章"儿童认知与数字媒体阅读"，重点阐述儿童阅读的认知理论和数字媒体阅读的特点。

第 3 章"国内外数字化阅读研究现状与述评"，通过国内外文献综述阐明研究现状与问题。

第 4 章"儿童数字化阅读调查分析与提升策略"，基于儿童数字化阅读的调查分析，提出提升儿童数字化阅读的应对策略。

第 5 章"儿童数字媒体阅读设计与开发"，重点阐述数字媒体设计理论基础和开发原则。

第 6 章"儿童数字媒体制作软件及应用"，重点结合案例介绍数字媒体开发工具与软件。

儿童数字媒体阅读
ERTONG SHUZI MEITI YUEDU
胡水星　著

丛书策划	朱　玲
责任编辑	陈丽勋
文字编辑	沈巧华
责任校对	汪荣丽
封面设计	春天书装
出版发行	浙江大学出版社
	（杭州市天目山路 148 号　邮政编码 310007）
	（网址：http://www.zjupress.com）
排　　版	杭州朝曦图文设计有限公司
印　　刷	杭州宏雅印刷有限公司
开　　本	787mm×1092mm　1/16
印　　张	16.25
字　　数	385 千
版 印 次	2022 年 12 月第 1 版　2022 年 12 月第 1 次印刷
书　　号	ISBN 978-7-308-23040-7
定　　价	59.00 元

当代儒师培养书系

总　序

　　把中华优秀传统文化融入教师教育全过程,培育有鲜明中国烙印的优秀教师,这是当前中国教师教育需要重视和解决的课题。湖州师范学院教师教育学院对此进行了探索与实践,以君子文化为引领,挖掘江南文化资源,提出培养当代儒师的教师教育目标,实践"育教师之四有素养、效圣贤之教育人生、展儒师之时代风范"的教师教育理念,体现教师培养中对传统文化的尊重,昭示教师教育中对文化立场的坚守。

　　能否坚持教师培养的中国立场,这应是评价教师教育工作是否合理的重要依据,我们把它称作教师教育的"文化依据"(文化合理性)。事实上,中国师范教育在发轫之际就强调教师教育的文化立场,确认传承传统文化是决定师范教育正当性的基本依据。

　　19世纪末20世纪初,清政府决定兴办师范教育,一项重要工作是选派学生留学日本和派遣教育考察团考察日本师范教育。1902年,清政府讨论学务政策,张之洞就对张百熙说:"师范生宜赴东学习。师范生者不惟能晓普通学,必能晓为师范之法,训课方有进益。非派人赴日本考究观看学习不可。"[①]以1903年为例,该年4月至10月间,游日学生中的毕业生共有175人,其中读师范者71人,占40.6%。[②]但关键问题是要明确清政府决定向日本师范教育学习的目的是什么。无论是选派学生到日本学习师范教育,还是派遣教育考察团访日,目标都是为清政府拟定教育方针、教育宗旨。事实也是如此,派到日本的教育考察团就向清政府建议要推行"忠君、尊孔、尚公、尚武、尚实"的教育宗旨。这10个字的教育宗旨,有着鲜明的中国文化特征。尤其是把"忠君"与"尊孔"立于重要位置,这不仅要求把"修身伦理"作为教育工作的首要事务,而且要求教育坚守中国立场,使传统中国道统、政统、学统在现代学校教育中得以传承与延续。

　　当然,这一时期坚持师范教育的中国立场,目的是发挥教育的政治功能,为清政府巩固统治地位服务。只是,这些"学西方、开风气"的"现代性"工作的开展,并没有改变国家进一步衰落的现实。因此,清政府的"新学政策",引起了一批有识之士的反思、否定与批判,他们把"新学"问题归结为重视科技知识教育、轻视社会义理教育。早在1896年梁启超在《学校总论》中就批评同文馆、水师学堂、武备学堂、自强学堂等新式教育的问题是"言艺之事多,言政与教之事少",为此,他提出"改科举之制""办师范学堂""区分专门之业"三点建议,尤其是强调开办师范学堂的意义,否则"教习非人也"。[②] 梁启超的观点得到军机大臣、总理衙门的

　　①②　转引自田正平.传统教育的现代转型.杭州:浙江科学技术出版社,2013:376.

　　②　梁启超.饮冰室合集·文集之一.北京:中华书局,1989:19-20.

认同与采纳，1898 年颁布的《筹议京师大学堂章程》就明确要求各省所设学堂不能缺少义理之教。"夫中学体也，西学用也，两者相需，缺一不可，体用不备，安能成才。且既不讲义理，绝无根底，则浮慕西学，必无心得，只增习气。前者各学堂之不能成就人才，其弊皆由于此。"①很明显，这里要求学校处理好中学与西学、义理之学与技艺之学之间的关系，如果只重视其中一个方面，就难以实现使人成才的教育目标。

其实，要求学校处理好中学与西学、义理之学与技艺之学之间的关系，实质是对学校性质与教育功能的一种新认识，它突出学校传承社会文明的使命，把维护公共利益、实现公共价值确立为学校的价值取向。这里简要举两位教育家的观点以说明之。曾任中华民国教育部第一社会教育工作团团长的董渭川认为，国民学校是"文化中心"，"在大多数民众是文盲的社会里，文化水准既如此之低，而文化事业又如此贫乏，如果不赶紧在全国每一城乡都建立起大大小小的文化中心来，我们理想中的新国家到哪里去培植基础？"而这样的文化中心不可能凭空产生，"其数量最多、比较最普遍且最具教育功能者，舍国民学校当然找不出第二种设施。这便是非以国民学校为文化中心不可的理由"。② 类似的认识，也是陶行知推行乡村教育思想与实践的出发点。他希望乡村教育对个人和乡村产生深刻的变革，使村民自食其力和村政工作自有、自治、自享，实现乡村学校是"中国改造乡村生活之唯一可能的中心"的目标。③

可见，坚守学校的文化立场，是中国教师教育的一项传统。要推进当前教师教育改革，依然需要坚持和传承这一教育传统。就如习近平总书记所说："办好中国的世界一流大学，必须有中国特色。……世界上不会有第二个哈佛、牛津、斯坦福、麻省理工、剑桥，但会有第一个北大、清华、浙大、复旦、南大等中国著名学府。我们要认真吸收世界上先进的办学治学经验，更要遵循教育规律，扎根中国大地办大学。"④扎根中国大地办大学，才能在人才培养中融入中国传统文化资源，培育具有家国情怀的优秀人才。

基于这样的考虑，我们提出把师范生培养成当代儒师，这符合中国国情与社会历史文化的发展要求。因为在中国百姓看来，"鸿儒""儒师"是对有文化、有德行的知识分子的尊称。当然，我们提出把师范生培养成当代"儒师"，不是要求师范生做一名类似孔乙己那样的"学究"（当然孔乙己可否称得上"儒师"也是一个问题，我们在此只是做一个不怎么恰当的比喻），而是着力挖掘历代鸿儒大师的优秀品质，将其作为师范生的学习资源与成长动力。

的确，传统中国社会"鸿儒""儒师"身上蕴含的可贵品质，依然闪耀着光芒，对当前教师品质的塑造具有指导价值。正如董渭川对民国初年广大乡村区域学校不能替代私塾原因的分析，其认为私塾的"教师"不仅要教育进私塾学习的儿童，更应成为"社会的"教师，教师地位特别高，"在大家心目中是一个应该极端崇敬的了不起的人物。家中遇有解决不了的问题，凡需要以学问、以文字、以道德人望解决的问题，一概请教于老师，于是乎这位老师真正

① 朱有瓛.中国近代学制史料（第一辑·上册）.上海：华东师范大学出版社，1983：602.
② 董渭川.董渭川教育文存.北京：人民教育出版社，2007：127.
③ 顾明远，边守正.陶行知选集（第一卷）.北京：教育科学出版社，2011：230.
④ 习近平.青年要自觉践行社会主义核心价值观.中国青年报，2014-05-05(01).

成了全家的老师"①。这就是说,"教师"的作用不只是影响受教育的学生,更是影响一县一城的风气。所以,我们对师范生提出学习儒师的要求,目标就是要求师范生成长为师德高尚、人格健全、学养深厚的优秀教师,由此也明确了培育儒师的教育要求。

一是塑造师范生的师德和师品。要把师范生培养成合格教师,面向师范生开展师德教育、学科知识教育、教育教学技能教育、实习实践教育等教育活动。这其中,提高师范生的师德修养是第一要务。正如陶行知所说,教育的真谛是千教万教教人求真、千学万学学做真人,因此他要求自己是"捧着一颗心来,不带半根草去"。

当然,对师范生开展师德教育,关键是使师范生能够自觉地把高尚的师德目标内化成自己的思想意识和观念,内化成个体的素养,变成自身的自觉行为。一旦教师把师德要求在日常生活的为人处世中体现出来,就反映了教师的品质与品位,这就是我们要倡导的师范生的人品要求。追求高尚的人格,涵养优秀的人品,是优秀教育人才的共同特征。不论是古代的圣哲孔子、朱熹、王阳明等一代鸿儒,还是后来的陶行知、晏阳初、陈鹤琴等现当代教育名人,他们在一生的教育实践中,始终保持崇高的人生信仰,恪守职责,爱生爱教,展示为师者的人格力量,是师范生学习与效仿的榜样。倡导师范生向着儒师目标努力,旨在要求师范生学习历代教育前辈的教育精神,培育其从事教育事业的职业志向,提升其贡献教育事业的职业境界。

二是实现师范生的中国文化认同。历代教育圣贤,高度认同中国文化,坚守中国立场。在学校教育处于全球化、文化多元化的背景下,更要强调师范生的中国文化认同。强调这一点,不是反对吸收多元文化资源,而是强调教师要自觉成为中华优秀传统文化的传播者,这就要求把中华优秀传统文化融入教师培养过程中。这种融入,一方面是从中华优秀传统文化宝库中寻找教育资源,用中华优秀传统文化资源教育师范生,使师范生接触和了解中华优秀传统文化,领会中国社会倡导与坚守的核心价值观,增强文化自信;另一方面是使师范生掌握中国传统义化、社会发展历史的知识,具备和学生沟通、交流的意识和能力。

三是塑造师范生的实践情怀。从孔子到活跃在当代基础教育界的优秀教师,他们成为优秀教师的最基本特点,便是一生没有离开过三尺讲台、没有离开过学生,换言之,他们是在"教育实践"中获得成长的。这既是优秀教师成长规律的体现,又是优秀教师关怀实践、关怀学生的教育情怀的体现。而且优秀教师的这种教育情怀,出发点不是"精致利己",而是和教育报国、家国情怀密切联系在一起。特别是国家处于兴亡关键时期,一批批有识之士,虽手无寸铁,但是他们投身教育,或捐资办学,或开门授徒,以思想、观念、知识引领社会进步和国家强盛。比如浙江朴学大师孙诒让,作为清末参加科举考试的一介书生,看到中日甲午战争中清政府的无能,怀着"自强之原,莫先于兴学"的信念,回家乡捐资办学,首先办了瑞安算学馆,希望用现代科学拯救中国。

四是塑造师范生的教育性向。教育性向是师范生是否喜教、乐教、善教的个人特性的具体体现,是成为一名合格教师的最基本要求。教育工作是一项专业工作,这对教师的专业素养提出了严格要求。教师需要的专业素养,可以概括为很多条,说到底最基本的一条是教师

---

①　董渭川.董渭川教育文存.北京:人民教育出版社,2007:132.

能够和学生进行互动交流。因为教师的课堂教学工作,实质上就是和学生互动的实践过程。这既要求培养教师研究学生、认识学生、理解学生的能力,又要求培养教师对学生保持宽容的态度和人道的立场,成为纯净的、高尚的人,成为精神生活丰富的人,能够照亮学生心灵,促进学生的健康发展。

依据这四方面的要求,我们主张面向师范生开展培养儒师的教育实践,不是为了培养儒家意义上的"儒"师,而是要求师范生学习儒师的优秀品质,学习儒师的做人之德、育人之道、教人之方、成人之学,造就崇德、宽容、儒雅、端正、理智、进取的现代优秀教师。

做人之德。对德的认识、肯定与追求,在中国历代教育家身上体现得淋漓尽致。舍生取义,追求立德、立功、立言三不朽,这是传统知识分子的基本信念和人生价值取向。对当前教师来说,最值得学习的德之要素,是以仁义之心待人,以仁义之爱弘扬生命之价值。所以,要求师范生学习儒师、成为儒师,既要求师范生具有高尚的政治觉悟、思想修养、道德立场,又要求师范生具有宽厚的人道情怀,爱生如子,公道正派,实事求是,扬善惩恶。正如艾思奇为人,"天性淳厚,从来不见他刻薄过人,也从来不见他用坏心眼考虑过人,他总是拿好心对人,以厚道待人"[①]。

育人之道。历代教育贤哲都认为教育是一种"人文之道""教化之道",也就是强调教育要重视塑造人的德行、品格,提升人的自我修养。孔子就告诫学生学习是"为己之学",意思是强调学习与个体自我完善的关系,并且强调个体的完善,不仅是要培育德行,而且是要丰富和完善人的精神世界。所以,孔子相信礼、乐、射、御、书、数等六艺课程是必要的,因为不论是乐,还是射、御,其目标不是让学生成为唱歌的人、射击的人、驾车的人,而是要从中领悟人的生存秘密,这就是追求人的和谐,包括人与周围世界的和谐、人自身的身心和谐,成为"自觉的人"。这个观点类似于康德所言教育的目的是使人成为人。但是,康德认为理性是教育基础,教育目标是培育人的实践理性。尼采说得更加清楚,认为优秀教师是一位兼具艺术家、哲学家、救世圣贤等身份的文化建树者[②]。

教人之方。优秀教师不仅学有所长、学有所专,而且教人有方。这是说,教师既懂得教育教学的科学,又懂得教育教学的艺术,做到教育的科学性和艺术性的统一。中国古代圣贤推崇悟与体验,正如孔子所说,"三人行,必有我师焉",成为"我师"的前提是"行"("三人行"),也就是说,只有在人与人的相互交往中,才能有值得学习的资源。可见,这里强调人的"学",依赖于参与、感悟与体验。这样的观点在后儒那里,变成格物致良知的功夫,以此达成转识成智的教育目标。不论怎样理解与阐释先贤圣哲的观点,都必须肯定这些思想家的教人之方的人文立场是清晰的,这对破解当下科技理性主导教育的思路是有启示的,也能为互联网时代教师存在的意义找到理由。

成人之学。学习是促进人成长的基本因素。互联网为学习者提供了寻找、发现、传播信息的技术手段,但是,要指导学生成为一名成功的学习者,教师更需要保持强劲的学习动力,提升持续学习的能力。而学习价值观是影响和支配教师持续学习、努力学习的深层次因素。

---

① 董标,杜国庠.左翼文化运动的一位导师——以艾思奇为中心的考察//刘正伟.规训与书写:开放的教育史学.杭州:浙江大学出版社,2013:209.

② 李克寰.尼采的教育哲学——论作为艺术的教育.台北:桂冠图书股份有限公司,2011:50.

对此,联合国教科文组织在研究报告《反思教育:向"全球共同利益"的理念转变?》中明确指出教师对待"学习"应坚持的价值取向:教师需要接受培训,学会促进学习、理解多样性,做到包容,培养与他人共存的能力及保护和改善环境的能力;教师必须营造尊重他人和安全的课堂环境,鼓励自尊和自主,并且运用多种多样的教学和辅导策略;教师必须与家长和社区进行有效的沟通;教师应与其他教师开展团队合作,维护学校的整体利益;教师应了解自己的学生及其家庭,并能够根据学生的具体情况施教;教师应能够选择适当的教学内容,并有效地利用这些内容来培养学生的能力;教师应运用技术和其他材料,以此作为促进学习的工具。联合国教科文组织的报告强调教师要促进学习,加强与家长和社区、团队的沟通及合作。其实,称得上是儒师的中国学者,都十分重视学习以及学习的意义。《礼记·学记》中说"玉不琢,不成器;人不学,不知道";孔子也说自己是"十有五而志于学",要求"学以载道";孟子更说得明白,"得天下英才而教育之"是值得快乐的事。可见,对古代贤者来说,"学习"不仅仅是为掌握一些知识,获得某种职业,更是为了"寻道""传道""解惑",为了明确人生方向。所以,倡导师范生学习儒师、成为儒师,目的是使师范生认真思考优秀学者关于学习与人生关系的态度和立场,唤醒心中的学习动机。

基于上述思考,我们把做人之德、育人之道、教人之方、成人之学确定为儒师教育的重点领域,为师范生成为合格乃至优秀教师标明方向。为此,我们积极推动将中华优秀传统文化融入教师教育的实践,取得了阶段性成果。一是开展"君子之风"教育和文明修身活动,提出了"育教师之四有素养、效圣贤之教育人生、展儒师之时代风范"的教师教育理念,为师范文化注入新的内涵。二是立足湖州文脉精华,挖掘区域文化资源,推进校本课程开发,例如"君子礼仪和大学生形象塑造""跟孔子学做教师"等课程已建成校、院两级核心课程,成为将中华优秀传统文化融入教师教育的有效载体。三是把社区教育作为将中华优秀传统文化融入教师教育的重要渠道,建立"青柚空间""三点半学堂"等师范生服务社区平台,这些平台成为师范生传播中华优秀传统文化和收获丰富、多样的社区教育资源的重要渠道。四是重视推动有助于将中华优秀传统文化融入教师教育的社团建设工作,例如建立胡瑗教育思想研究社团,聘任教育史专业教师担任社团指导教师,使师范生在参加专业的社团活动中获得成长。这些工作的深入开展,对向师范生开展中华优秀传统文化教育产生了积极作用,成为师范生认识国情、认识历史、认识社会的重要举措。而此次组织出版的"当代儒师培养书系",正是学院教师对优秀教师培养实践理论探索的汇集,也是浙江省卓越教师培养协同创新中心浙北分中心、浙江省重点建设教师培养基地、浙江省高校"十三五"优势专业(小学教育)、湖州市重点学科(教育学)、湖州市人文社科研究基地(农村教育)、湖州师范学院重点学科(教育学)的研究成果。我们相信,该书系的出版,将有助于促进学院全面深化教师教育改革,进一步提升教师教育质量。我们更相信,将中华优秀传统文化融入教师培养全过程,构建先进的、富有中国烙印的教师教育文化,是历史和时代赋予教师教育机构的艰巨任务和光荣使命,值得教师教育机构持续探索、创新有为。

舒志定

2018 年 1 月 30 日于湖州师范学院

前 言
FOREWORD

　　信息化的浪潮席卷教育教学领域，促进了教育教学的改革与实践。面对信息时代的变革，每一个人都应加强学习以适应新技术的发展，不断促进自身信息素养的提升。数字化作为信息时代的一种重要特征，已经对媒体内涵、传播方式、存储形式和应用模式产生了巨大的影响，我们已经生活在数字媒体时代，能否快速辨别、分析和利用数字媒体资源成为判断一个人数字媒介素养的重要因素。儿童作为数字媒体时代的数字"土著"，生活在数字媒体海洋之中。对各种数字媒体的阅读、选择和应用，不仅丰富和发展了儿童的认知心理，也塑造了儿童的阅读习惯，更影响着儿童的阅读能力和发展水平。从儿童教育和发展的视角，系统阐明数字媒体的内涵、特征、问题和发展，把数字媒体的特点与儿童认知紧密结合起来进行分析，构建儿童数字媒体阅读的有效模式和实施策略，对于提升数字时代儿童的阅读能力、数字媒介素养和数字化学习能力具有重要意义。鉴于此，我们研究团队从理论和实践的角度构建儿童数字媒体阅读的内容框架。首先深入阐述数字媒介使用与儿童阅读需求的现状、问题和关系；其次基于数字媒体的特性、儿童的认知心理和阅读习惯，提出儿童数字媒体的设计原则、方法和具体策略；最后基于开发工具进行数字媒体的案例开发和软件应用。期望本书能够为儿童数字媒体阅读的设计与开发提供借鉴，为数字媒体在儿童教育中的有效应用拓展思路。

　　胡水星统稿，主要负责内容框架设计、章节审定和内容校订等工作，同时，本书得到了研究生完亚婷、汪霞、蒋云、荆洲、赵晴，教师陈秋诞、阮冬生、刘刚的支持。

　　本书既是 2021 年度浙江省哲学社会科学规划课题"基于教育大数据的在线教育适应性学习模型及其应用研究"（课题编号：21NDJC152YB）的研究成果，也是浙江省教师教育创新实验区建设项目"互联网＋教师教育实训平台的构建与应用实践研究"的研究成果。同时，本书也是浙江省教育信息化评价与应用研究中心阶段性研究成果。

　　本书在编撰过程中，参阅了大量的期刊文献，引用了许多专家、学者的著作、论文和网上资源，其中主要资料来源已在参考文献中列出，如有遗漏，敬请谅解，在此对这些文献的作者深表谢意！

胡水星

2021 年 5 月

目 录

CONTENTS

1 数字时代与数字媒体特征

信息技术的飞速发展促进了新媒体类型的产生与变革,数字化已经成为这个时代的显著特征,我们生活在数字媒体的海洋之中。了解和熟悉数字媒体的基本特征、内涵,有助于我们更加有效地利用它们,为我们的学习、工作和生活提供便捷。本章主要阐述数字时代概念及数字媒体的特征,主要对数字时代内涵、数字时代特征以及数字时代的媒体技术基础进行解读,并介绍数字媒体在教育、生活、社会和文化等领域的发展与应用。

1.1 数字时代

数字时代,媒体内容的多元化展示、数字化传递、立体化呈现重塑了人们的学习、工作和生活。更好地理解数字时代的特征、内涵,更好地掌握数字媒体技术,成为数字时代是人们的一种新的诉求,是一种新的学习、工作和生活方式下的新要求。

1.1.1 数字时代概述

1946 年,世界上第一台电子计算机的问世,标志着第三次科技革命的开始,成为人类历史上具有深远意义的新起点。[①] 人类开始迈进电子信息时代,开创了"地球村"的新局面。人们的日常生活和学习方式发生了改变,生活更加便利。

(1)数字时代的内涵

数字时代又称为电子信息时代,它是电子信息时代的一个代名词。电子信息时代开始于 20 世纪 40 年代,首先应用于原子能技术、航天技术和电子计算机等领域,直到 20 世纪 80 年代末,人类社会进入高度信息化时代后,计算机网络的出现提高和扩展了人类交流信息的能力,数字时代才真正开始它的新纪元。[②] 20 世纪 90 年代以来,互联网极其迅速地渗透我们生活的各个领域,在各方面影响并改变着我们的生活方式。随着互联网技术的不断发展,人们正源源不断地把信息资源灌入网络,使得网络空间这个虚拟世界迅速膨胀,而创造这样一个虚拟世界正是人进化的一部分。人的本质是社会关系的总和,个体的进步与社会的进

---

① 周文清. 数字时代的关联主义学习理论研究. 上海:华东师范大学,2014.
② 宫春洁. 数字时代电影美学嬗变研究. 长春:吉林大学,2019.

步紧密联系,随着世界文化的不断发展,我们生存的社会也在变得越来越复杂。

自 1965 年保罗·朗格朗(Paul Lengrand)正式提出终身教育以来,世界各国纷纷将终身教育作为本国实施教育的一大政策,而事实上,各国间经济或科技的竞争,归根结底都是人才的竞争。而数字时代的到来无疑为知识在短时间内传播至最大范围提供了技术上的支持。现如今,互联网更是成了人们获取相关资源和信息的最便捷、最快速的渠道之一,这种现象在往后将有持续增长的趋势。不仅在资源获取方面,在与人交流、消费购物、娱乐工作等方面,也随处可见人们运用和借助互联网的身影。第 44 次《中国互联网络发展状况统计报告》显示,截至 2019 年 6 月,我国网民规模达 8.54 亿,较 2018 年底增长 2598 万;互联网普及率达 61.2%,较 2018 年底提升 1.6 个百分点。[①] 互联网在我国的普及率已超 50%,并在不断地影响广大网民的日常生活、学习和工作。

计算机和互联网技术对人类社会影响如此深远,所以我们把今天所处的时代叫作数字时代或电子信息时代。[②]

(2)数字时代的特征

数字时代在信息传播速度和信息保存方面具有高速传播性和长久储存性等主要特征。

数字时代最大的特征是信息高速传递。这意味着人们在进行信息资源等点对点式的传播上实现高速传播,且突破了以往点对点式的传播方式,实现了由点到多点的辐射式传播,在更大程度上加快了信息资源的传播速度,让信息以最短的时间辐射到更多的人,让人们能够以最快的速度掌握最新动态,这在一定程度上也加快了信息更新的速度。基于数字时代的这一特性,衍生出了如大数据、云端、人工智能等新技术,这又在一定程度上影响和改变了人们的生活方式。现如今,人们可以打破时间和空间的限制,通过互联网随时随地与人交流、分享经验,更有远程教育、远程医疗等技术,改善了人们的生活,在某种层面上缓解了资源不平衡的状况。

数字时代的另一大特征是信息长久储存。数据存储技术在快速发展的当下,其存储设备已经发展得越来越成熟,无论是存储量还是存储时间都可以满足人们在日常生活中对信息存储的要求。在日常生活、学习和工作中,人们对不同的信息有不同的存储要求,特别是在工作中,对某些特定的信息有特殊的存储要求,这一需要也推动了信息存储设备的改进和完善,实现信息存储自由化、便捷化。比如,可以无期限地将电影添加至自己的收藏夹中,或者直接缓存,信息的存储方式与人们的生活工作需要相互关联。

信息高速传递、长久储存,在某种程度上也加剧了信息泄露及谣言产生的风险。信息传播速度快可能导致信息泄露或者当谣言产生时不能及时快速制止,而信息长久储存也会增加信息泄露的风险,一件事情发生后过了很长时间仍有可能被再次提起。所以在信息快速发展的当下,我们要有辨别信息真伪的意识和能力。

---

① 于朝晖. CNNIC 发布第 44 次《中国互联网络发展状况统计报告》. 网信军民融合,2019(9):30-31.

② 陈永静. 数字时代教育出版企业的战略转型探究. 开封:河南大学,2012.

(3)数字时代的技术基础

随着科学技术的发展和进步,数字时代已经悄然而至,并逐步影响和改变着人们的日常生活与生产,人们在享受数字时代所带来的便捷生活的同时,也对数字媒体的发展提出了更高更细致的新要求。而计算机技术、多媒体技术、网络通信和大数据、人工智能和虚拟现实、沉浸现实以及增强现实等技术的成熟和发展,为数字媒体的多样性和多元化提供了技术基础和技术支持,在一定程度上也推动着数字时代的发展革新。

1)计算机技术

由张效祥院士主编的《计算机科学技术百科全书》对计算机技术的概念进行了完整、严谨的阐述:"计算机技术更偏重于研发和制造计算机以及在使用时对信息管理的方式。"[①]在此我们对计算机的发展历程做简单的梳理。

计算机发展至今,已经历了四代的发展更迭。1946 年 2 月,埃克特(Eckert)和莫克利(Mauchly)这两位美国发明家在美国宾夕法尼亚大学(University of Pennsylvania)研制出了世界上第一台计算机,由此人类进入信息时代,拉开了第三次科技革命的序幕,开始了人类历史社会发展的新纪元。[②] 第一代计算机是电子管计算机(1946—1957 年),其作用主要是科学计算。它的诞生标志着计算工具发生了革命性的变化,其二进位制与程序存储等技术,为现代计算机奠定了技术基础。第二代计算机是晶体管计算机(1957—1964 年),在前一代计算机应用的基础上,开始运用于数据处理和过程控制等方面。在 20 世纪 50 年代中期,晶体管的出现使得计算机技术得到了根本性的发展,在整体性能上也比第一代计算机提高很多,高级语言逐渐在计算机中出现。第三代计算机是中小规模集成电路计算机(1964—1971年),大约在 1965 年以后,由于半导体技术的提升,在第二代计算机的基础上,集成电路成功问世,推动了计算机向更广泛领域和更高功能性迈进,该计算机的应用领域得到进一步扩大,在软件方面有了更为标准化的程序设计语言和人机会话式的语言。第四代计算机是大规模和超大规模集成电路计算机(1971 年至今),由于大规模集成电路的出现及生产应用改进了计算机硬件,计算机的体积又变小了,性能也更好了。随后出现的微型计算机更是走入了寻常百姓家,几乎全部的行业都开始使用计算机,计算机又扩大了其应用的范围。[③]

计算机技术的成熟与完善必然能促使计算机成熟,随着科技的发展与时代的进步,人们对计算机技术的要求逐渐提高,在我们生活的各方面都开始使用计算机技术,计算机技术逐渐发挥着重要的作用。计算机技术的发展在一定程度上推动着其他数字媒体的发展,其他数字媒体在计算机技术发展的基础上进行完善和发展,[④]以更好地满足人们对数字媒体的新要求。

① 张效祥.计算机科学技术百科全书.3 版.北京:清华大学出版社,2018:424.
② 徐新贺.浅析现代计算机技术的发展方向与趋势.科技视界,2016(8):196-197.
③ 姚浩斯拉.浅析现代计算机技术的发展方向与趋势.科技创新导报,2015,12(3):41-42.
④ 陈静.浅谈数字媒体艺术对动画设计的影响.科技资讯,2018,16(28):9-10.

2）多媒体技术

韩保来在其《多媒体教学——教学电脑化·网络化》一书中提到，"多媒体（multimedia）"一词源于"复合、多样（multiple）"和"媒体（media）"的组合。[①] 由此可以看出，多媒体是多种媒体的组合，所以在了解多媒体之前，我们需要先了解何为媒体。

媒体是指传播信息的媒介，是指人们在传递和接收信息时的一种工具，或是一种渠道来源，或是一种承载的物体，或是某一种中介抑或某一种技术性的手段。[②] 也可以把媒体看作实现信息从传播者传递到接收者的技术手段。其中媒体具有两层意思，既可以指媒质，即一种用来存储信息的实体，比如磁盘或者光盘等；也可以指媒介，即一种可以用来承载、传递信息的形式，比如文字、声音、图形等。[③] 何克抗教授在其《当代教育技术研究的内容与发展趋势》一文中指出："多媒体"融合多种技术，能够拓宽人与计算机之间的交互方式，因为它不是简单的多种媒体的集合，而是以计算机为中心，借助处理多种媒体信息的技术集合而形成的。[④] 李本军指出，多媒体可以从两个层面进行理解，其一即多媒体是两种以上的媒体，这是从广义层面上来说的。其二从狭义的层面上来说，多媒体是多种媒体的综合，它以计算机技术为基础，并融合了文字、声音及图像等多种形式。总而言之，多媒体就是指把多种多样的媒体进行结合而形成的一种新的媒体系统。[⑤]

多媒体技术能够让电脑具有交互展示不同媒体的能力，它主要以电脑为载体，将文字、图形及声音等各种媒体信息进行数字化，并整合于一定的界面。[⑥] 多媒体计算机的发展开创了计算机应用的新时代，计算机的应用已不再局限于对文字、数据和图形等信息的处理，而是在此基础上还可以综合处理图像、声音、动画和视频等信息，其发展将计算机的使用范围拓宽了。[⑦] 计算机也不再只是专用品，而是走入了人们的日常生活之中，成为信息社会的普通工具，广泛地应用在人们的生产生活、学校教育及家庭娱乐等各领域之中，丰富了人们的日常生活。

20世纪末，随着多媒体技术和网络技术的快速发展成熟，将多媒体技术运用于教育教学之中已成为教育现代化发展的主流。出现了如多媒体语音教室、多媒体电子教室和校园网等一系列教学辅助设备，为更好地实现教育现代化、丰富教育教学形式提供了技术支持和基础。

3）大数据

贾同指出，大数据的含义可以从以下三个方面进行阐述：其一是大数据产生和使用的基础与前提，即数据实体；其二是完成大数据目的的路径，即数据技术；其三是规定技术目的和手段的数据思维，它是技术内涵的价值负载。大数据总的来说是一种数据信息，它具有海量多样的特点。可以作为一种新的挖掘信息价值的工具，也可以是一种新的思维用以合理地

① 韩保来.多媒体教学——教学电脑化·网络化.济南：山东教育出版社，2001：31.
② 饶乐，黄沁.浅谈新媒体艺术设计的视觉韵律.大家，2011（24）：18-19.
③ 王晓嫣.初中语文教学中多媒体的运用研究.锦州：渤海大学，2019.
④ 何克抗.当代教育技术研究的内容与发展趋势.医学视听教育，1995（4）：200-205.
⑤ 李本军.论语文多媒体教学优化.南京：南京师范大学，2004.
⑥ 张文涛，李慧娟.我国远程教育学习资源的现状与高质量发展研究.天津电大学报，2020，24（4）：28-31.
⑦ 马秀丽.多媒体在小学语文教学中的应用现状及对策研究.天水：天水师范学院，2019.

运用新工具。他认为，大数据是一种可以用来认识世界并解决问题的技术。[①] 陈桂香指出，大数据一般指数量体量大于 1TB 的数据，又称海量数据、巨量数据。并分别从容量角度、内容角度、价值角度、技术角度和综合角度对大数据的定义进行了梳理：大数据是技术、思维方式、方法论的集合体。大数据是海量的、复杂的数据集合，需要借助特定的工具来对这些数据进行提取、存储、搜索、共享、分析和处理。[②]

张燕南认为虽然"大数据"作为术语出现的时间还不是很长，但数据早已被人类用来认识世界和改造世界，这可以追溯到数字存储和计算机网络出现之前。[③] 而人类关于数据治理的思考甚至可以追溯到更早的远古时期。如今大数据对人们产生了如此大的影响，不断改变着人们的学习、工作和生活，这得益于人们对大数据的探索。大数据的历史发展大致可以分为三个阶段，分别为积累阶段、萌芽阶段和发展阶段。人类对数据的记录和分析最早可以追溯至距今约两万年的远古时期，那时就已经出现了人们用来记录和分析数据的工具——伊尚戈骨头；在旧石器时代，生活在部落的人通过在树枝或者骨头上做标记的方式来记录生活中发生的物品交易；继而出现了统计学、早期的现代数据存储等技术来统计和存储大量的数据信息。20 世纪中下旬，美国在全球第一个数据中心的磁盘中保存 7 亿多张纳税申报单及近 2 亿条指纹，成为海量数据中心的开端。直到 1991 年，计算机科学家蒂姆·伯纳斯-李（Tim Berners-Lee）宣布了 World Wide Web（万维网）的诞生，由此实现了网络协议跨越时间与空间的数据联通，对大数据发展起了推动作用。1997 年，大规模网络数据搜索平台 Google Search（谷歌搜索）问世，标志着大数据时代的发展又向前迈进了一步。1998 年《科学》杂志刊登文章《大数据处理》，首次提出了"大数据"一词。2004 年，Facebook（脸谱网）出现在大众视线中，仅仅一年的时间就大约有 550 万的用户在 Facebook 上分享自己的日志等，标志着网络内容的分享已经不再只是服务商们的独占品，每位用户都可以成为内容的发布者，这也成为 Web 2.0 时代到来的标志。

张燕南认为，大数据不是在某个时间节点横空出世的概念，而是远古时期便开始的人类长期探索和使用数据的结果，如今也逐渐深入地影响着人们生活、工作和学习的方方面面，推动着社会变革。[④]

4）虚拟现实技术

VR，即虚拟现实（virtual reality）的简称，它是采用现代高科技手段，借助计算机生成一种接近真实环境的虚拟世界的技术。用户通过特殊的设备，能够与虚拟世界中的物体进行交互，从而产生一种身临其境的感觉。[⑤] 该技术之所以能够成为技术研究的热点，是因为它涉及多个高新学科的技术，主要包括多媒体技术、计算机图形学及仿真技术等。该技术实现了计算机相关学科的交叉式发展，也必将成为虚拟世界创立与体验的最有力的技术基础。[⑥]

① 贾同.大数据对高等教育发展的推动研究.重庆：西南大学,2015.
② 陈桂香.大数据对我国高校教育管理的影响及对策研究.武汉：武汉大学,2017.
③ 张燕南.大数据的教育领域应用之研究.上海：华东师范大学,2016.
④ 张燕南.大数据的教育领域应用之研究.上海：华东师范大学,2016.
⑤ 郭天太.基于 VR 的虚拟测试技术及其应用基础研究.杭州：浙江大学,2005.
⑥ Azimkulov Ayan.VR 技术的虚拟教学应用研究.上海：东华大学,2017.

虚拟现实技术能够给予用户仿真环境的体验感,它可以创造实时三维和人机交互等的虚拟空间,从而打破人与计算机之间的生硬性交流状态。① 虚拟现实技术是一项富有挑战的交互式技术,是计算机领域的新兴技术,它将计算机、多媒体、仿真等多种电子技术结合在一起。② 虚拟现实技术还是一种仿真系统,它通过给用户建立一种极具仿真效果的虚拟世界,能够让用户体验虚拟世界,同时也是一项极具挑战性的技术,在科学研究中被逐渐运用。③ 虚拟现实技术变得越来越重要,已逐渐深入军事、影视、医学及教育等各个领域。④

将虚拟现实技术引入教育是教育技术发展的一个飞跃。学习者可以通过与虚拟环境的交流来获取更为直接的学习经验,代替传统的以教育者讲授知识为主的获取间接经验的学习方式,这是学习者在学习方式上发生的转变。⑤ 在教育领域的实践中,虚拟现实技术在教育中的应用大致可分为模拟训练、科学研究、虚拟实训基地和仿真虚拟校园等方面。虚拟现实技术最早应用于模拟训练领域,特别是在空间探索和军队战争训练上的运用,其训练所需要的高昂费用及对安全性和可靠性的要求,⑥使得虚拟现实技术最先在此领域体现出巨大的价值,后又逐步延伸至医学、汽车驾驶及电器维修等操作技能领域,能够为学习者提供模拟训练的情景,并校正学习者在学习过程中出现的错误操作。在科学研究方面,国内许多高校都建立了用于虚拟现实研究的国家实验室,在一定程度上完善了我国对虚拟现实技术的理论认识。⑦ 在虚拟实训基地方面,利用虚拟现实技术建立的虚拟实训基地,其设备大多是虚拟的,可以随时进行更新而生成新的设备,教学内容也可以不断更新以跟上现实技术的发展。同时虚拟现实以其沉浸性和交互性的优势,能够使学生在虚拟实训中扮演角色以促进学生更好地融入学习环境中,促进学生技能训练。由于虚拟实训没有危险,学生可以进行反复操作和练习,直到他们掌握该技能为止。在此方面,虚拟实训基地有无可比拟的优越性。在仿真虚拟校园方面,学校可以建立虚拟校园以向其他学校展示其教学设施、设备,校园环境,也可起到宣传学校的作用。另外通过交互式远程教学,还可对外提供开放性的、远距离的教育,为社会提供更多的职业培训机会以创造更大的经济效益和社会效益。⑧

5)增强现实技术

增强现实技术是在虚拟现实技术的基础上发展起来的新技术,也被称为混合现实。增强现实技术结合了图形学、仿真技术和传感技术等,能够借助计算机帮助用户增强对现实世界的感知。⑨ 它将虚拟的信息应用到现实世界,能在现实世界之上覆盖或混合虚拟物体,构建沉浸式的交互场景,即将计算机生成的虚拟场景等信息叠加到现实世界的场景中,用户能

① 马萍.三维虚拟校园立体场景的设计与实现.济南:山东师范大学,2013.
② 顾建明,王燕萍,张媛.虚拟现实技术开创电力培训新模式.中国电力教育,2017(2):16-21.
③ 侯琳,和晓军.基于虚拟现实技术的多媒体教学系统的设计与实现.黑龙江科技信息,2017(2):88.
④ 顾建明,王燕萍,张媛.虚拟现实技术开创电力培训新模式.中国电力教育,2017(2):16-21.
⑤ 宋达.虚拟现实技术在教育领域中的应用与设计.长春:东北师范大学,2005.
⑥ 侯琳,和晓军.基于虚拟现实技术的多媒体教学系统的设计与实现.黑龙江科技信息,2017(2):88.
⑦ 胡卫红,刘道光,王倩,李萌.虚拟现实技术在教育教学中的应用与研究.山东省青年管理干部学院学报,2007(6):139-141.
⑧ 宋达.虚拟现实技术在教育领域中的应用与设计.长春:东北师范大学,2005.
⑨ 罗永东.基于 Unity 3D 的移动增强现实技术与应用研究.青岛:青岛科技大学,2015.

够看到的是以现实世界为背景的场景,从而达到超越现实的感官体验。[1] 增强现实技术在某种程度上,可以将其看作连接虚拟现实技术与现实世界之间的桥梁。而增强现实技术与虚拟现实技术的不同在于,增强现实技术将虚拟物体叠加到了现实世界之中,而不是只停留在虚拟世界中。在真实世界中人们受到各种因素的局限不能及时接收某些信息,而增强现实技术可以打破时空的局限,给用户带来超越现实的体验。它主要将仿真叠加至现实中,能让人有更强的体验感。[2]

增强现实技术与虚拟现实技术相比,具有鲜明的个性特征,主要表现在虚实结合、实时交互和三维空间精准注册三方面。

在虚实结合方面,增强现实技术利用计算机技术生成的虚拟信息,借助一定的技术基础,能够将丰富的虚拟信息叠加到现实世界中,将虚拟信息与现实世界中已经存在的环境进行实时的逼真交互,通过现实设备将虚拟现实与现实世界环境融为一体,向用户呈现一个虚实结合的现实新环境,给用户以超越现实的感官体验。

在实时交互方面,增强现实技术是一种实时地计算摄影机摄像位置及角度并加上相应图像的技术,能够在屏幕上把虚拟世界带入现实世界用户可与其进行互动。而增强现实技术的交互系统也从精确的位置扩展到整个环境,从简单的人机式交互发展到将用户融入周围现实世界中,将用户当前活动与虚拟世界融为一体。[3]

在三维空间精准注册方面,增强现实技术能够根据用户在三维空间的运动及时调整计算机产生的信息。即增强现实技术能够通过三维环境注册,系统实时地为计算机添加增强虚拟信息在现实世界中的位置数据,实时追踪更新以确保增强虚拟信息能够实时显示在显示器的正确位置上。头盔显示器的原理就是如此,增强现实技术能够生成增强后的信息并与用户现实信息进行精确匹配,用户如果移动位置,其视野也会随之发生变动。

而随着增强现实技术的进一步发展和完善,该技术已被运用到了教育、建筑、市场、医药、制造、视觉、路径规划、娱乐、军事等各个领域之中。在教育领域中,增强现实技术最大的优势在于其可以使学习高度可视化并具互动性,增强现实技术能够将各种数据通过一定的技术手段运用于现实世界,实现虚实结合,[4]增强用户感官体验。同时,它能够有效地响应用户的输入,这主要得益于其实时交互的特征。现如今,增强现实技术已运用于辅助教学、情境学习、教育游戏和增强现实电子书等方面,并逐渐向更多领域、更多方面拓展延伸。

1.1.2　数字化阅读

随着数字化的普及发展和迭代更新,数字技术也在不断完善和成熟,同时随着互联网的普及等诸多条件的共同发展,数字化阅读已成为人们在传统纸质阅读方式之外的又一大选

① 陈玉文.增强现实技术及其在军事装备和模拟训练中的应用研究.系统仿真学报,2013,25(S1):258-262.

② 王畅.基于增强现实的智能运维技术研究与应用.济南:山东大学,2019.

③ 夏少琼.增强现实技术在儿童出版物中的应用与实现.北京:北京工业大学,2013.

④ 许山杉.增强现实电子书的开发.上海:华东师范大学,2011.

择。数字化阅读正在慢慢改变人们的阅读方式和习惯,并将与传统阅读互为补充持续影响人们的阅读方式。

(1)传统阅读

传统阅读就是依靠印刷的实物载体而进行的阅读,虽然如今出现了新兴的数字阅读,但传统阅读仍占据重要的地位。而传统阅读还能如此受到喜爱,其中一大重要原因在于它能给读者精读提供载体,使读者能够在文字世界中畅游,体会情感,品味思维,从中获得更为真切的知识。传统阅读也正是有这样无法替代的作用,至今仍备受关注。

蔡伦发明了造纸术,改善了人类的书写材料;毕昇发明了活字印刷术,促进了人类知识的传播,从而为阅读普及化创造了条件。从此,阅读材料就被定义为是以纸质印刷为载体的印刷品,并在历史演化发展中,我们对阅读的印象一直都是以书卷为形式的行为。这种仅仅只是依靠纸质印刷品的阅读就被定义为传统意义上的阅读。在《现代汉语词典》(第7版)中,对"阅读"的解释为"看(书报等)并领会其内容"。所以可以将传统阅读定义为从书籍或者报纸杂志等纸质印刷品中获得信息,并经过自身理解和感悟,对书面文字进行吸收、加工和重新认识,最后将书面文字内化为自身认知的一个过程。

传统阅读因为以纸质印刷品为载体,具有文化传承性,能够帮助个人培养良好的阅读习惯、健康的生活习性,从而提升个人文化素养。[①] 现今人们正处于快节奏的生活圈中,周围的事物都以快节奏的形态出现,这可能导致人们慢慢形成浮躁的性格。所以人们更需要以传统的阅读方式来平静心绪,对传统经典作品的阅读,不仅可使人们欣赏其内容,汲取其知识,更重要的在于对人类文化的继承和发展。另外,传统阅读以文本为依托,人们在阅读过程中可以真实地触摸到纸张,更有一种亲近感,同时可以对其内容进行圈点标记,并批注心得感受或疑问,而在下次阅读时可以快速了解和把握前一次阅读的感受,并可以与之对比,知晓自身成长和发展,更深刻地获得阅读享受和精神动力,在一定程度上激发阅读兴趣。所以传统阅读具有其他阅读方式所不能替代的作用和意义。

(2)数字化阅读

信息技术的进步,以及互联网的普及化,促进了阅读方式的变革,从而出现了以互联网和电子产品为载体的阅读文本。人们获取信息的方式已不再局限于纸质的印刷品,而发生了本质上的变革。阅读的转变不仅在于阅读载体的变化,同时还有阅读对象的变化,现在的阅读已不仅仅局限于书面文字,还包括声音、图片及动画等多种多样的方式,另外在形式上也出现了线上和线下等,比如网络阅读和手机阅读等。[②] 数字化阅读以它特有的快捷性慢慢被人们接受,成为人们阅读的重要组成部分,也慢慢改变了人们的阅读方式。[③] 所以数字化阅读就是阅读载体及其对象的数字化,也就是说其内容是以数字化展现的,比如电子书等,

---

① 赵芷涵.数字时代传统阅读的现代使命.合肥:安徽大学,2010.
② 孟浣女.数字媒体环境下博物馆的品牌塑造和发展趋势研究.杭州:浙江理工大学,2017.
③ 陈丽娟.试谈公共图书馆的数字化阅读.图书馆学刊,2010,32(11):70-72.

而它所承载的也不再是纸张,而是电子仪器比如手机等的屏幕。^①

　　数字化阅读以其共享性、开放性和虚拟性等独特的优势,丰富了阅读方式,也使阅读内容更富有生动性。读者在阅读的过程中可以随时随地进行阅读分享和交流,更拉近了读者与读者间、读者与作者间的距离,给人以更深的阅读感;数字化阅读为读者创造了全新的阅读空间,使阅读由单一走向多元,从以文本为中心转化为以读者为中心,使人们在阅读时具有更大的选择性;并且在阅读过程中,读者拥有了更大的自主权,作者的创作在一定程度上取决于读者的阅读需求和阅读兴趣,同时读者也可以成为作者,这为创作者提供了更广阔的创作空间和平台。如今数字化阅读以其独特的优势越来越受到青少年的欢迎,正逐渐改变青少年的阅读方式。与传统阅读相比,数字化阅读具有鲜明的特征,主要表现为阅读文本的多元性、过程的互动性、环境的开放性、时间的碎片化和范围的超文本等。^②

　　1)阅读文本的多元性

　　数字化阅读通过数字技术把信息储存在计算机和手机等电子设备上,这些设备使用方便、便于携带,且具有较大的信息存储空间,所以从阅读媒介上来说,数字化阅读拓宽了人们的阅读选择,人们可以更多样自由地选择合适的阅读形式。数字化文本是在传统的文字和图片上结合了声音和视频等,利用现代学科技术将其整合为一体的文本,是以二进制的方式表现的,改变了人们的阅读方式,由传统的"读"转变为集"看、读、听"于一体的多元化的阅读方式,不仅提高了阅读的趣味性和生动性,在一定程度上还能促进人们的阅读。随着互联网等的不断发展和完善,出现了听书等新的阅读方式,满足了人们对阅读的多样化需求,同时也促进了阅读方式和阅读文本的多元性,使人们有了更多的阅读选择。

　　2)阅读过程的互动性

　　在传统阅读中,作者与读者之间是单向的信息传播者与接收者,读者只能被动地接收作者的信息,两者之间没有更多深层次的交流和互动。如果将读者在阅读过程中所做的批注和读书笔记等视为读者与作者间的交流内容,他们还是会被纯文字的表达局限思想和感情,不能真正达到精神上的交流互动。而数字化阅读正好弥补了作者与读者间无法深度交流互动的不足,能够在作者与读者间架起沟通的桥梁,可以利用现代互联网技术,通过各种网络平台与作者进行及时的对话,这不仅能够及时交流心得感受,还能为读本提供素材,甚至可以让读本内容按照自己的设想情节来发展。而作者也可以通过这样的形式,与读者讨论,回答读者的提问,拓展他们的想象空间,提高他们的参与性和阅读乐趣。除此之外,不同于传统文章发表、图书出版的高门槛,层出不穷的网络小说软件,对网络小说发表的要求相对较低,其促进了网络小说的发展,且作者可以借助网络阅读的互动性找寻创作的灵感,在与读者的交流互动中与读者共同创作。

　　3)阅读环境的开放性

　　传统阅读因为要借助"书"这一载体才能进行阅读,而又不可能随时随地携带正好要用到的那本书,并且有些书较厚较大,携带不方便,这样就对阅读的时间和地点有了一定的限

　　① 彭春艳,曾雪莲.数字阅读背景下高校图书馆阅读推广创新研究——以北部湾大学图书馆为例.内蒙古科技与经济,2021(3):104-107.

　　② 顾芷瑜.数字化阅读与初中学生语文素养关性研究.成都:四川师范大学,2014.

制。而数字化阅读因为其阅读载体多为手机等电子设备,具有体积小、存储量大的特点,使人们可以将自己需要的电子书等存储在这些阅读电子设备上,可随时随地进行阅读。数字化阅读为人们的阅读开放了阅读环境,打破了时间和地点的局限,能够把各种各样的信息都集合到电子设备上,人们只需要借助一部小小的手机就可以阅读自己需要的信息,而不再拘泥于时空的限制。此外,计算机等电子设备还具有强大而便捷的检索功能,使人们得以在海量的信息资源中,通过检索关键词等方式快速地检索自己所需要的信息,大大缩减了寻找图书等需要花费的时间,具有便捷高效的优点。而通过互联网平台发布的信息资源对读者来说,都是平等享有的;对于有版权保护的资源,读者也只需要花费少量的费用即可查看,极大地简化了阅读方式。

4)阅读时间的碎片化

阅读时间的碎片化就是指人们利用手机等电子设备进行断断续续的、短小时间内的不完整的阅读。在如今这个快速化发展的时代,人们过着快节奏的生活,每天都被各种各样的事情挤占,余下的时间都比较零碎和分散,很难有较多的空闲时间用于阅读图书或集中学习等,而数字化阅读在一定程度上可以满足人们对于利用碎片化时间的需求。如今人们只需要借助一部手机即可阅读和学习,在公交站等车时、在食堂排队时抑或睡觉前等,都可以打开手机通过互联网看一看信息。也有越来越多的人通过查看微博、微信或者手机电子报等阅读方式,有效利用一天中的碎片化时间查看实时资讯等。随着人们对时间碎片化阅读需求的提高,在互联网上开始流行一种名为"微博体"的短小新闻体的形式,"微博体"读本没有大篇幅的文字,作者都尽量用简短而有意思的词句来吸引读者。读者能够通过阅读"微博体"式的文体,在简短的文字中获取一定的信息,这极大缩短了阅读所需的时间,适应了碎片化阅读的需要。

5)阅读范围的超文本

超文本是一种网状文本,它主要依靠超链接的形式把不同位置的信息联结起来,超文本不仅能够显示本文本的内容,而且还能通过添加超链接的形式来显示与该内容类似的信息。超文本出现的方式绝大多数都是电子文件,里面的部分或者全部文字被赋予链接到其他位置内容的功能,在浏览时可以通过超链接的形式直接切换至链接的位置,以进行更进一步的拓展阅读。[①] 比如当前上网浏览的网页就是一个超文本,只要点击鼠标就可以由此链接切换至下一个界面,由现在阅读的内容切换至其他内容,甚至可以实现由文字到图片、由图片到视频等的转换。数字化阅读的这种可以在文本内容之间自由切换的功能,超越了传统纸质阅读仅限于该文本内容的纯文字阅读的局限性。而相应的,读者在阅读时也拥有了更大的自主性,可以按照自己的意愿来选择阅读内容和阅读形式,便利了跳转阅读或是重复阅读,还能拓展阅读思路和视野。读者在阅读的过程中,可以不再束缚于当前单一的文本内容,可以进行信息之间的链接跳转,寻找更适合自己的信息。数字化阅读的这一超文本特性,为读者提供了更广阔、更全面的信息资源,拓宽了读者的阅读范围,也适应了如今海量信息下读者的阅读需求,为读者阅读更多相关文本内容提供了技术支持。

---

① 何兰香.网络文学的文体分析.长春:东北师范大学,2009.

虽然数字化阅读在某种程度上具有传统阅读所不可比拟的优越性,但传统阅读与数字化阅读是相辅相成的两种不同形式的阅读方式,我们不能对立地来看待。传统阅读可以让人直接触摸有质感的书本,享受浓浓的书香气息,沉浸在书墨文字带来的快乐之中,而数字化阅读在倡导全民阅读、拓展读者的选择空间、快捷共享方面更有价值。我们既不能摒弃传统阅读,也不能忽视数字化阅读带来的便捷性,而应合理利用这两种不同的阅读方式,将两者结合并达到最佳效果。在今后的发展中,传统阅读与数字化阅读将并行存在,两者互为补充,共同为读者提供更加全面和舒适的阅读服务,为创作者搭建更广阔和自由的创作平台。

最常见的数字化阅读包括电子阅读器阅读、网络阅读、电视阅读和手机阅读。

1)电子阅读器阅读

数字化阅读的重要方式之一是电子阅读器阅读,它的出现和壮大为数字化阅读注入了新的生命力。在 20 世纪末,美国研制了第一台电子阅读器,它被称为"火箭书",其操作为,用户将网络上的图书等资料先下载至计算机,再传到"火箭书"中。在此后,诸如苹果等大公司开始逐渐研发自己的阅读器。2007 年,亚马逊公司推出了名为"Kindle"的阅读器,它在"火箭书"的基础上,又提高了阅读器的便携性,读者能够随时随地阅读,并且阅读器还有网络购书等新功能。在我国,众多大公司也不断研发自己的阅读器。电子阅读器大大改变了人们的阅读形式,将阅读变得更加方便快捷。除此之外,奥多比(Adobe)公司及知网应人们的阅读需要分别推出了 PDF 和 CAJ 形式文件的阅读软件,受到众多学者的喜爱。相比之下,光盘阅读则正在慢慢被淘汰。[①]

2)网络阅读

随着现代科学技术的发展,网络已经成为人们学习和生活不可分割的一部分,在生活中人们也越来越多地享受到网络发展所带来的便捷,越来越多的生活事务都可以在网络上得到解决,这在使人们生活便利的同时也大大提升了办事效率。阅读也同样深受网络的影响,人们可以通过网络阅读各种领域的信息,还可以看小说或其他图书,或者浏览各大论坛,浏览图片,观看媒体视频等丰富多彩的内容。网络阅读集合了文字、图片及视频等众多元素,具有多形态性。其优势在于具有较强的实效性,读者进行选择的范围较广,不占用空间等,这也是其他阅读形式不能超越的优势所在。[②]

3)电视阅读

随着网络信息技术的盛行,人们对阅读的需求越来越高,电视阅读正是在应对人们的需求的过程中不断发展和壮大的,电视台都纷纷出台了各式各样的诸如读报之类的电视节目。该类型节目播出后受到观众的大力追捧,更加快了电视阅读的发展和不断完善,如今电视阅读也成为人们日常生活中数字化阅读不可或缺的一部分。当人们由于平时工作忙碌而没有更多的精力阅读比较抽象和难以理解的经典文献时,就可以借助电视阅读,可以通过学者对知识的解读和传递来获得新知识,也就是"二次消费"。

4)手机阅读

手机媒体被称为"第五媒体",它能够突破时空及设备对媒体的限制,让使用者能够在最

---

① 刘艳妮.数字化阅读对传统阅读的影响研究.沈阳:辽宁大学,2011.
② 朱思渝,史雯.新媒体时代数字化阅读的审视.现代情报,2011,31(2):26-29.

短的时间内接收信息,并进行交流互动。第一本手机小说诞生于 21 世纪初期的日本,仅仅一年的时间,该小说订阅的人数便突破了百万,还获得了千万人次的阅读量。而在我国,2004 年首本短信连载小说也问世了。我国手机阅读的出版及订阅正式开始进入市场是在2004 年末。而随着网络信息技术的快速发展,如今的手机已经成为集社交、娱乐、阅读、学习、办公等于一体的综合性媒体。看小说、浏览网页等阅读方式也变得更加便捷和快速。①

(3)传统阅读与数字化阅读的差异

在分析了传统阅读和数字化阅读各自的含义之后,需要对这两者间存在的差异作进一步的分析和对比,以下将从学习功能、阅读载体和检索阅读方式一一进行阐述。

1)学习功能

数字化阅读有传统阅读无法超越的独特优势,比如《数字化生存》一书中描述了这样的一个例子:一个学生借助电脑创造了会动的积木,并且在他的整个创造过程中显示出学习的快乐与创造性。这个例子让我们感受到数字阅读与传统阅读的不同,传统阅读借助纸张,学生在阅读时是被动的一方,而不像数字化阅读那样,学生主动地学习和创造。② 用户可以借助各种浏览器等,更加方便快捷地浏览各个网页的信息,将网上海量的信息根据自己的需求进行筛选,进而转化为自己的认识。从这个方面来说,数字化阅读的确极大地提升了人们阅读的效率,也极大地拓展了人们阅读的范围,并且还使人们能及时与其他用户进行讨论,以得到更深层次的理解。比如,想提升自己的编程能力,就可以直接在论坛中寻找相关方面的专家,向他们求教;或者可以自行下载有用的资料进行学习。再比如,想提升外语水平,亦可以采取相同的方式,当然也可以将自己的学习体会与人分享交流。在辅助式教育方面,2004年约翰威立国际出版公司推出 Wileyplus,它将课本与辅助工作相结合,还设计了教师模块,教师能在此备课,学生则可以在此学习和做练习,它在学生完成教师任务时会自动打分。2007 年,该公司在上海交通大学完成了一项教学测试,即教师在对某班学生的教学中运用了 Wileyplus。最后的结果是大部分学生都觉得 Wileyplus 能够提升他们的成绩,有半数以上的学生认为对学习有较大帮助。③

2)阅读载体

传统阅读是对纸张印刷装订成册的图书的阅读,相比于数字化阅读,其形式比较单调。而数字化阅读的形式更丰富。电视、手机、电脑、平板等各种电子设备都可以成为阅读的工具。在日常的闲暇时间可以借助手机浏览网页快速获取想要的信息资料,可以借助各种社交软件与同学、朋友、家人等进行交流和视频通话,或进行文件等的传输和阅读,抑或在手机上阅读小说等。可以借助电脑进行阅读,并且在这个过程中能够较快地筛选出自身需要的信息,将各类信息进行归类与集合。同时,相较于纸质阅读的载体,数字化阅读的载体有更高的对比度和分辨率,同时耗电较低。数字化阅读载体的多样形式给阅读提供了方便,也逐

---

① 朱思渝,史雯.新媒体时代数字化阅读的审视.现代情报,2011,31(2):26-29.
② 廖祥忠,赵慧文.数字建构的艺术之美.影视制作,2008,14(4):16-17.
③ 陈昕.美国数字出版考察报告.上海:上海人民出版社,2008:2-9,15,42.

渐改变了人们的阅读习惯。①

3）检索阅读方式

传统纸张阅读的检索阅读，就好像查字典那样的查询阅读方式，这样的搜索方式只是一种辅助式的阅读形式，而不能称为真正的阅读方式。因为这样的阅读方式只有在阅读的过程中遇到某些问题时才会采用，比如看一本书时发现某个字不会读，就会采用查字典这样的方式进行查询，以帮助我们能够完整顺畅地阅读。

检索阅读在很大程度上转变了人们的学习方式和获得信息的方式，所以可以说，检索阅读是数字化阅读中比较特别的一种形式。2008年，我国使用搜索引擎的人数增长了5000多万，其使用率更是高达50%以上。从中可以看出，检索阅读已走进人们的视野，为人们所熟悉和运用。检索阅读如今广为人们所运用，并深受人们喜爱，这得益于网上海量的信息资源。在这大量信息面前，检索阅读就可以很好地展现出它强大的信息汇集功能，用户可以根据自己所需信息的类型和特点，设置好查询的条件，只需点击搜索按钮，就可以在短时间内更快地检索到所需要的信息。网络搜索引擎诸如谷歌和百度等，都可以帮助我们快速查找信息，并且它不仅仅针对文字信息，对图片和视频甚至地图等都同样适用，涵盖了各个方面，也正是由于出现了这样方便快捷的搜索方式，早期的像查字典这样的辅助式阅读方式也逐渐变为主要的阅读形式。②

计算机和互联网络极大地改变了世界，包括阅读在内的各大领域都受到了影响。而数字化阅读孕育于信息化时代的背景下，它的出现不仅对人们阅读方式的转变有所影响，而且对传统阅读具有一定的影响。阅读的影响是广泛而深远的，不仅对个人成长有帮助，而且对社会进步同样有帮助。数字化阅读拓展了阅读的内涵和外延，可以将人们的感受无限放大。数字化阅读可以把人们带入一个全新的阅读环境，为人们带来不一样的阅读形式。③

1.2　数字媒体

数字媒体是开展数字化阅读的基础和载体，阐述数字媒体的概念、特征及其发展，概述数字媒体在国内外的发展情况，分析数字媒体在各个领域的应用情况，有助于加强我们对数字媒体内涵、特征及其应用方向的认识，提升对数字化阅读媒体技术基础的理解。

1.2.1　数字媒体概述

2005年末，《2005中国数字媒体技术发展白皮书》发布，其中对数字媒体的含义也做出了解释，即数字媒体是以现代网络为主要传播载体，通过完善的服务体系，将数字化内容的作品分发到终端和用户进行消费的重要桥梁。

---

① 徐婷.数字化阅读及其对传统出版物的影响.合肥：中国科学技术大学，2009.
② 刘艳妮.数字化阅读对传统阅读的影响研究.沈阳：辽宁大学，2011.
③ 徐婷.数字化阅读及其对传统出版物的影响.合肥：中国科学技术大学，2009.

（1）数字媒体的定义

张竑指出，数字媒体主要包括数字信息内容及对这些数字信息进行存储和传输等的设备，这些设备可以是硬件也可以是其所支持的软件。① 张震东指出，数字媒体借助新硬件和软件及其服务方式的提升，依托数字技术，实现用户之间的相互交流和互动，以及非线性的传递形式。它是一种新兴的技术方法和传播方式。② 范晓对数字媒体是这样解释的：数字媒体依托于信息科学及数字技术，依据传播理论和现代艺术，把信息传播技术运用到了各种各样的领域中，它能够较好地整合科学与艺术，使其成为一门综合性的交叉学科。③

结合众多学者对数字媒体的定义，本书对数字媒体的定义为，数字媒体主要指采用二进制的方式来完成信息处理的一个载体。其中载体包括逻辑媒体和实物媒体，逻辑媒体主要包括感觉媒体和编码等，比如文字、图片及音频等都可以称为感觉媒体，实物媒体主要是存储和传输的媒体。④

数字媒体的形式分为以下两种：第一种是对原有的媒体进行数字化后得到的媒体，这种形式主要包括数字电视、电子杂志等；第二种是原本就是数字化形式的媒体，包括互联网、手机和移动广播等。总而言之，数字媒体依托数字技术而孕育和发展，它是一种数字化的信息载体，其发展要以计算机技术和互联网技术的发展为基础。⑤

（2）数字媒体的特征

数字媒体与传统媒体相比具有无可比拟的优势特征，如传播内容的海量性、传播速度的及时性、传播渠道的多样性、传播范围的广阔性和传播者的丰富性等。但总体来说，数字媒体主要以网络媒体和互联网技术为基础，综合了传播、文化、服务及娱乐等职能。1948 年，美国政治家拉斯韦尔在其《社会传播的结构与功能》中指出，传播过程包括五大要素，就是著名的"5W 模式"或称"拉斯韦尔程式"："谁（Who）？ 说什么（Say What）？ 对谁说（To Whom）？ 通过什么渠道（In Which Channel）？ 取得什么效果（With What Effect）？"⑥随后这五大要素成了传播学的五大组成部分。可以从这些方面得出数字媒体的五大特征，即传播者多样化、传播内容丰富化、受众扩充化、传播渠道相互化、传播效果优化。

1）传播者多样化

如今正处在信息飞速发展的信息时代，以互联网为主体的传播已进入寻常百姓家，我们在无形中成为消息的传递者，并在这个过程中承担着对消息的接收、整合、加工和再传播的职能。我们不仅是信息的接收者，还是信息的传播者，甚至是制造者，共同影响现代互联网信息事业的快速发展。与此同时，在接收、制造和传播信息的过程中，操作都非常简单快捷，

---

① 张竑.数字媒体时代的三维动画变革研究.哈尔滨：哈尔滨师范大学，2010.
② 张震东.数字媒体时代环境设计教育的发展研究.黄石：湖北师范大学，2017.
③ 范晓.数字时代中国连环画的创新性研究.长沙：湖南师范大学，2014.
④ 严洪.数字媒体技术解决方案市场概况.中国新通信，2011，13(6)：80-83.
⑤ 高亚峰.试论动漫设计中数字媒体的影响.贵阳学院学报（自然科学版），2016，11(3)：24-26.
⑥ 转引自：郑敏芳，崔红叶.国内《格萨尔》史诗传播研究综述.四川民族学院学报，2021，30(2)：1-7.

作为信息的制造者、传播者和接收者,我们只要拥有与互联网相连接的传播媒介,如电脑、手机等电子产品,就能够参与信息的传播,这些传播媒介使信息传播者群体多样化,使其不再局限于个别人或专门的团体机构。

2)传播内容丰富化

数字传媒拓展了信息传播形式,使信息传播不再局限于口口相传式的声音、文字等的传统传播方式。现在可以借助动画、音频及文字等各种形式完成信息的传递,亦可把多种传播方式进行适当结合,以达到更好的传播效果。相应地,传播的内容也会随着传播方式的增多而不断扩展,数字媒体时代信息的传播速度已大大提升,我们可以在第一时间接收最新的消息,或者将自己获取的信息通过互联网等形式传播出去;数字媒体使我们能在极短的时间内接收更多不同形式的信息,通过筛选又将信息传播出去,使得传播内容更加丰富、更加多样。

3)受众扩充化

随着现代数字化技术的飞速提高以及网络传递载体的大规模运用,受众获取信息的途径正在增多,对信息的获取程度也在相应加大。如今不同年龄段的人都可以通过各自不同的方式和途径获取信息,极大地增加了信息受众的数量。相较于传统的信息传播方式,以数字媒体为媒介的传播方式可以让更多的受众获取和了解信息,促进了信息快速而广泛地传播。与此同时,因为信息受众者的扩充,人们对于信息的内容有不同的需求,会选择自己所需的信息进行浏览进而再传播。由此受众已从单一被动地接收外界传播来的信息发展为根据自己所需主动地有选择地接收外界信息,所以在一定程度上受众的喜好和需求会影响信息的内容,使信息的传播由大众化逐渐走向个性化,以满足不同受众的需求。

4)传播渠道相互化

在数字媒体时代,信息以数字的形式进行存储,受众不再被动地接收信息,而是主动地选择信息,由被动接收到主动发现,并且受众对信息的选择会在一定程度上影响传播者对传播信息内容的筛选。与传统媒体的传播渠道相比,数字媒体传播最大的独特之处在于受众可以与传播者进行交流,将反馈信息传达到传播者处,进行信息反馈与讨论,以求更好地完善信息内容。也就是说,传播者与受众之间已不是单向的传播与接收信息的关系,而是双向的传播、接收、反馈信息的关系,受众由此有了更大的主动权、更高的参与度。基于此,数字媒体在信息传播方面可以得到更快、更合适的改善,从而极大提升其社会影响力,并影响人们在日常生活中获取信息渠道的选择。

5)传播效果优化

传播效果是指传播者发出的信息对受众所引起的感情、思想或态度等方面的变化。现在互联网已经融入了生活的方方面面,还扩展到了政治、经济、文化、商业等各个领域之中,而对于信息传播效果,数字媒体更突显了其优势,我们可以通过互联网对信息传播进行及时跟踪和反馈,更加精准地对传播效果进行系统分析,更准确地判定信息传播的效果,进而对信息传播进行优化,以达到理想的传播效果。①

---

① 李妍.数字媒体平台上字体设计的互动性研究.西安:西北大学,2012.

1.2.2 数字媒体的发展

20 世纪后期,我国为了提升国家的自主创造和研发水平,将发展重心放在尖端技术的研发上,对高技术进行资源整合及全面市场化,使其能完全发挥引导时代发展的作用。信息技术领域为其中的一个发展领域,由此拉开了我国数字媒体稳步向前发展的序幕。[①]

(1)国内数字媒体发展现状及趋势

我国数字媒体产业虽然起步较晚,但在借助发达国家先进经验,自我不懈努力和不断探索发展的基础上,国内数字媒体发展在近些年已经得到了快速的发展,[②]并且后劲十足,实现了我国数字媒体产业从无到有、从有到优的巨大转型。中国互联网协会在 2019 年 7 月发布的《中国互联网发展报告 2019》中指出,截至 2018 年底,我国网民数量超过 8 亿,全国的网民数量比上一年增加了 5000 多万,互联网覆盖率超过 50%,与 2017 年相比,提高了 3.8%,超过全球平均值(57%)。

我国网民的数量及互联网普及率都有重大的突破,互联网的普及推动了数字传媒产业的发展。如今我国正处在数字媒体快速增长的时期,在线视频、网络游戏、电子图书和线上购物等数字媒体相关产业都得到了较大发展,让人们的生活和生产都发生了翻天覆地的变化,同时也让人们体验到了数字媒体带来的便捷和舒适。[③]

在网络视频方面,《中国互联网发展报告 2019》指出,线上视频、线上教育产业及网络音视频服务的发展呈现逆势增长趋势,其中线上视频 2018 年的资金高达 2000 多亿元,与上一年相比提高了 39.1%。报告进一步指出,2018 年网络游戏的收入也高达 2000 多亿元,其中移动游戏的规模就有 1000 多亿元,处于主要地位。根据报告中对我国 2018 年网络市场数据的分析,我们可以直观地看出数字媒体在我国发展的现状和规模,它正极大地影响着我们的生活,并已渗透至我们生活的方方面面。

近年来,数字媒体产业发展在我国已受到高度关注,数字媒体在文化发展和传播上显示出其独特的优越性,在今后的发展中,数字媒体将成为文化产业中最具创造性的组成部分,而数字媒体也将成为新时代产业发展的核心部分,甚至可以说谁掌握了数字媒体谁将具有更大实力。我国政府对数字媒体的发展高度重视,无论是数字媒体技术还是数字媒体产业都得到了政府的高度支持。2005 年 5 月,我国为了抓住数字媒体技术与行业发展的有利时机,经科技部批准分别在北京、上海、成都和长沙建成了四个"国家数字媒体技术产业化基地",以加强产学研结合以及技术与资本的结合,大力推进数字媒体技术产业化。[④] 科技部指出,发展数字媒体产业对于发扬我国优秀文化,优化整改我国产业构成及提高国民教育素养

① 李连和,齐水冰,李可,冼灿标.固体氧化物燃料电池应用现况及展望.广东化工,2013,40(14):122-123+112.

② 朱婷婷,尹贵.浅析数字媒体产业的发展现状及前景.科教导刊(中旬刊),2012(10):226-227.

③ 张艳萍.浅析中国新媒体发展及趋势.安徽文学(下半月),2009(11):372-373.

④ 陶伶俐.数字媒体产业发展现状及建议.中国科技产业,2009(7):68-70.

等都有深刻的作用。2006—2020年,我国国家中长期科技发展规划纲要把"数字媒体的内容平台"列为重点领域。

(2)国外数字媒体发展现状

1)美国凭借自身科技优势快速发展数字化产业

美国凭借其科技发展的巨大优势,大力发展和壮大数字媒体产业,其中以电影工业和电脑软件最盛,该产业的发展影响和冲击着全球其他国家数字化媒体产业的发展。张竑在其《数字媒体时代的三维动画变革研究》一文中指出,截至2019年,美国涵盖数字媒体在内的以制造、开发、包装和销售信息产品及其服务为主的产业每年的营业收入都高于4000亿美元,占全年国内生产总值的4%。在时代华纳和迪士尼等行业巨头的引领下,西方仅仅50家媒体娱乐企业就占市场总值的95%。美国的漫威影业,其包括电视、电影、动画、音乐等多个部门,漫威影业已经发行了23部漫威电影。而苹果公司则是在高科技企业中以创新而闻名的美国公司,具有较高的知名度和影响力,苹果公司在公开招股上市之时,不到1小时,460万股就被抢购一空,且在5年之内苹果公司就进入世界500强企业之列,创造了当时的企业成长最快纪录。

2)英国通过拓展融资渠道加速提升数字化产业

英国数字媒体之所以能够可持续发展主要得益于国家的融资方式。其融资来源包括公共资源和私人投资两方面,公共资源主要是英国各大协会的基金,比如英国电影协会、艺术协会、早期成长风险基金等。在政府融资的大力支持下,私人投资也为英国数字传媒产业的发展提供了重要的资源,有效促进了英国数字媒体产业的成长与发展。除此之外,英国高度重视数字媒体产业的原创性发展,在政府等的支持和重视下,英国数字媒体产业每年所创造的总价值量大约占该国国内生产总值的8%,已然成为该国较为重要的产业。

3)日本以数字媒体战略发展规划促进数字化产业

日本已经成为世界上数字媒体产业发展最好的国家之一,其主要是通过修订发展的战略规划来提升该产业成长的。该国政府非常重视对数字媒体行业的市场分析,不断增强对该行业的宣传力度,因此在日本随处可见售卖与数字媒体有关商品的商店,无论是在超市,还是在地铁站。[①] 日本数字媒体产业的一个特殊性是市场化的产业链,也就是说,将整体工程分为不同的环节,并将不同的环节交由专门的部门完成,采取这样的方式可以在很大程度上减少投资中可能产生的不确定因素。比如日本漫画《名侦探柯南》,它开始连载于1994年,因为一直都具有较高的市场响应度,被制作成动漫等其他形式。这种市场化的产业链模式,能够为漫画、动漫业规避风险。[②]

(3)数字媒体的类型与表现形式

数字媒体是信息技术的重要组成部分,也是当代人在科技、生活、娱乐和教育等领域内进行活动的重要工具之一。如今,常见的数字媒体主要包括电视、智能手机、平板电脑、便携

---

① 陶伶俐.数字媒体产业发展现状及建议.中国科技产业,2009(7):68-70.
② 张竑.数字媒体时代的三维动画变革研究.哈尔滨:哈尔滨师范大学,2010.

式或台式计算机、电子游戏机等。常见的数字媒体的表现形式则主要包括文本、图像、视频、动画、音频、多媒体等。以下将介绍三种类型的数字媒体,分别为数字网络媒体、交互式网络电视和手机新媒体。

1)数字网络媒体

数字网络媒体是一种全新的数字媒体表现形式,它兼具传统媒体与互联网的特点,能够将文字、音频及图片等各种各样的表现形式很好地结合起来。除此之外,还有超链接、即时互动等网络元素和使用便捷的电子索引、随机注释等。2006年以来,数字网络媒体得到了迅速发展,这种全新的媒体表现形式具有极强的视觉冲击力,吸引了广大受众的注意力。同时也可用于企业宣传、产品展示、产品说明书、形象推广、动态视频展示、出版、网站合作等领域。

数字网络媒体具有绿色安全、操作简便、内容丰富、信息全面、时效性高、延展性强、定向性强、目标集中、互动性强、反馈及时、易于保存、长期传播、一次投入、多种用途等特点。数字网络媒体打破了传统网站查找信息操作复杂烦琐的局限性,且能够支持任何平台和插件,具有较强的可操作性,不仅简化了使用者的操作,而且为使用者节省了大量的时间。并且它还汲取了传统媒体的内容,并在此基础上融合了媒体、动画及互动技术等多种新形式,此外还大大提高了计算机存储信息量,能够满足使用者对数字媒体的发展要求。在传播方面,数字媒体主要依托网络传播技术,及时快速地传递信息,具有较高的时效性,而与此同时,使用者在收到信息后也能及时地将反馈信息发送和汇总,能够更加高效快捷地完成信息的传递和反馈,降低了信息的滞后性。对于使用者来说,数字网络媒体最显著的特点是具有较强的定向性,使用者能够将特定的信息传递给特定的人,实现了针对不同的需求,有选择性地传递信息,以更好地满足使用者对信息的需求,同时减少了信息资源的浪费。而接收者在收到信息的同时,能够及时快速地将结果反馈给传播者,数字网络媒体为传播者与受众之间搭建了信息传播与交流的平台,促使两者之间信息的传播与反馈。在信息的存储上,数字媒体网络更易于保存信息,且能够实现信息的长期保存,只要有能够存储信息的设备支持,使用者就可根据自身需要将信息存储其中,便于使用者使用和管理信息,使使用者能够随时找到自己所需要的信息,打破了信息存储的时间限制,有效提高了信息资源的利用效率。在使用用途方面,数字网络媒体中的信息传播内容丰富、形式多样,既可以是宣传手册,也可以是电视广告等。

2)交互式网络电视

它是一种能够让家庭用户实现向社会发布诸如文字、图片及音频等信息的技术,主要依托宽带网,融合了互联网、多媒体及通信等多种技术。它的系统主要包括以下三个子系统,分别为流媒体服务、节目采编及存储和认证计费。[①] 因为有线电视和数字电视都有频分制、定时、单向广播等特点,虽然数字电视与有线电视相比有较大的进步,但其改变的仅仅是信号的形式,传播形式没有改变。所以交互式网络电视与传统有线电视和经典数字电视都不相同。[②]

---

① 王雪野.传媒经济发展的传媒要素驱动机制研究.西安:西北大学,2020.

② 鲍立泉.数字传播技术发展与媒介融合演进.武汉:华中科技大学,2010.

交互式网络电视在传播上具有实时交互性和反馈性等特点。交互式网络电视内容包括直播和点播两种形式,使用者不仅能对播放的内容、时间进行选择,还可以就播放内容与其他使用者进行互动。在使用过程中,使用者可以根据自身需求选择内容,且能够将自己的意见及时地反馈给传播者。交互式网络电视能够在传播者与使用者间起到实时交互的桥梁作用,使使用者在自主选择信息内容的同时,能够参与其中,反馈自己的意见,形成两者间相互交流的互动模式;而信息传播者也能够及时收到使用者的反馈意见,并针对他们的意见及时地做出调整和修改。交互式网络电视之所以能够得到众多用户的喜爱,是因为它既能够实现用户对网络娱乐的需求,也能依靠互联网等技术为用户提供更多的电视选择。所以它能够通过互联网及电视最大化地得到资源。① 交互式网络电视能够让媒体发布者与用户之间实现交流互动,用户能够与其及时沟通并按实际需要进行点播,因此交互式网络电视能给用户提供更为优质的信息服务。②

3)手机新媒体

手机媒体开创了媒体的新时代。谢嘉佩曾指出,手机新媒体是极具个人特色的资源传递载体,它以网络为基础,把手机作为视听的终端来实现资源间的传递。并且它已成为大众传播的一种媒介,主要以分众为传播目标,依据定向来判定其效果,并以互动为传播应用。③ 2009年我国发布的《中国手机媒体研究报告》指出,手机作为一种新的媒体形式将被正式列为研究对象。主要原因在于手机很好地将互联网及电视等几类媒体的功用融为一体,甚至还有它们所不具备的独特功能,深深受到广大使用者的喜爱。而荣然然则指出,手机媒体是以手机媒介为依托,向受众传播图片、文字、视频、音频的新媒体,有着其他媒体,比如电视、广播、报刊等不具有的独特性,具有传统媒体所不能比拟的优势,对我们的生活及科技产生重大影响。④ 所以手机媒体被形象地称为"第五媒体",正日益改变着我们的生活、工作和学习。

随着科学技术的不断发展,新的手机业务正不断出现,而手机也朝着更加轻薄轻便,更加便于人们携带的方向改善,如今人们出门都会随身携带手机,所以对它的功能需求也日益增强,特别是智能手机正在被越来越多的人使用,而手机功能也已经不再局限于通话和短信功能,所以为满足使用者对手机的需求,手机的功能也在逐渐增强。与传统媒体相比,手机新媒体具有独特的优势,主要表现为便于携带、移动性强、互动性强、更新速度快等。手机因其小巧的外观使得人们可以随时将其携带在身,手机在人们的生产、生活中扮演着越来越重要的角色,人们可以随时随地地接收和传递信息,这在一定程度上有利于信息的传播。同时人们在收到消息时,可以有选择性地选取自己所需的信息,而不必全部接收,⑤还可以表达自己的观点,交流更加方便,内容更加丰富,这能够更好地满足使用者个性化的需求。另外,因为社会生活的日益快节奏化,人们每天都在处理各种各样的事务,且事务都不是连续的,而

① 王继红.交互式网络电视技术的分析及其发展.科技传播,2016,8(20):38-39.
② 王雪野.传媒经济发展的传媒要素驱动机制研究.西安:西北大学,2020.
③ 谢嘉佩.手机新媒体对大学生德育教育的影响.武汉:武汉工程大学,2015.
④ 荣然然.手机新媒体对当代大学生思想政治教育的影响研究.成都:西南交通大学,2016.
⑤ 彭硕.新媒体视角下休闲体育的传播.新闻爱好者,2017(10):94-96.

是分散地分布于一天之中,时间被零散化,由于手机便于携带,在日常生活中,人们可以充分地利用这样的碎片化时间。这不仅能够提高人们一天的时间利用效率,而且能够增强信息的流动和传播,促进信息资源的更新。手机新媒体的这种便于携带和移动性是远胜于传统媒体的。手机的传播不仅仅是传播者与接收者之间的单向传输,还是两者间的双向互动交流。传播者将信息资源从一端传播,接收者根据自身需要在另一端有选择性地进行查看,并在此过程中将自己的意见和建议反馈给传播者,而传播者在收到反馈意见后能够根据这些意见进行修改和完善,以增强信息资源的可读性,提高受欢迎度,更好地满足大众的需要。近年来,越来越多的教师将制作的微课小视频上传至互联网以供大家观看,有些观看者会在视频下方的评论区进行留言,提出自己的一些想法,教师就可根据留言结合自身进行思考修改以更好地完善微课。除此之外,更新速度快是手机新媒体的另一大特征,手机新媒体可以支持全天候的服务,确保信息更迭的速度,人们无论何时何地都能够第一时间收到新闻资料,手机新媒体这样的传播速度,增强了信息的有效性。

数字媒体的应用和发展,正朝着更加便利于人们生产、生活的方向前进。在如今的生活中,人们享受着数字媒体所带来的便捷性,而数字媒体对人们生活的影响也正在逐渐增强。

1.2.3 数字媒体应用领域

随着我国对数字媒体技术发展的关注和重视,数字媒体正逐步进入人们的视野。近年来,数字媒体在诸多媒体事件和产业发展中发挥着重要的作用,并且数字媒体已经深入人们生活、学习的各方面,正在慢慢影响和改变人们的生活和学习方式,其发展前景是不容小觑的。其在生活领域、展示领域、教育领域和文化领域中都发挥着重大作用。

(1)在生活领域中的应用

数字媒体对人们的影响和改变是极大的,人们每时每刻都在享受数字媒体带来的便利,这体现在衣食住行的方方面面。在购物方面,如今足不出户就能享受以往逛街的乐趣,不仅可以在电视上购物,还可以通过手机、电脑等上的应用软件实现在线购物,大大缩减了购物所需要花费的时间和精力。比如,一些常见的购物类应用软件,有丰富的商品种类可供人们自由选择,运用这些软件进行网络购物还催生了快递这一行业的兴起。在新冠肺炎疫情暴发初期,因为全国多省多地都实行道路封锁管制,很多蔬菜水果等不易保存的生鲜产品都面临滞销的风险,手机淘宝联合顺丰快递举行了线上"爱心助农"的活动,有效改善了果农因产品滞销带来的困难局面。在交通方面,共享单车出现在城市的大街小巷,人们只要通过手机扫码就能解锁骑行,而且能即停即还,有效满足了人们对短距离运用交通工具的需求,而且在一定程度上能改善城市大气环境,减少汽车尾气的排放,为打赢蓝天保卫战贡献力量。在住房方面,如果外出旅游,可以通过一系列应用软件提前线上预订酒店。在新冠肺炎疫情防控期间,出现了线上看房等新的应用软件,不仅能够适应特殊时期购房者的新要求,还能在一定程度上促进房地产商的销售。在饮食方面,也能够感受到数字媒体带来的便利,只需要在手机等电子设备上下载相应的应用软件,就可以通过应用外卖平台,在符合要求的范围内点餐,享受送餐上门的服务。在如今快节奏化生活方式下,这样的外卖方式能够在很大程度上节省人们在准备餐食方面的时间,而相应地将时间应用于其他方面。特别是上班族,有时可能会因为工作繁忙错过饭点,如今可以借助应用软件进行网络点餐,方便快捷。

(2)在展示领域中的应用

博物馆开展展览活动的初衷是让文物活起来,所以越来越多的博物馆开始将数字媒体技术运用到文物展示的活动中。这样的做法不仅能够提升文物资源的利用率,使其内涵得到有效开发,还能以更多的方式来阐述藏品。在陈列中融合数字媒体能够给参观者带来完全不一样的新体验。首先能够更加生动地展示藏品。参观者在博物馆中不仅仅看文物本身,还会对其来源及其他信息都产生兴趣,希望在参观的同时能够得到对该文物的进一步认识,特别是对一些非常珍贵的收藏品。这些信息仅仅通过藏品本身是不能很好地展现出来的,参观者如果仅依靠自己阅读文字简介,也不能对文物有更加全面的了解。一些历史遗迹或者景观等,可能本身已经受到自然或非自然的毁坏,依照传统的方式也很难将其复原。而融入数字媒体能够较好地解决这些问题,该技术基于现代科学技术的基础,能够实现模拟场景及动态交互等,对展品的内涵进行合理的解读和阐述,让参观者能够更加直观地感受其魅力,带给他们完全不一样的体验,可给参观留下深刻的印象。其次能够丰富展现的手法。博物馆的展览活动要带给参观者一种不一样的观看体验,即要让他们对展品充满探索感,激发他们的心理情感,这就对展览提出了更高的要求。除了展品及其主题要吸引人,还要通过现代科学技术来提升展览形式,要激发展览的创新性,提升文化展现力,要让参观者能够感受到来自不同感官的综合性体验,打造让人身临其境的场景。[①] 将数字媒体引入博物馆展览能够给人带来全新的体验,它提升了展览方式的生动性,以一种参观者更加喜闻乐见的形式展现沟通内容,让参观者与展品之间更深入直接地对话成为可能。最后能够激发参观者的积极性和参与性。人们生活水平提升的同时对精神需求也有了新的要求,与过去相比较而言,现在人们的审美鉴赏力、鉴赏行为及评判准则都已经发生了很大的变化。人们更加希望博物馆是一个休闲的场所,一个融合了文化、艺术及科技的精神家园,除此之外,还希望能通过参与其中的方式进行互动交流,并获得情感上的提升。将数字媒体技术融入博物馆陈列展览,能够增强参观者的参与性,可将文物鉴赏提升为参观者自身的文化体验。参观者只有身临其境,将自己融入博物馆,才能收获真正的情感体验,这在某种程度上能够提高参观者的活跃度,让展览能够与参观者有心灵上的互动。[②]

随着技术的发展与成熟,出现了巨幕投影、全息投影及超高清显示等展示效果,这些都运用了数字媒体技术。巨幕投影其实就是将许多个投影整合在一起的多通道显示系统,是一种更加高端的投影设备,与普通的投影相比,它有更大的显示屏,所以也就可以让人们有更宽广的视野,能够显示出更多的内容,当然其分辨率也就更高,可以让观看者有更强的视觉体验感。2010年的上海世博会,我国国家馆就借助巨幕投影技术向世人展示了宋代张择

① 王克松.大数据背景下博物馆功能发挥.中国博物馆协会博物馆学专业委员会.中国博物馆协会博物馆学专业委员会2016年"博物馆的社会价值研究"学术研讨会论文集.中国博物馆协会博物馆学专业委员会:中国博物馆协会博物馆学专业委员会,2016:7.

② 潘艺.新科技在博物馆展示设计中的应用与研究.中国民族博览,2021(9):201-203.

端的名作《清明上河图》。其效果主要依靠 12 台投影仪连接后共同实现，将原作放大了约 30 倍，以动态的方式向世人重现了北宋都城汴京热闹繁华的场景和自然风景，让参观者感觉犹如进入了那个场景之中。全息投影是依靠干涉和衍射的原理进行记录并再现实物的三维图像技术。2015 年在国家图书馆举办的"圆明园四十景图文化展"中就运用了这项技术，利用此项技术将圆明园中最为神奇和震撼人心的十二生肖兽首喷水的景象再次还原，同时还利用数字技术将其雄伟的建筑和精美的园林进行了展示。展览融教育、美感、娱乐于一体，给观看者以虚实结合的非凡体验感。4K 是一种现代化的超高清电视分辨率。4K 技术是视频界的一项高新技术，采用这项技术能够让观看者具有更真实、更生动的体验感。2015 年在国家博物馆举办的"中国国家博物馆新入藏文物特展"中就运用了该技术，展览向所有前去参观的人们展示了宋代彩绘木雕观音菩萨坐像的三维虚拟图像，并以分镜头的方式向人们一一展示了不同的细节，无论是色彩的复原度还是细节的展示都让参观者惊叹。[①]

(3)在教育领域中的应用

在教育领域中的应用主要包括以下几个方面：一是传统的投影、电子白板等教学设备的应用。教师在教学过程中借助数字化多媒体教学设备，可更好地辅助其教学，能够更为直观清晰地向学生展示课程中的概念和知识点，并通过增加小视频、动画、图片及音乐等辅助性形式，不仅能够活跃课堂气氛，提高学生课堂积极性，还能有效改善教学方式。比如，现今教师上课常用 PPT 课件，教师将课堂内容制作成 PPT，可以在其中添加图片、背景音乐，甚至小游戏等各种辅助教学的元素。教师利用 PPT 课件进行教学不仅能够把知识点更加清晰地呈现给学生，而且活泼、富有色彩的 PPT 界面也能有效改善上课氛围，增强学生学习乐趣。二是远程线上教育的应用。如今线上辅导教学已经成为又一个"教学热"，学生接受辅导可以不受时间和地点的限制，只要通过手机、电脑等电子设备进行线上连接即可实现远程线上教学，这不仅大大便利了学生进行课外学习，还能实现教育资源的跨空间流动和分享。比如受新冠肺炎疫情的影响，全国中小学及高校延迟开学，但秉承"停课不停学"的宗旨，各校在互联网上实行远程线上教学，而出现这一现象的前提是数字媒体技术的发展，数字媒体技术为线上教学提供了技术支持。三是教育教学应用软件的应用。如今无论是在手机还是在电脑等设备上，都可以下载各种各样的教育教学应用软件，且随着技术的发展成熟及应用软件之间的市场竞争，应用软件的功能也不断提升，这使自主学习更加便捷。比如，"猿题库"应用软件，它针对各学段学生的不同课程安排和学习内容进行设计，满足学生的学习需求。同时该应用软件由一开始的"猿题库"慢慢增加了"小猿搜题""小猿口算""猿题库老师版"等各种功能更加细致的应用软件，满足不同人群的不同需要。

(4)在文化领域中的应用

传统艺术也受到数字媒体技术的影响，艺术家利用数字技术，通过艺术的思维、规律和方法进行创作并通过数字媒介进行传播，由此产生了数字媒体艺术。它将人的理性思维和

---

① 马玉静.试谈博物馆陈列展览中的数字媒体技术.中国博物馆,2015,32(4):89-95.

艺术的感性思维融为一体,涵盖数字影视、数字动画、数字音乐及数字绘画等多方面的应用。在数字媒体影视动画中具有深化情绪表达、完善视觉效果及深化故事情节等作用。在动画创作的整个过程中,必须将重心放在各个人物的性格特点及发生在他们之间的故事的设置上,要确保每个人物的情绪都能得到充分的展现,以呈现动画的情感,突出主题。通过深化情绪,可以有效地提高影视动漫作品效果。[①] 视觉效果直接影响影片,应对画面进行合理的技术改造以提升影片的视频效果。数字媒体艺术能够解决动画作品在后期效果呈现中出现的问题,能够给观众以更好的视觉体验,整体上提高观众对动画的评价,同时也能提升动画本身的层次。运用数字媒体艺术能够增强故事情节的主动性和主题的鲜明性,运用倒置的方法设置情节的转折,能够更加鲜活地将动画的情感展现出来,达到较好的故事效果。

　　数字媒体在影视动画中的应用主要表现在动效制作、对白制作、非线性编辑和影像捕捉等方面。在后期的制作过程中,动效制作是其中的一大关键环节。动效制作的对象不仅包括音乐,还包括各种各样的声音,比如动作的声音等。在动画的制作过程中,将该技术融入动画能够提升整个作品的活力。而数字媒体技术则起到了模拟现场的作用,能够增强场景的表现力。在后期的制作过程中,对白制作是核心所在。如果以传统的技术制作,则只能将动画由无声制作为有声的,而没有其他的提升。但随着数字媒体艺术的发展和应用,创造人员对作品要求不断升高,更加关注对白制作过程中对声音距离及空间的把握,所以也就出现了许多新的理念和技术,提升了动画的播放效果。由于数字媒体技术的成熟促进了动画作品后期制作的多元化,在各个环节中,与过去相对简单的线性编辑比起来,非线性编辑更受观众的喜欢,所以成为编辑制作的主流。非线性编辑更加灵活,更能突显故事情节,重复和闪回方式的运用能够让动画中每个人物的心理活动在不同的时间点都得到尽情的展示。[②] 在后期制作过程中,将数字媒体艺术运用于对动画人物的转化和捕捉,能够准确地展现每个人物的情态,并且能实现场景的虚实结合,同时也能更详细准确地表现人物的心理活动,从而让故事情节更加完整和顺畅,完成对各个人物情感的表现。影视捕捉技术的运用能有效地推动动画作品向易于被观看者理解的方向前进。[③]

　　如今,数字媒体无处不在,新的数字媒体业务、数字媒体产品等仍在不断出现,使人们的生活更加便利,而人们也在将数字媒体产业的发展推向新的发展点。今后数字媒体技术的发展和应用将成为产业新的发展和竞争核心。现代科学技术和信息技术的快速进步,提升了阅读载体的多样性,给人们的阅读带来了全新的感受。正如《当代阅读宣言》中说到的:阅读革命让无限阅读成为可能。数字化阅读以文本、图片及音频为载体,丰富了阅读形式,让读者能够在阅读的同时感受到乐趣。数字化阅读让人们体验了不一样的阅读,让阅读变得更加丰富多彩。[④]

① 李德.数字媒体艺术在影视动画中的应用研究.大众文艺,2018(7):85.
② 杨杰,金花.数字媒体艺术专业课程体系构建的探讨.黑河学院学报,2017,8(6):92-93.
③ 周世明,郭韬.刍议影视动画中数字媒体艺术的应用.采写编,2017(1):116-117.
④ 马飞.数字化阅读让阅读更精彩.新世纪图书馆,2008(4):99-101,95.

2 儿童认知与数字媒体阅读

数字媒体阅读改变了传统的阅读方式与习惯,数字化、多媒体化和立体化的信息内容呈现方式对儿童的阅读产生了非常大的影响。儿童认知具有一定的发展阶段性,是个人发展的内在驱动条件,儿童阅读认知理论很好地支持了儿童阅读能力的培养与提升。本章在介绍儿童认知理论的基础上,分析数字媒体阅读与儿童认识发展的相互影响关系,提出基于儿童认知理论的数字媒体阅读策略。

2.1 基本概念界定

儿童数字媒体阅读具有丰富的内涵与外延,涉及儿童认知理论、数字媒体和数字媒体阅读等概念和定义等,掌握相关概念定义和知识框架,是进一步理解儿童数字媒体阅读的基础。

2.1.1 儿童

在联合国《儿童权利公约》中指出,儿童通常是指未满 18 岁的人。我国法律目前还没有对"儿童"这一概念做出法律界定。我国在 1991 年批准了《儿童权利公约》,因此可以将儿童定义为 18 岁以下的未成年人。[①] 在医学上,通常将儿童规定为 0～14 岁的未成年人。无论哪一种定义,都说明儿童是身体和心理都未发育成熟的人群,他们会不断地成长、变化,逐渐趋于稳定状态。与其他阶段相比,人在儿童这一阶段的身心发展变化是最迅速的。

2.1.2 数字媒体阅读

数字媒体(digital media)是指以二进制数的形式记录、处理、传播、获取过程的信息载体。这些载体大致分为逻辑媒体与实物媒体,其中,逻辑媒体包括数字化的文字、图形、图像、声音、视频影像和动画等感觉媒体和表示这些感觉媒体的表示媒体(编码)等。实物媒体则是用来存储、传输、显示逻辑媒体的。数字媒体大致可分为三类:第一类是采用数字技术

---

① 陆晓红.我国公共图书馆儿童阅读推广模式研究.天津:南开大学,2014.

的传统大众媒体,如数字广播、数字电视、数字报纸等;第二类为数字技术结合互联网技术的网络媒体,如 IPTV、网络杂志、E-mail、博客等;第三类是依赖移动通信网络的手机媒体、移动车载电视等。①

因此,数字媒体阅读是以数字媒体为载体的虚拟化的阅读方式,计算机、电子书、平板和手机等都可以作为其显示介质,多媒体文本为其主要的阅读载体,其以二进制数码形式存储、传播,并可通过数字媒体显示。②

2.2 儿童阅读的认知理论基础

2.2.1 皮亚杰的发生认识论

让·皮亚杰(Jean Piaget)于 1896 年出生在瑞士,是当代十分著名的儿童心理学家与哲学家。皮亚杰创立了"皮亚杰学派",极大地推动了建构主义认知理论的发展。早期皮亚杰主要以儿童语言和思维等认识的发展为研究对象,不断推进,最终创立认识发生论。除此之外,皮亚杰还为后世留下了无数宝贵的文献资料,例如《儿童的语言与思维》《儿童的判断与推理》《儿童的世界概念》《儿童的因果概念》《儿童的道德判断》,这五本著作是他早期通过个案调查与测验,分析儿童思维性质写下的,为他后期的研究打下了坚实的基础。此后他对儿童的思维逻辑和智力展开了系统化的研究,写下了诸如《儿童智力的起源》《儿童逻辑的早期形成》等作品,深刻剖析了不同年龄层次的儿童思维的发展状况。皮亚杰的《结构主义》和《发生认识论》是发生认识论体系确立的重要标志。儿童认知发展阶段理论是他众多贡献中被广泛传播的,在这一理论中皮亚杰解释了儿童从出生到青少年时期的知识建构,为后续研究儿童认知奠定了一定基础。

在皮亚杰的观点中,知识并不是与现实完全一致的,知识不能显示全部的现实。现实在不断地发展变化,处于不停的构建之中,不能用一些固定的知识结构去简单堆砌现实。因此儿童的认知并不能只关注自身,也不能完全被外部牵制,而要两者形成有机的互动,达到平衡状态。他认为儿童会经过图式、同化、顺应和平衡这四个阶段来发展心理结构。

(1)图式

皮亚杰相信,心理同身体一样,有其结构。例如,所有的动物都用胃这个身体结构消化食物,那么胃就是动物用来适应环境的结构。为了说明儿童为何会对刺激做出相当稳定的反应和出现许多与记忆有关的现象,皮亚杰提出了图式这一概念。图式就类似于动物的某些结构,个体通过图式对环境进行智力的适应与组织。③ 图式作为核心部分,代表动作的结

---

① 夏光富.数字媒体对文化传播的演进与重构.新闻界,2010(1):32-34.
② 叶凤云.数字媒体阅读受众行为模式研究.图书馆工作与研究,2012(8):21-24.
③ 沃兹沃思.皮亚杰的认知发展理论.武汉:华中师范大学出版社,1986:10-13.

构或组织,是对这个世界感知、理解和思考的方式,最初由遗传获得。儿童有许多图式,可以把图式简单地看作概念或类别。图式代表认知或心理结构,图式的形成和变化就是认知发展的实质。每个主体所拥有的图式都是不一样的,这也就解释了为何每个主体在受到环境刺激的同时做出的反应各不相同。最初的图式相对来说简单和低级,但随着对新环境的适应,最初的图式也会不断发展改变,经由同化、顺应与平衡而变得丰富起来,形成新的图式。

(2)同化

同化是将新的刺激纳入已有图式中的认知过程。儿童在遇到新事物时,会尝试将外部的因素进行筛选整合,纳入自己原有的图式当中,如同消化食物,使其与自身相结合。图式时刻处于变化状态,并且随着儿童能更好地对刺激物进行概括而变得更加精确。在一定经验的基础上,看到新事物或用新的方法看待旧事物时,儿童就会尝试让新事物和新刺激符合自己原有的图式,也就是通过同化将新的感知与刺激物整合进原有的图式或行为模式中。但同化并不会引起图式的变化或发展,只是促进图式的生长,让其更加丰满。

(3)顺应

与同化不同的是,当儿童受到的环境刺激无法用原有图式同化吸收时,就需要改变自身原有的图式或创建新的图式寻求平衡,这就是顺应的过程。有时儿童收到新的刺激,并不能在原有图式中找到合适的图式同化这个新的刺激,因为这个新刺激的特征不同于儿童现有的任何一个图式的特征。此时,就需要通过顺应对旧图式进行改造或创造新图式,这样的机能促进了图式的发展与变化。原有图式经顺应而发生改变,儿童就能再次同化新的事物与刺激。同化与顺应都是儿童适应的模式,都很重要,两者的区别在于同化是量变的过程,是个体对环境产生作用,导致生长,而顺应则是环境作用于个体,导致发展,是质变的过程。

(4)平衡

儿童的同化与顺应之间必须达到平衡状态,才能保证发展中的儿童与外部环境有效地相互作用。个体通过自身调节由低一级的平衡状态向高一级的平衡状态转变,但这样的平衡是暂时的。[①] 因此,一般来说儿童的心理发展与认知过程就是受到外部环境刺激后若无法用原有低水平的图式同化外部环境,则顺应成为新一级的、更高水平的图式来达到平衡,心理结构逐步完善,发展进入不同阶段,心理发展也逐渐成熟。[②]

皮亚杰还提出了一些基本图式。例如"永久性物体的图式",儿童以自己能做到的方式,比如吸吮、抓握之类的动作,作用在物体上,以此感知新事物的特性。这样不断重复、协调及概括就会产生"同化图式",之后即使儿童看不见一个物体,也仍旧会寻找它。物体虽然超出了儿童的知觉和动作范围,但依旧在儿童的思维中占据空间,依旧存在。经过一系列习惯形成的儿童在主体与外界之间找到了平衡,达到最初的协调状态。儿童的主动探索行为开始出现,逐渐替代被动接受外部变化产生被动反应的状态,认知范围不再局限于自身,而是扩

① 沃兹沃思.皮亚杰的认知发展理论.武汉:华中师范大学出版社,1986:15-16.
② 刘长城,张向东.皮亚杰儿童认知发展理论及对当代教育的启示.当代教育科学,2003(1):45-46.

展到外界事物。在这一过程中儿童逐渐意识到外界客体不依照自己的感知而永久存在的客观事实,这就是客体永久性的习得。还有一种基本图式是位置协调和改变的图式,是指儿童能够在位置移动后依旧回到起始点,也可以通过别的路线回到起始点。一种因果关系的感觉运动图式认为现象起因于主体自身的动作,而不在于物体之间或空间上的接触。①

2.2.2 皮亚杰的儿童认知发展理论

皮亚杰将儿童不同水平的发展阶段划分为感知运动阶段(0～2岁)、前运算阶段(2～7岁)、具体运算阶段(7～11岁)和形式运算阶段(11～15岁)。皮亚杰认为每个儿童都要以相同的顺序经历认知发展的四个阶段,不可能跳过其中任何一个阶段而达到下一个阶段。但在阶段顺序不变的同时,由于每个儿童受遗传因素和自身经验影响,在各阶段其发展速度可能不相同。

(1)感知运动阶段(sensorimotor stage)

这一阶段是思维的萌芽期与源头,其行为主要是运动的,虽然儿童尚且无法运用"概念"进行思维,但认知是不断发展的。此阶段的心理发展决定了之后心理发展的过程及状态,是至关重要的。皮亚杰将感知运动阶段分为六个子阶段,分别为:运用反射阶段(反射阶段)(0～1个月);初级循环反应阶段(初级分化阶段)(1～4个月);次级循环反应阶段(再现阶段)(4～8个月);次级图式协调阶段(图式的协调阶段)(8～11个月);三级循环反应阶段(实验阶段)(11～18个月);通过心理组合发现新方法阶段(表象阶段)(18个月以上)。在运用反射阶段,儿童会产生基本的反射活动,但无法区分主体与客体。在初级循环反应阶段,儿童的手、口逐渐协调,重复那些让自身感到愉悦的动作,如吮吸手指、抓握物品等。此阶段儿童不会寻找消失的客体,也不能区分自我的运动与外在的客体。在次级循环反应阶段,儿童触觉、视觉协调,会试图重复、再现对他们来说有趣的事件。在次级图式协调阶段,儿童开始运用自己的手段达到目的,开始对事件有了预料,产生预见性。儿童的图式逐渐协调,有了客体永久性,会开始寻找在他眼前消失了的东西。在三级循环反应阶段,儿童开始为解决新问题而创造新的图式。当儿童无法用原有图式解决问题时,就会通过实验试错形成新的图式。"表象阶段的儿童可以通过表象和智力活动更内在地去解决问题。"②因此应对此阶段的儿童进行早期教育,可为其提供多种多样的玩具,让儿童去感知观察。也可以经常与儿童进行游戏发展动作,提高各方面的协调性。与此同时可与儿童对话或对儿童说话刺激儿童的感官,调动儿童注意力,促进儿童发展。

(2)前运算阶段(pre-operational thinking stage)

前运算阶段的子阶段分为前概念阶段(2～4岁)和直觉阶段(4～7岁)。前运算阶段建立在感知运动阶段的发展基础上,语言与概念的迅速发展让儿童开始尝试用一些符号来描

---

① 皮亚杰. 皮亚杰教育论著选. 北京:人民教育出版社,2015:2-3.
② 沃兹沃思. 皮亚杰的认知发展理论. 武汉:华中师范大学出版社,1986:33-60.

述外界事物,形成表象思维。起初,儿童只能用最简单的词语来表达,用一个词表示一个物体。但在前运算时期儿童的口头语言迅速发展,四岁左右的儿童就能基本掌握口头语言。口头语言的发展促进了儿童的概念发展,儿童会使用表象符号替代外界事物,但由于此阶段儿童的思维仍受直觉表象约束,因此逻辑思维还未形成,知觉支配推理。儿童通常根据事物表象来判断实质,以自我为中心,表现出泛灵心理与思维不可逆的心理特征,不能进行可逆性运算。儿童还会将平时观察到的他人的行为储存在记忆中,不同于婴儿时期的即时模仿,此时的儿童会在一段时间之后对这些行为进行模仿,这种行为称为延迟模仿。但许多研究表明,儿童发生延迟模仿的时间可能早于皮亚杰所定义的时间。延迟模仿说明儿童在这一阶段可以重现过去发生的事。与此同时,儿童也开始对未来展开一定想象,但他们大部分的感知主要停留在当下。前运算时期的儿童在早期的行为大部分是自我为中心与非社会性的,但发展到后来这些特征逐渐减少,儿童的对话变得交际与社会化。[①] 此阶段可帮助儿童形成初步的科学概念,通过观察、测量、计算等活动引导儿童了解时间、速度、重量等简单概念。[②]

(3)具体运算阶段(concrete operational stage)

此阶段,儿童的认识已经有了明显的提高,有了初步的逻辑结构,儿童有了一定的抽象思维,可以把逻辑思维运用到具体问题当中,处理抽象事物。具体运算阶段的儿童,其思维具有可逆性,可以思考看见的行为,回忆事物变化之前的样子。此阶段的儿童对转换性也有了功能上的理解,会意识到转变步骤的先后次序或变化,理解连续步骤间的关系,从而解决有关转换的问题。儿童在思维与知觉不相符的情况下,可以根据推理做出判断,做出与知觉决定相反的认知的、逻辑的决定。具体运算时期的儿童不再表现出自我中心主义,能意识到其他人可以得出与自己不同的结论,因此儿童的语言有了社会交际的功能,儿童在交谈中可获得信息,其行为日益社会化。儿童可以反向思考事物的变化并将变化前后的事物进行比较,思考变化发生的原因、过程等。这是儿童获得守恒性的标志,也就是当外部事物的表象发生改变时,儿童仍旧能够通过其特征发现事物的本质是不变的,透过现象看到本质。儿童最先掌握数目的守恒,之后掌握物质守恒,具有几何、重量、长度、体积方面的守恒概念。儿童通过具体事物形成群体结构(包括群集运算和系列化群集运算),逐渐发展逻辑思维,开始根据物体的不同特性进行分类、排序和推理,并拥有一定的空间运算能力,能够很好地理解逻辑与数量关系。儿童在具体运算时期有了一定的逻辑运算能力,有了序列与分类的概念,即能够按照元素的大小不同对其进行排列。与此同时,儿童等值概念(长度、重量、容积)。皮亚杰在分珠子小实验中发现,在前运算阶段,儿童似乎每次只能按一个维度对珠子进行分类;到了具体运算阶段,儿童能同时考虑两个因素完成分类。[③] 此阶段儿童的因果概念与时间、速度的概念都在发展,可以通过教学,培养儿童的逻辑思维能力。

---

① 沃兹沃思. 皮亚杰的认知发展理论. 武汉:华中师范大学出版社,1986:61-84.
② 刘长城,张向东. 皮亚杰儿童认知发展理论及对当代教育的启示. 当代教育科学,2003(1):45-46.
③ 沃兹沃思. 皮亚杰的认知发展理论. 武汉:华中师范大学出版社,1986:85-96.

(4)形式运算阶段(formal operational stage)

儿童此时的思维已经获得了极大的发展与改善,认知结构达到较高发展水平,原先的图式经过一系列同化、顺应,达到了更高层次的平衡,得到了最大限度的质的发展;但同化和顺应的过程中依旧调整着认知结构,每个结构的变化包含与改进之前的结构。儿童的思维不再完全依托于具体事物,而可以超越本身感知到的事物进行演绎推理,可将事物不够明显的表面特征通过自己的假设演绎推导出本质的内容,而不是刻板地遵从一些规则与外部环境的约束,已有运用逻辑思维解决各类问题的能力。形式运算阶段的儿童有自己的思想和感情,可以对各种问题进行逻辑思考,解决假设、言语的问题,并进行科学的推理。[①] 此时对儿童的教育不能停留于强制的规定,而要采取相对自由开放的手段,鼓励儿童独立思考的同时对其进行辅助,完善不足之处。

2.2.3　维果茨基的儿童认知理论

维果茨基(Lev Vygotsky)是苏联著名的心理学家,同时也是社会文化历史学派的创始人,为心理学的发展做出了不可磨灭的贡献,被誉为"心理学的莫扎特"。[②] 维果茨基在1924年之后投入对心理学,尤其是教育心理学的研究中。1922—1926年,他完成了8篇关于心理学的论文,其中有7篇与教育问题有关。维果茨基为后世留下了许多著作,例如1926年的《教育心理学》、1927年的《心理学危机的历史意义》、1928年的《儿童文化发展的问题》、1960年的《儿童发展中的工具和符号》等。不同时期的作品都体现了维果茨基对心理学的热爱与投入,为后世研究奠定了良好的基础。虽然维果茨基与皮亚杰是同时期人物,但不同于皮亚杰从儿童本身出发提出认知理论,维果茨基认为认知的发展同样需要社会及其外部环境的影响,他强调社会与文化对儿童认知发展的影响。[③]

(1)文化—历史发展理论

文化—历史发展理论的研究可以帮助人们理解和分析人类思维(思考和感受什么)与活动(做什么)之间的关系,也就是了解人类学习与发展。维果茨基认为,认知的发展离不开社会历史文化的影响。人与动物共同拥有的是感觉、知觉、情绪、记忆、注意等较为低级的心理机能,这些机能偏向于自然、直接。而人与动物的区别在于人拥有语言、思维、逻辑、想象、情感、个性等更为高级的社会的、间接的心理机能,不同于前者,这样的心理机能的产生依赖于社会、历史、文化的发展。人类聚集出现了社会,为了生存人类发明了各种工具,同时诞生了符号、语言。相较于动物,人类会运用工具和符号,人类正是由此实现了从低级心理机能向高级心理机能的转化。因此,维果茨基认为认知发展也正是由低级的心理机能向高级的心理机能转化的过程。在转化的过程中会受到社会、历史和文化因素带来的影响和制约。实

---

① 沃兹沃思.皮亚杰的认知发展理论.武汉:华中师范大学出版社,1986:97-103.

② 龚浩然.维果茨基及其对现代心理学的贡献.心理发展与教育,1997(4):61.

③ 张莉云.维果茨基认知发展理论的当代发展及教育启示.长春:东北师范大学,2008.

现的具体机制是物质工具(刀、斧等)与精神工具(语言、符号等)。不同的社会、历史、文化背景会催生不同的认知发展状况,例如不同时代的儿童,其认知发展就会不一样。同一时代的儿童,在不同社会文化的影响下,其认知发展也是不同的。人类的社会、历史、文化是多样的,时代也在不断发展,社会、历史、文化对儿童认知的发展有着不可忽视的作用。①

(2)语言与思维

维果茨基肯定了语言在人的认知发展中所起的至关重要的中介作用,认为语言是一种思考和认知的工具,语言可以作为互动与活动的载体,另外,语言还有助于自我调节和反思。语言和思维之统一体现在维果茨基研究语言的中介作用时,将词义作为语言和思维的基本分析单位。②

维果茨基认为,儿童语言的发展一般要经历四个阶段:第一阶段为两岁之前,儿童处于原始语言时期,此时儿童基本没有智力活动;第二阶段从两岁开始,进入"朴素心理学"时期;第三阶段从四岁开始,为自我中心语言阶段;第四阶段为内部成长时期。从第一阶段到第四阶段,儿童的语言由单纯释放情感逐渐变为与思维产生互动。维果茨基认为,这是语言与思维相互影响、共同发展的过程。他认为儿童的思维发展历经三个阶段:在第一阶段,儿童将形成混合性的观念;第二阶段形成"复合思维";第三阶段儿童可以进行概念化的思考。维果茨基将思维和语言的关系描述为:思维和语言是高级心理机能发展中的两个主要的,又是密切相关的方面,它们是文化历史发展的重要组成部分。③

私人语言是儿童早期的一种重要的思维工具。皮亚杰也发现了幼儿的私人语言,但他认为这是幼儿在思考时无意识发出的,并没有指向性,这是幼儿认知发展不成熟的表现,说明他们还不能根据听者调节自己的语言。认知发展到具体运算阶段,私人语言就会消失。维果茨基比较重视自我中心的积极作用,认为这能帮助儿童解决一些问题。因此他进行了一项实验,维果茨基让儿童自由地进行画图,但是并不给儿童画图所需要的工具,例如纸、笔等。实验结果是,儿童在遇到困难时,私人语言使用频率成倍地增长。这说明,儿童的私人语言并不是没有指向性的,儿童会用私人语言帮助自己进行思维。维果茨基也不认同皮亚杰所说的私人语言最终会消失。他认为私人语言其实并没有消失,只是随着年龄的增长逐渐减少了,成了自己与自己无声的对话。④

(3)最近发展区

最近发展区也称潜在发展区,是维果茨基的认知发展理论中至关重要的一个概念。维果茨基的最近发展区是指智力范围内的,是由教学创造的。他认为教育与儿童发展是密切相关的,教育起了主导作用,可以促进儿童的发展。教育需要与儿童的发展水平相适应,且

---

① 王光荣.维果茨基的认知发展理论及其对教育的影响.西北师大学报(社会科学版),2004(6):122-125.
② 王光荣.维果茨基的认知发展理论及其对教育的影响.西北师大学报(社会科学版),2004(6):122-125.
③ 转引自:王光荣.文化的诠释:维果茨基学派心理学.济南:山东教育出版社,2009:43-46.
④ 王光荣.维果茨基的认知发展理论及其对教育的影响.西北师大学报(社会科学版),2004(6):122-125.

需要确定两种发展水平：一种是儿童可以凭借自己的能力解决问题，是儿童已达到的、实际的心理机能发展水平；另一种是潜在的发展水平，即儿童在成人的帮助下可以达到的解决问题的水平。在明确了两种发展水平后，就能得出最近发展区，即为儿童独立解决问题的水平与在成人帮助下解决问题的水平之间的差距，也是两者之间的过渡阶段。最近发展区在不同个体中与不同情境下也会有差异。这是儿童发展的一个潜力区间，并非静止不动的，而是不断变化的。因此，要正确认识最近发展区的作用，教育不能仅关注儿童现有的发展水平，从长远来看，更应关注儿童在不久以后可能达到的发展水平。教育是要引导发展的，要走在发展的前面，要把住学习的关键期。[①]

(4)内化学说

维果茨基通过分析智力的形成过程，提出了内化理论。维果茨基认为，内化是群体心理间的过程向个体心理内的过程的转化。通过运用符号，心理活动发生改变，这种改变不仅发生在人类发展中，也体现在个体的发展中。维果茨基认为，在儿童的发展过程中，所有高级的心理机能有两次出现机会：第一次是在集体活动或社会活动的形式中出现的，属于心理间机能；另一次就是在个人活动时出现的，是儿童自身内部的思维方式。儿童可以利用符号将直接的、低级的、自然的心理活动转化为间接的、更高级的、社会的心理机能。因此，只有在人与人的交往之中才会产生高级的心理机能，经过由外部活动向内部活动的转化，形成人心理发展的"内化"机制。[②] 从维果茨基的内化学说中可以看出，社会的互动对于儿童的心理发展必不可少，对社会共享的理解是个体建构知识过程的基础。[③]

2.3　皮亚杰与维果茨基认知发展理论的比较

皮亚杰与维果茨基是同年出生的两位心理学家，两者在发展心理学领域都有着不可忽视的成绩。皮亚杰被称为"揭示智慧奥秘的巨人"，而维果茨基也被誉为"心理学的莫扎特"。皮亚杰和维果茨基分别来自瑞士和苏联，他们生长在不同的地域，接受不同民族文化与社会制度的熏陶，拥有不同的世界观，因此他们代表着两种发展心理学研究的范式。皮亚杰代表的是自然科学范式，维果茨基则代表着社会文化范式，这两种范式都对当代发展心理学产生了重要的影响。[④] 在1996年的纪念皮亚杰和维果茨基百年诞辰研讨会上，布鲁纳为回顾皮亚杰和维果茨基做出的巨大贡献，发表了题为《赞颂分歧：皮亚杰和维果茨基》的演说。[⑤] 布鲁纳在演说中对比了两者的发展理论并做出评价，分析了皮亚杰和维果茨基见解之间的差

[①]　王光荣.维果茨基的认知发展理论及其对教育的影响.西北师大学报(社会科学版),2004(6):122-125.

[②]　陈亭秀.西方维果茨基研究探析.上海：华东师范大学,2017.

[③]　王光荣.维果茨基的认知发展理论及其对教育的影响.西北师大学报(社会科学版),2004:122-125.

[④]　王光荣.发展心理学研究的两种范式——皮亚杰与维果茨基认知发展理论比较研究.华中师范大学学报(人文社会科学版),2014,53(5):164-169.

[⑤]　Bruner J. Celebrating divergence:Piaget and Vygotsky. Human Development,1997,40(2):63-73.

异。他认为,皮亚杰找到了人类思维活动的逻辑运算规律,而维果茨基则发现了作为思维工具的人类文化和历史是智力发展必不可少的条件。[1] 皮亚杰着重研究人类思维发展的普遍规律,而维果茨基探讨的则是文化—历史对发展过程的决定性作用。他们采用的范式相互对立,不可调和。布鲁纳认为两人的认知理论有着根本上的区别,体现了两条完全不同的研究脉络,但两者同时有互补性,为教育学研究提供了非常重要的思路。[2]

皮亚杰与维果茨基的发展理论之间存在着一定差异。王光荣认为主要有三点差异。

第一,两者对个体知识建构过程的解释不同。虽然两者的理论都属于建构主义的范畴,强调儿童对知识是主动建构与理解,并非被动接受灌输的,但他们对于知识建构的解释不一样。皮亚杰认为学习者主要通过自己建构知识,学习者将新、旧经验相互作用进行学习,不断调整与完善自己的认知结构。而维果茨基提出了内化的概念,他认为知识是经由社会互动建构起来的,之后通过内化而成为个人的知识,因此学习的社会环境与知识是相互联系、相互贯通的。之所以有这样的差别,是因为皮亚杰遵照的是个人建构主义理论,而维果茨基依据的则是社会建构主义理论。

第二,皮亚杰和维果茨基两者对自我中心语言的功能的理解不同。皮亚杰在《儿童的语言与思维》一书中,将儿童全部语言归纳为自我中心语言和社会化语言两部分。自我中心语言的特点是儿童无法区分自己的说话内容与听话者的说话内容,对他人是否在听自己说话不感兴趣,也不在乎是否能影响听话者,类似于话剧演员的独白。因此,皮亚杰认为这样的语言其实是思维的副产品,缺乏一定的指向性,是认知发展不成熟的一种表现。而维果茨基则对皮亚杰的这一观点提出异议,他认为学前儿童的自我中心语言是协调其思想与行动从而促进其认知发展的重要因素。维果茨基通过让儿童画图却不给纸、笔等工具的实验发现,儿童在遇到困难时,就会频繁地使用私人语言。这一发现验证了维果茨基的观点,说明儿童的私人语言并非没有指向性,自我中心语言实际上是儿童自己与自己的沟通语言。在对自我中心语言的功能理解方面,皮亚杰停留在对现象的描述与理论探讨的层面,而维果茨基则通过实验得出结论,因此,维果茨基的解释更加符合实际情况,也更具说服力。

第三,两者对后世教育理论与实践的影响不同。皮亚杰虽然没有直接涉足教育领域,但他的理论也给了教育工作者很多的启示。从皮亚杰的理论中可以看出,儿童的认知能力具有阶段性的特点。在不同的年龄阶段,儿童的智力结构与功能使儿童的认知呈现出阶段性的特征,儿童能够获得什么样的知识与怎样获得知识都逃不出这一阶段的范围。因此,教育工作者要根据不同阶段儿童的认知特点来组织课程,学习材料与认知水平应当匹配,不能超前或滞后。皮亚杰的认知发展理论,对于基础教育阶段的教学来说,在理论上的启示性大于在方法上的实用性。维果茨基的理论更侧重于让儿童首先掌握符号系统,再通过学习运用这些系统来管理自己的思维,从而促进认知的发展,进一步获得用思维控制自身行动的能

---

① 方明生,李筱雨.百年回望:布鲁纳对皮亚杰与维果茨基的评价——《赞颂分歧:皮亚杰与维果茨基》解读.全球教育展望,2014,10:11-20,37.
② 陈亭秀.西方维果茨基研究探析.上海:华东师范大学,2017.

力。维果茨基强调社会环境与社会文化对儿童的重要影响，这也比较符合当前观念。[①]

在认知发展阶段，皮亚杰认为其提出的发展阶段论适用于不同的文化背景，即在不同文化背景下，儿童的发展形式基本一致。维果茨基的研究也涉及发展阶段论，但他主张人类是通过反映和内化社会性且外在于个体的实践活动的特征实现心理发展的，内化学说便是有力的证明。因此，可推测维果茨基发展理论所指的发展阶段主要为心理间阶段与心理内阶段，两者理论的不同之处在于维果茨基注重具体的社会历史文化对儿童认知发展的作用。

一些研究者认为皮亚杰与维果茨基发展观的对立之处是"由内到外"或"由外到内"的建构方式。皮亚杰认为，儿童心理发展是通过主体内部的同化、顺应与平衡实现的，是儿童主体内部与外部环境相互作用的过程，他强调儿童主体内部对儿童发展的作用，将外部环境视为间接因素。[②] 而维果茨基则认为儿童的高级心理机能应当是由外向内转化的，即由外部的社会机能转化为内在的个人机能，其中语言符号起了独特的作用。维果茨基强调社会文化对儿童心理发展的影响，认为发展是人富有意义的概括化，这与皮亚杰认为的人的发展是生物进化的过程截然不同。皮亚杰认为概括化是描述性的，而不是概念性的。

那么皮亚杰与维果茨基的认知发展观是否能进行一些整合呢？有一种观点认为，皮亚杰和维果茨基的理论分别代表不同的研究取向，是从两条不同的理论线路去研究儿童发展的，应当分开来看。皮亚杰的理论代表个体主义取向，而维果茨基的理论有明显的社会主义取向。两者的两种理论从一开始就有不同的方向，关注点与研究思路自然就不一样了。皮亚杰更多地关注个体，维果茨基则将社会文化与历史条件作为关注重点，这之间存在质的差异，不可盲目地混为一谈。[③] 王光荣认为两者的理论都有其存在的理由，都是有价值的，但两者基础的科学观点相互排斥，理论间并无交叉，因此不能生硬地进行整合。[④] 但另一种观点则认为两种理论有一系列相似之处，它们的差异仅仅是表面的，且不是系统的，差异的成因是关注重点与关注程度不一样，并非种类上的区别。既然两种理论之间有许多共性，那么可以试着不进行传统的二律背反式的评论，例如将个体机能与社会过程相对立，或者将言语的传播机能与言语的对话机能相对立。二律背反式的评论与其说是以理性辩论或经验事实为基础的，不如说是把价值作为基础的，错误地将"应该是什么"当作"是什么"。只有跳出了二律背反式的禁锢，才有重新审视两种理论本质的可能，才能更加全面地理解儿童的发展过程。[⑤]

对此，有学者提出了一些建议。

① 王光荣.发展心理学研究的两种范式——皮亚杰与维果茨基认知发展理论比较研究.华中师范大学学报（人文社会科学版），2014，53（5）：164-169.

② 熊哲宏，李其维.论儿童的文化发展与个体发展的统———维果茨基与皮亚杰认知发展理论的整合研究论纲.华东师范大学学报（教育科学版），2002（1）：1-11.

③ 麻彦坤，叶浩生.差异与互补：皮亚杰与维果茨基认知发展观比较的新思考.心理科学，2004（06）：1426-1427，1425.

④ 王光荣.发展心理学研究的两种范式——皮亚杰与维果茨基认知发展理论比较研究.华中师范大学学报（人文社会科学版），2014，53（5）：164-169.

⑤ 麻彦坤，叶浩生.差异与互补：皮亚杰与维果茨基认知发展观比较的新思考.心理科学，2004（6）：1426-1427，1425.

第一，可以将"从内到外"与"由外到内"的建构统一起来。不提倡将皮亚杰"由内到外"的建构与维果茨基"由外到内"的建构完全简单地对立。根据理论实际，皮亚杰的发展观可以概括为"由内到外"的建构，虽然皮亚杰本人并没有过多地关注发展的文化维度，但不能理解为他不重视发展的社会因素。皮亚杰在早期较多地谈论发展的社会方面，他更强调的是，发展心理学要说明"儿童与社会环境之间的关系"。他强调的是这种关系本身，而不是社会环境的作用。这一点在皮亚杰《儿童的语言与思维》（俄文版）序言中已经表明："儿童的思维不仅仅通过天赋的心理——生物因素加上物理环境的影响来得到定义。人们也必须并且最有可能首先说明儿童与社会环境的关系。"而维果茨基"由外到内"的建构也并非不重视个体自身的自主性和创造潜能，他认为儿童掌握着各种社会的行为方式。文化不会创造任何东西，只是依照人的目的去改变天赋的材料。虽然对儿童进行"文化工具的传递"十分重要，但不能简单地将发展看作一个直接教学的问题。儿童要为自己建构起成人的行动。总而言之，两者的理论都内在地包含了超越从外到内与从内到外的简单二元对立的因素，即个体与社会这两个看似对立的因素，需要在新的起点上进行辩证的整合。

第二，是"心理内机制"与"心理间机制"的统一。皮亚杰与维果茨基在研究儿童发展时都非常重视心理机制。皮亚杰所揭示的发展机制主要是同化、顺应与平衡的过程，这是一种心理内机制，是存在于个体自身以内的。虽然儿童的现实机制是"内在的"，无需心理学家外加或附加，但并不是原本就存在的。发展的"内部机制"，皮亚杰将它称为一种"建构过程"，它具有自我调节的意义。即是说，个体对外部的干扰进行一系列的主动补偿作用，并且以一种既是逆向动作的（反馈）又是预见性的适应，来构成一个永久性的补偿系统。维果茨基与皮亚杰一样，将"平衡"作为基本机制。维果茨基强调，人与动物适应自然的形式有着本质上的区别。在人类发展历程中，若没有出现有机体与环境保持平衡的机制，所有的历史文化活动也就不复存在了。他的心理机制概念虽然没有皮亚杰的那么精细，但实际上提供了一种可称为"心理间机制"的东西。[①] 毋庸置疑，个体是社会的一部分，当个体在社会文化中获得文化的或非文化的内化时，个体内部的中介就有可能被激活。但维果茨基强调如果要激活个体内部的这些中介，就需要将语言符号作为媒介，这一点与皮亚杰的平衡机制不谋而合。很显然，维果茨基与皮亚杰的心理机制概念具有在新起点上统一起来的基础，若要使两者走向统一，就必须突破简单的二元对立，而问题的关键就在于如何辩证地整合两者的共同基础。一旦超越了心理内与心理间的简单对立，就有可能获得一种全新的心理机制理论。[②]

有研究者根据近年来在儿童认知发展领域进行的速度、时间、分类等方面的一系列实验所得出的结果，提出儿童的认知发展是阶段性和连续性的统一这一观点。"皮亚杰倾向于儿童是阶段式地向前发展的，而维果茨基则认为儿童发展不呈现明显的阶段性，只表现为连续性。"两者的理论各有合理之处，却也存在一定的片面性。依据唯物辩证法，任何事物的发展都遵循质量互变的规律，在事物的发展过程中，主要矛盾的不断变化导致在不同阶段会呈现不同质的特点，因此，主要矛盾下的质的特点划分出事物不同的发展阶段。儿童的认知发展

---

① 熊哲宏，李其维.论儿童的文化发展与个体发展的统一——维果茨基与皮亚杰认知发展理论的整合研究论纲.华东师范大学学报（教育科学版），2002(1)：1-11.

② 王秋燕.维果茨基与皮亚杰认知发展观的比较研究.亚太教育，2016(27)：256-257.

也遵循质量互变的规律,表现为阶段性和连续性的统一。皮亚杰的局限性在于他对此采取了否定态度,认为这种能力不存在。皮亚杰根据大量实验发现了儿童出现的质的特点,并据此划分出儿童认知发展的阶段,但他没有承认儿童在较低的发展阶段也存在较高发展阶段所具有的能力。这些能力在较低发展阶段是存在的,只不过是不稳定、较脆弱且易受干扰的,因此无法通过标准的皮亚杰实验测查出来。

2.4 儿童阅读素养的 PISA 解读

国际学生评估项目(PISA)对学生在阅读、数学、科学领域的发展水平进行测试,通过 PISA 的有效实施,可以及时了解教育体系和学生的阅读认知,促使学生掌握参与社会活动所需要的知识技能培养学生的阅读素养,为终身学习打下良好的基础。

2.4.1 PISA 概要

PISA 是国际学生评估项目(Program for International Student Assessment)的英文缩写。PISA 是由经济合作与发展组织(Organization for Economic Cooperation and Development,OECD)统筹的学生能力国际评估计划,1997 年由 OECD 发起,旨在为 OECD 成员国监控教育成效。在许多国家,义务教育完成年龄在 14~16 岁,因此 PISA 的评估对象为接近完成基础教育的 15 岁学生,该测试主要为了解进入社会前学生是否具备相关的知识与技能,以及终身学习所必需的基本能力。[1]

PISA 基于现代教育测量理论,对学生在阅读、数学、科学领域的发展水平进行测试,辅以问卷调查的方式,建立国际教育成效评价指标体系,参与的国家和地区便可从国际视角审视、评价和检测自身教育系统的整体成效,并以此为依据制定有效的教育政策。2000 年,PISA 首次实施测评,之后每三年进行一次,从阅读、数学、科学领域中选取一个作为本届测评领域,每届 PISA 均以举行的年份命名,例如 PISA2000。PISA 吸引了国际教育评价领域的专业人员与技术,与政策目标结合之后,命题、抽样和数据收集机制等变得更加高质量,数据分析方法能够及时更新,考试评价与考评结果也更加优质高效,可信度得到大幅提升。有研究者形容 PISA 是一种前瞻性而非回顾性的评价,评价的目的在于了解义务教育即将结束时学生是否掌握了参与社会活动所需要的知识和技能,是否为终身学习打好了基础。其关注的是学生应用知识和技能解决问题的能力,而不是对已有课程内容的掌握情况。[2] 一方面,PISA 帮助人们深入了解教育体系和学生;另一方面,PISA 帮助国家或地区反思自身的教育问题,在与他国或地区的对比中,发现自身教育系统中的不足,从而总结经验,改善教育体制,跟踪发展情况,为今后的发展策略提供思路。

---

[1] 占盛丽,文剑冰,朱小虎. 全球化背景下 PISA 在美国基础教育质量评估体系中的贡献——基于美国 PISA 与 NEAP 的比较. 外国中小学教育,2010(5):1-6.

[2] 张所帅. PISA 阅读素养特征维度比重变化分析与解读. 教育科学研究,2017(8):31-34.

2.4.2 阅读素养及测评框架分析

"阅读素养是为了实现个人发展目标、增长知识、发挥潜力并参与社会活动,而理解、使用、反思书面文本的能力。"这是 PISA2000 首次将阅读素养作为其测评领域时对阅读素养的定义。[①] 随着时代的变化,阅读素养的定义被不断注入新的内容。PISA2009 再次将阅读素养作为测评领域,强调"参与"(engagement)的重要性,定义被拓展为"阅读素养是为了实现个人发展目标、增长知识、发挥潜力并参与社会活动,而理解、使用、反思书面文本并参与阅读活动的能力"。[②] PISA2015 沿袭了之前的方式,将阅读素养定义为"个人为达到特定目标、增长知识、开发潜能以及参加社会活动而理解、运用、反思并适应使用文本材料的能力"。PISA2018 提出的定义为:"阅读素养是学生为了实现个人目标、增进知识、发掘潜能与有效参与社会生活,而对文本进行理解、运用、评估、反思的能力以及对阅读活动的参与。"[③]

从定义的变化过程可知,阅读素养指学生不仅要识字与理解文本书面意思,还要在阅读理解之后进行反思,将阅读获得的知识作用于生活,实现自己的发展目标,提升个人的能力。

由于阅读的构成要素十分复杂,PISA 测评中要对维度进行取舍,原则上要把握最重要、最具可操作性的要素。首先,选取的要素须确保基本覆盖学生在校内、校外的阅读内容和阅读目的;其次,内容的组织难度应在一定范围内。

PISA 阅读素养测评构建标准来源于三个方面的主要任务特征。第一方面是情境,阅读的情境和目的具有一定的广泛性。PISA 所界定的情境是指文本和与之相关的任务的背景以及作者构建文本的目的,情境种类是根据假定的读者和阅读目的来具体确定的,而不是简单地依据阅读活动发生的地点来划分的。第二方面为认知,即阅读材料要具有一定的广度。认知方面是指读者处理文本的策略、方法和目的,读者借助它可以走进文本,获得信息,理解内容,实现阅读目的。第三方面为文本形式,其决定了阅读者处理文本的认知方法。文本是指阅读材料所涉及的范围和类型,可以从不同的角度进行分类。[④] 将三个方面有机结合,能保证阅读素养测评的广泛覆盖性,同时测评也建立了基本框架,如表 2-1 所示。

① OECD. Measuring student knowledge and skills: The PISA2000 assessment of reading. Mathematical and Scientific Literacy,1999:20.

② OECD. PISA2009 assessment framework—key competencies in reading. Mathematics and Science, 2009:23.

③ 顾理澜,李刚,常颖昊. PISA2018 解读:中国学生阅读开展状况的分析及建议——基于中国四省市 PISA2018 数据的分析与国际比较. 中小学管理,2020(1):21-24.

④ 张所帅. PISA 阅读素养特征维度比重变化分析与解读. 教育科学研究,2017(8):31-34.

表 2-1　PISA2009 阅读素养测评框架概要

情境	认知	文本形式
构建文本的用途： 1.个人的； 2.教育的； 3.职业的； 4.公共的	阅读任务或过程的类型： 1.获取与检索； 2.整合与解释； 3.反思与评价	阅读材料的形式： 1.连续性文本：包括不同种类的散文，例如记叙文、说明文、议论文； 2.非连续性文本：包括图、表格和清单； 3.混合文本：同时包括连续和非连续两种文本； 4.多重文本：包括为了特定目的而将几个独立文本（形式可相同，也可不同）并列后生成的文本

从表 2-2 可得知，2009 年，PISA 首次增加了电子文本的阅读评价，对文本分类的标准也进行了相应的调整，阅读文本按媒介（medium）、环境（environment）、体裁（format）和类型（type）四个分类标准进行划分。PISA2009 将含有手抄本、印刷本、电子媒体呈现的文字或带有文字说明的图片纳入文本内容中，但录音、录像和没有文字说明的图片除外。[①] 电子阅读材料以多重文本为主，2009 年所占比重为 70%，2012 年所占比重为 81%；其次为非连续性文本，2009 年和 2012 年所占比重分别为 10% 和 11%，体现了人们利用电子媒介进行文本阅读的特点。[②] 相较于 PISA2000 和 PISA2009，PISA2018 显示出了更多关于"数字化阅读"的特性。具体表现在：其一，在"认知过程"维度中新增"任务管理"要素，可以说是与之前的 PISA 阅读评估相比最大的不同之处，其背后的理论基础是"目标导向"（goal-driven）的阅读观，即现代社会的阅读主要是在某种"任务实施"情境中，为了"获取特定知识和信息"而进行的；其二，在"文本"维度中新增"资料"（source）、"组织与导航"（organization and navigation）要素，同样反映了在 21 世纪数字化阅读环境中，随着超文本和新的文本访问方式的出现，兴起了"多重文本阅读"（multiple text reading），产生了不同于以往"线性"阅读方式的"网状"阅读方式。除此之外，"认知过程"维度的下属要素"评价信息的质量与可信度""发现并处理相冲突的内容"也对读者作为阅读主体的能动性、阅读参与度以及评价、反思、批判性阅读能力提出了更高的要求。从整体来看，PISA2018 阅读素养评估框架凸显了目标导向的阅读观以及阅读素养的批判性与互文性本质。其主要特征可以分为"目标导向的阅读观与基于情境的评估""强化多重文本阅读与导航能力""重视读者的评价及批判性阅读能力"三个方面。[③] 从 PISA2018 阅读素养中可以感受到阅读的目的不仅是促进知识的增长与个人潜能的发挥，更是参与社会活动，实现个人目标。因此，阅读材料发生了巨大变化，除了传统纸质文本还增加了许多可读、可视、可听的文本；阅读也不再是简单的对阅读材料进行理解、运用和反思，而是"评价"并且参与阅读活动。这都与 PISA 阅读素养测评的三个维度相对应。[④]

---

① 俞向军,宋乃庆,王雁玲.PISA2018 阅读素养测试内容变化与对我国语文阅读教学的借鉴.比较教育研究,2017,39(5):3-10.

② 张所帅.PISA 阅读素养特征维度比重变化分析与解读.教育科学研究,2017(8):31-34.

③ 王晓诚.PISA2018 阅读素养评估的特征解读.首都师范大学学报(社会科学版),2019(3):171-179.

④ 俞向军,宋乃庆,王雁玲.PISA2018 阅读素养测试内容变化与对我国语文阅读教学的借鉴.比较教育研究,2017,39(5):3-10.

表 2-2　不同测评周期 PISA 阅读素养测评框架的变化

		PISA2000		PISA2009		PISA2018	
认知过程		信息定位		获取与检索		文本处理过程＋任务管理	浏览并把握信息位置
		把握大意		整合与解释			查找并选择相关的文本
		推论性理解					理解文本字面意思
		对内容的反思与评价		反思与评价			形成整合与推论
							反思内容与形式
		对形式的反思与评价					评价信息的质量与可信度
							发现并处理相冲突的内容
文本	散文	叙事、描述、说明、议论、指示	媒介	印刷、数字	资料	单一文本、多重文本	
			环境	作者中心、信息中心	组织与导航	静态文本、动态文本	
	非散文	图式、广告、图表、地图等	体裁	连续性文本、非连续性文本、混合文本、多重文本	体裁	连续性文本、非连续性文本、混合文本	
			类型	描述、叙事、说明、议论、指示、互动类文本	类型	描述、叙事、说明、议论、指示、互动类文本	
情境		个人的、公共的、职业的、教育的					

　　有研究者对中国四个省(市)PISA2018 数据进行分析,并与国际比较,发现在信息化的时代,学生阅读的方式与媒介发生了巨大的变化。大约 34.75% 的学生更多地选择用数字媒介进行阅读,26.27% 的学生选择数字媒介与纸质媒介阅读的时间大致相等。然而更多地使用数字媒介阅读的学生阅读素养的成绩并不是特别突出,但使用两种阅读方式时间大致相等的学生阅读素养成绩更好。其中原因可能是学生虽然选择了数字媒体作为阅读的媒介,但只是学会了数字媒体的操作方式,并非掌握了数字化阅读的方式,因此通过数字媒体进行阅读也仅仅是更换了阅读的媒介,阅读的内容本质上并未发生改变。另一个发现是,教师在课堂上为学生提供多种多样的阅读材料,但其中数字读物的比例很低。[①]

　　可见,教师虽然逐渐重视并且运用信息化教学,但更多的只是通过信息化手段展示课件与材料,并非直接向学生展示数字化材料。由学生的阅读素养成绩可知,直接给学生数字化阅读文本不一定有益于阅读素养的提升。因此,对于数字化读物,该选择什么内容,以什么方式呈现等,仍然是研究的重点。学校虽不能盲目推崇数字化阅读,但可以鼓励教师在教学中渗透数字化阅读素养的相关内容,例如提升学生的多重文本阅读能力,强化其对文化的反思与评估能力等;还可以小范围开设媒介素养等主题课程培养学生的数字化阅读能力,要注

　　① 顾理澜,李刚,常颖昊.PISA2018 解读:中国学生阅读开展状况的分析及建议——基于中国四省市 PISA2018 数据的分析与国际比较.中小学管理,2020(1):21-24.

重阅读内容而非阅读载体,总结经验后再在学科课程中进行推广。[①]

2.5　基于儿童认知的数字媒体阅读

儿童认知是儿童发展的内在驱动力,数字媒体是促进儿童发展的外在阅读资源和工具载体,本书从内在基础和外在条件两个方面阐述儿童认知理论与数字媒体阅读之间的关系,冀望从理论的视角为儿童数字媒体阅读提供有效策略。

2.5.1　数字媒体阅读对儿童认知的影响

科技高速发展下的数字媒体阅读成了儿童获取信息、学习知识的重要方式,它对儿童的认知发展也产生了巨大的影响。

温国华提出网络阅读对青少年认知发展的影响主要在于认知途径依赖、认知符号多元化、认知选择性凸现、认知鸿沟加剧这四个方面。[②] 孙静等认为网络阅读对青少年认知过程的发展有促进作用,还可以扩展青少年的认知结构以及从正向改变其处理信息的方式。[③] Ora Segal-Drori 等曾做过一项实验,即让儿童在成人的指导下分别阅读电子书与纸质书,实验结果显示,阅读电子书对儿童的读字识字效果更好,且阅读对儿童认知发展有着积极影响。[④] 张蓬认为数字化阅读给予青少年强烈的感官刺激实现个性化阅读,但缺乏文本知识性和教育性。[⑤]

王佑镁在研究数字化阅读对未成年人认知发展的积极和消极影响时,确定了注意、感知、记忆、思维与问题解决、言语与想象这五个方向。结果表明,数字化阅读对未成年人的认知发展更具积极意义[⑥]。未成年人认为数字化阅读对注意的保持和发展有着积极的作用。注意是心理活动对一定对象的指向和集中,心理过程的动力特征之一。运用数字媒体阅读可以在一定程度上(不高)集中注意力,提高选择性。数字媒体阅读并不像纸质阅读的内容呈线性排列,数字媒体阅读有较为便捷的页面导航功能,有助于儿童在阅读时快速找到有效的信息,从而提升注意的保持程度。虽然数字媒体阅读会有广告、链接、互动等干扰因素,但大部分未成年人认为这些干扰因素并不会对其注意产生过多影响。但部分未成年人认为页面会导致注意分散,这就对数字媒体阅读的页面导航有了更高的要求。且数字化阅读确实

① 顾理澜,李刚,常颖昊.PISA2018 解读:中国学生阅读开展状况的分析及建议——基于中国四省市 PISA2018 数据的分析与国际比较.中小学管理,2020(1):21-24.

② 温国华.从传播学视角论网络对青少年认知发展的影响.中国青年研究,2003(12):16-18.

③ 孙静,王慧萍.关于网络对青少年心理发展正面影响的研究.烟台教育学院学报,2004(12):81-83,90.

④ Segal-Drori O,Korat O,Shamir A. Reading electronic and printed books with and without adult instruction:effect on emergent reading. Reading and Writing,2010,23:913-930[2021-05-21]. http://dx. doi. org/10.1007/s11145-009-9182-x.

⑤ 张蓬.青少年网络阅读问题探析.理论界,2009(12):168-169.

⑥ 王佑镁.数字化阅读对未成年人认知发展的影响研究.中国电化教育,2013(11):6-11.

会使人产生视觉疲劳,影响视力。

未成年人认为数字媒体阅读会对感知觉产生积极的作用。感觉与知觉都属于感觉范畴,感觉是指人脑对直接作用于感觉器官的客观事物的个别属性的反映;知觉在感觉的基础上产生,是人脑对直接作用于感觉器官的客观事物整体属性的反映。大多数未成年人认为数字化阅读的过程中,自己的感知觉得到了充分的调动,促进了感知觉的发展。也有部分人认为数字化阅读的视觉效果、声音效果等会令人难以接受。记忆是在头脑中积累和保存个体经验的心理过程。数字媒体阅读有着非常便捷的载体与多种多样的内容呈现方式,这些都有利于促进记忆和回忆。但数字化阅读带来的浅阅读现象也会使部分人的记忆能力降低。

未成年人可以在数字化阅读过程中,借助丰富的信息策略和信息情境不断提高思维与问题解决的能力。思维是人脑对客观事物的本质属性与内在联系的概括的间接反映;问题解决是指从问题的初始状态到达目标状态而采取的一系列具有目标指向性的认知操作过程。未成年人在遇到问题时,有通过数字设备、网络等途径寻求帮助的意识与倾向,他们可以在没有对策时通过网络、通过手机通信与人交流,分享经历与经验。使用数字化阅读,未成年人可以听到各种不同的声音,有助于他们辩证思维的培养使他们具备独立思考的能力,而不会一味地盲从他人。在未成年人眼中,数字化阅读与浅阅读之间不能画上等号,数字化阅读并非纯粹的娱乐方式,它对学习能产生一定的积极影响。

言语是指人们掌握和使用语言的活动过程,想象是一种特殊的思维形式,是人在头脑里对已储存的表象进行加工改造形成新形象的心理过程。数字化阅读的沟通工具、信息容量、多媒体表征形式等对于提高言语沟通能力、想象力,扩大知识面具有正面效应。但部分人表示数字媒体阅读会使他们在日常的交流表达中产生障碍。[①]

虽然数字媒体可以在儿童发展阶段开拓儿童的视野,激发其想象力;帮助儿童更好地塑造人格,培养良好的行为习惯;提升儿童的认知能力,为广泛对外交流提供渠道。但数字媒体也有一定的局限性。儿童使用数字媒体时间过长,会缺乏生活实践的体验,网络游戏与其他不良信息会侵害儿童的心智,数字媒体的方便快捷会导致家长与儿童对其依赖性过高等。

2.5.2 数字媒体阅读对儿童认知的积极影响

第一,数字媒体阅读对于儿童的注意发展具有积极作用。数字媒体阅读不同于纸质阅读的线性排列,其通过将页面导航与链接结合,阅读内容呈现更加直观,能帮助儿童更快速地找到有效信息,提高阅读的针对性。传统的阅读方式不具备这样的功能,所有的阅读内容有其预设的顺序,是固定不变的,而数字媒体阅读通过建立链接,让儿童在阅读时可以根据自己的喜好与进度进行阅读,提高了阅读的灵活性与深度。

第二,数字媒体阅读时丰富多彩的图画、动画,生动有趣的声音,能够给予儿童更多的感官体验,可以从多方面调动儿童的各种感官,激发儿童的想象力。相对于传统的阅读,数字

---

① 王佑镁.数字化阅读对未成年人认知发展的影响研究.中国电化教育,2013(11):6-11.

媒体阅读具有更加明显的刺激效果,可以给予儿童更为立体的阅读体验。丰富多彩的感官体验不仅能够吸引儿童的注意力,激发儿童的兴趣,使儿童投入阅读,而且能够促进儿童的感官发展。

第三,数字媒体阅读相较于传统纸质阅读更适用于内容的回顾与再现,方便儿童回忆。数字媒体便于携带,儿童可以将较短的碎片化的时间利用起来,随时随地进行查看。并且数字媒体将阅读内容以文字、图片、视频、声音等多种方式呈现出来,给儿童带来多样的体验,有利于儿童记忆,也使儿童更容易对阅读内容进行回忆。

第四,数字媒体阅读为儿童提供了一个交流的平台。通过网络,儿童在解决问题时可以获得更多的途径,拓宽思路,从而提高思辨能力,提升判断力。由于互联网的强大功能,不同时间与空间的内容都能够呈现在儿童眼前,这能够让儿童与其他人更加方便地互动,交流经验,同时降低儿童的孤独感。

第五,当今社会,儿童出生在数字化的环境之中,作为"数字土著"的他们天生就对数字媒体有亲切感,能够快速地接受数字阅读。数字媒体阅读使儿童接触到更多网络语言,网络语言新潮、时尚,很快就能被儿童所接受,并且儿童能自己进行创造,这很符合儿童热爱创新、敢于接受新事物的心理特点。数字媒体阅读的内容是多元化的,可以拓宽儿童的视野,增加知识储备,某种程度上有利于儿童的思维发展。[①]

2.5.3 数字媒体阅读对儿童认知的消极影响

第一,数字媒体阅读中所夹杂的广告、链接、娱乐消息或不良信息会分散儿童的注意,对其阅读造成干扰。儿童身心发展尚未成熟,自制力较差,很容易受到外界的一些干扰,难以抵制诱惑和分辨不良信息。数字媒体阅读时的干扰会对儿童的注意产生影响,大大降低阅读的效率。

第二,数字媒体阅读时儿童受到的辐射和有害光线会对其视力产生不利影响。数字媒体阅读中有的阅读内容并不完全适合儿童,色彩过于丰富或声音混乱会使儿童在阅读时有不适感。

第三,数字媒体阅读中大量信息的冲击,让儿童在短时间内难以消化与记忆,大脑一直处于接收状态,大部分记忆属于瞬时记忆与短时记忆,而不利于信息在大脑中的加工和储存。且数字媒体阅读不便于儿童随时进行标注与注解等,纸质阅读则更适合儿童在阅读时进行深层次思考,获取更多隐藏信息,对自己的想法加以记录。

第四,数字媒体阅读中过多的图片与影像弱化了思考,会造成某种程度上的浅阅读现象。传统纸质阅读多数以文字的描述激发读者的想象,使儿童在阅读中不断提升想象力,同时形成对阅读的节奏自主控制能力,能反思阅读的内容。但网络中对于问题的解答多种多样,在帮助儿童解决问题的同时,也会造成儿童的依赖性与惰性。

第五,数字媒体阅读越来越普及,网络的广泛使用使得部分青少年沉浸于虚拟世界,而

---

① 王佑镁. 数字化阅读对未成年人认知发展的影响研究. 中国电化教育,2013(11):6-11.

不习惯于在现实世界与人交流,产生一定的语言障碍,也可能对青少年的认知与身心发展造成不良影响。由于数字媒体便于携带,儿童可以将碎片化的时间用于数字媒体的使用,但会忽视现实生活中的交往,而且较弱的自制力可能使儿童沉迷于其中,造成作息不规律,最终影响健康。[①]

2.5.4　儿童认知视域下数字媒体阅读策略

第一,注重数字化阅读的内容设计。无论是学习方面的阅读,还是课外阅读,数字化阅读的内容都应当简洁明了,应设计清晰便捷的导航,不加入过多的链接,适度添加儿童感兴趣的内容,如插图、动画、音效等。确保阅读内容成为页面的主体,让儿童专注于内容本身,提升阅读效率。

第二,优化数字化阅读的感官体验。尽管数字化阅读能够将阅读内容与声音、动画等融合,调动儿童的感官,但对于儿童来说,纸质阅读的能力也相当重要,且相比于数字媒体阅读,纸质阅读在保护儿童视力方面具有一定优势。设计时,可以选择类似于纸张触感的,更为环保的屏幕,以降低电子屏幕对儿童眼睛的刺激。

第三,注重数字化阅读的互动功能设计。通过辅助性、社交性的阅读活动模块,引导儿童在数字化阅读过程中强化认知发展;积极进行数字化阅读与课堂教学的整合,将数字化阅读纳入数字化学习体系,强调阅读的知识建构功能,避免儿童进入浅阅读状态。

第四,建设面向儿童的数字化素养教育体系,提升儿童的信息素养,将教学活动、阅读活动与数字化素养进行结合,通过正确的引导,培养儿童正确合理地使用数字媒体进行阅读的能力,提升儿童的辨别力与判断力,帮助儿童提高解决问题的逻辑思维能力,并且避免儿童因自制力差而产生依赖与沉迷。

第五,社会合力营造良好阅读氛围。可以通过建立施行分级制度,将各类阅读资源以一定标准划分,打造适合儿童的数字化阅读绿色平台。积极向民众推广数字化阅读,普及数字化阅读,增强其影响力,强化社会阅读氛围,构建完善的数字化阅读的社会体系,全社会合力保障儿童的健康发展。[②] 尹国强提出优化儿童数字化阅读的目标是“培育批判性意识,重塑儿童主体性”[③]。在数字化大潮袭来之时,我们不应将其视为“洪水猛兽”,而是应当帮助儿童建立正确的认知,使之坚定自身的信念,并充分利用技术帮助儿童发展。我们不能过度保护儿童,将他们需要面对的事实掩盖起来,而要突出儿童的主体性。“儿童的主体性,是指儿童在童年生活中表现出来的自决性、自控性和自主性。”[④]数字化阅读带来的信息冲击,有可能让儿童陷入浅阅读的陷阱,因此必须让儿童形成主体性,把控阅读的本质。据此,尹国强认为应当发挥技术的优势,同时加强文化的制约,要通过建立 M-F-S-G(媒体-家庭-学校-政府)

① 王佑镁.数字化阅读对未成年人认知发展的影响研究.中国电化教育,2013(11):6-11.
② 王佑镁.数字化阅读对未成年人认知发展的影响研究.中国电化教育,2013(11):6-11.
③ 尹国强.儿童数字化阅读研究.重庆:西南大学,2017.
④ 裴娣娜.教育实验评价体系的建立及其方法论思考——构建少年儿童主体性发展测评体系研究的初步报告.教育改革,1996(2):5-8.

共同体,形成支持合力。①

　　第六,媒体应肩负起融合教育理念,强化生命关照的责任。首先,在进行数字媒介的研发与设计时,就应当加强现代教育理论的指导。根据各种学习理论、教学理论、认知理论等基础理论,加强技术方面的创新与提升,将理论与技术相结合,让设计方案从理想走向现实。技术人员在开发阅读平台与产品时,不应只关注产品的外观是否精美、操作是否流畅,而应在此基础之上反思产品本身是否符合儿童的认知发展与身心发展规律。以人为本,才能使技术真正地为人服务。其次,由于儿童处于生长发育阶段,数字媒体阅读应当考虑儿童的生理特点。在进行研发与制作时,应考虑尽量减少对儿童视力、颈椎等各方面的伤害,合理设计文字的大小、图片的颜色等。同时,考虑到儿童在使用时可能出现的姿势不良与自制力差导致的使用时间过长等问题,还应增加一些提示功能,保证儿童能够合理使用。研发时还应考虑到儿童的现实生活经验、所属民族传统、周边社会风俗等。另外,要保证数字媒体阅读的资源是符合儿童心理特点的优质资源,可以适当地融入游戏性。例如阅读软件的界面,应当尽量清晰、简洁,界面上的导航要准确对应内容,不能出现错误与偏差,加入一些互动游戏等。还应关注儿童的自适应性,所谓自适应性儿童数字化阅读资源即指能够依据儿童个体特征,跟踪儿童的阅读过程,动态地提供阅读内容,提出阅读建议,从而调整儿童整个阅读过程,保证儿童阅读效果的资源。体现了以人为本的设计理念。

　　第七,要注重家庭氛围对孩子的影响,家长参与资源二次开发。首先,家庭成员尤其是父母对孩子的影响是极其深远的,但每个家庭能够给予孩子的文化资本并不相同。因此,家长可以从自身出发,提升自己的素养,为孩子树立榜样。家长的自律会给孩子带来好的影响,家长良好的阅读行为与方式也能够带动孩子养成良好习惯。其次,数字媒体阅读能够给予孩子更多的互动机会,但许多家长因此忽略了对孩子的陪伴。家长应当主动参与儿童的数字媒体阅读,了解孩子的兴趣爱好及认知特点,帮助孩子辨别信息,更好地理解与接纳信息,实现对资源的二次开发。另外,家长参与孩子的阅读,也能帮助孩子把握数字媒体阅读的“度”,防止孩子过渡沉迷,注意时间的合理分配,呵护儿童的身心健康。孩子通过数字媒体阅读获得愉悦感与新鲜感,家长也要关注孩子的情绪,帮助孩子建立虚拟世界与现实世界的联系,分辨虚拟与现实。数字媒体阅读所带来的体验极大地改变了孩子的阅读方式,但逐渐弱化了孩子的思考与对文化的传承,家长应当正确引导孩子平衡两种阅读方式,利用好纸质阅读,强化孩子思考的能力,提高其思维深度。

　　第八,学校应起到充实课程教学内容,引领家校合作的作用。如今,儿童接触到数字媒体的机会越来越多,因此,各方都很重视对儿童信息素养的培养。学校作为儿童学习与生活的一个主要场所,自然应该肩负起这个责任。学校可以把数字媒体阅读素养等理念融入课程体系,引导孩子正确使用数字媒体,养成良好的习惯,建立正确的观念。学校可以通过课程传授给儿童正确搜索信息的方法,并且向儿童推荐优质的数字媒体阅读资源。例如,学校可以开设一些数字化读书室或建立资源库,让孩子不受网络不良信息的干扰,进行阅读。儿童是一个发展着的主体,其成长的每个阶段都有不同的特点。因此,儿童数字化阅读的过程

---

　　① 尹国强.儿童数字化阅读研究.重庆:西南大学,2017.

评价,应当突破传统的单一主体评价模式,吸纳包括家长、社区工作人员、教师、教育管理者等在内的更多主体参与评价,促使评价主体多元化,使他们参与评价目标的确定、评价指标的制定、评价方法的选取等整个评价活动。学校还可以与家长建立联系,共同促进儿童的数字媒体阅读往好的方向发展。

第九,政府应肩负起完善监管机制,推广优质资源的责任。政府可以通过宏观调控,大力支持和发展优质的数字化资源建设。组织研发优质的数字化资源,对资源加强管理,培养专业的人员团队等都是对数字化阅读的支撑。同时也要观照现实社会的阅读资源,建立数字化图书馆等。政府还应加大宣传推广的力度,让更多人了解数字媒体阅读,普及这一类的知识。通过组织多层次培训,让部分人发挥示范作用,提升民众总体的数字阅读素养。另外,加强制度建设也是重中之重,政府可以通过制定相关的法律法规,加强管理,把制度落实到方方面面,从而营造一个和谐的数字媒体阅读环境。[1]

---

[1] 尹国强.儿童数字化阅读研究.重庆:西南大学,2017.

3 国内外数字化阅读研究现状与述评

当前,信息技术的迅速发展掀起了教育改革的新浪潮,教育工作者应当响应时代要求,努力顺应数字媒体发展趋势,积极适应数字媒体背景下的学习者学习方式和阅读习惯的改变,与时俱进地发展和实践数字化阅读新策略。本章梳理了国内外数字化阅读的研究特点与现状,为国内外数字化阅读的发展特色和发展方向提供了理论依据,旨在阐述未来如何更好地利用数字化阅读服务学习者。

3.1 国内数字化阅读研究概述

2020 年 4 月 20 日,第十七次全国国民阅读调查报告显示,2019 年中国成年国民对各类数字化阅读方式的接触率均有所增长;手机和互联网成为中国成年国民每天所使用媒介的主体,纸质书、报刊的阅读时长均有所减少。随着电子阅读工具的升级换代和阅读群体的逐步接受与认可,选择数字化阅读的人群比例逐步上升,与此同时,我们应该避免浅阅读带来的阅读快餐化、粗俗与低级语言的广泛传播等问题。

3.1.1 数字化阅读推广研究

(1)数字化阅读推广的策略研究

每年 4 月 23 日是世界读书日,而春暖花开的 4 月也是中国的读书月。在教育信息化的今天,使用数字化阅读的人群比例和时长比例不断上升,数字化阅读也越来越受到社会重视,多地政府依托图书馆建设对数字化阅读进行积极推广。

第十七次全国国民阅读调查报告显示,2019 年成年国民使用数字化阅读方式占比为79.3%,比 2018 年的 76.2%上升了 3.1 个百分点。《2019 年度中国数字阅读白皮书》显示,中国数字化阅读用户总量达 4.7 亿,数字化阅读的发展主要体现在阅读设施的数字化、智能化,宣传推广的垂直化、基层化,工作方法的标准化、科学化和全民阅读的常态化、法治化等方面。作为阅读的主要场所,图书馆做了很多的推广活动。数字化阅读推广是在切合用户需求的基础上,通过多种手段、方式向用户传递数字化阅读服务等信息,促进更多用户利用数字化阅读服务的营销、传播、教育等行为。① 推广数字化阅读,正确引导儿童合理使用网络资源,使儿童学会搜索资料、正确利用资料非常重要。数字化阅读推广工作常常依赖于各类图书馆。陈丽冰在介绍青少年阅读现状基础上,提出了数字化阅读的推广措施:与青少年保持联系,用最新网络技术架设在线读书会,与学校合作,推荐优良馆藏,建设数字服务阅读平台,研究数字化阅读教育,颁布馆员教育策略和为青少年提供课业咨询服务策略等。② 王文提出了建议措施:利用"互联网+"思维来审视未成年人数字化阅读;完善地方性数字化阅读法律法规建设;融合社会各界力量开展未成年人数字化阅读等。③ 李瑛分析了新媒体环境下数字化阅读推广的问题,提出拓展阅读推广的形式,培养少儿媒介素养等措施。④ 徐琼也对阅读推广服务进行了梳理,认为要寻求一种长久机制,提出高校图书馆全方位阅读推广模式。⑤ 马坤坤、茆意宏等人针对深度阅读的特点,从内容营销的角度,提出相对于数字化阅读的浅阅读,更应注重深阅读的效果,培养深度阅读的习惯和素养。⑥ 茆意宏通过属加种差的方法对数字化阅读进行定义,描述了一种信息流理论的数字化阅读推广运行机制与模式,从单一要素、多要素组合、全要素组合等视角对数字化阅读推广的运行模式进行总结,数字化阅读推广的管理模式可以从人力、物力、财力、技术、信息等要素视角进行总结。⑦

(2)数字化阅读推广实践研究

数字化阅读凭借其独特优势被国内阅读者迅速接受与认可,许多地方都开展了依托图书馆的数字化阅读推广实践活动。例如,上海青浦区于2016年开展的"清阅朴读"创新实践活动,其打造的数字化平台配备了丰富而权威的图书资源库,并且增配了百科视频等在线学习资源,在微信微博上都已获得大量关注。⑧ 2018年8月,浙江省图书馆与浙江省青少年科技活动中心合作,举办了数字化阅读推广之"阅读悦自己——书香满村寨"活动。⑨ 2019年河南省周口市沈丘县举办的"同城共读,万卷共知"线上阅读暨世界读书日活动,充分运用手机网络的便捷性,市民们可以通过手机"扫一扫"获得图书资源。⑩ 2020年2月,湖南省醴陵市图书馆开展专项数字化阅读推广活动,新冠病毒肺炎疫情防控期间员工在家网络办公,将

① 彭爱东,邢思思,茆意宏.图书馆数字阅读推广的发展现状与对策.图书情报工作,2019,63(17):93-102.

② 陈丽冰.从青少年数字阅读探讨图书馆推广服务策略.图书馆,2015(3):93-96.

③ 王文.公共图书馆开展未成年人数字阅读服务的思考——基于"互联网+数字阅读".图书馆工作与研究,2018(11):64-69.

④ 李瑛.新媒体时代公共图书馆少儿数字阅读推广策略探析.图书馆工作与研究,2019(S1):120-124.

⑤ 徐琼.建立高校图书馆全方位阅读推广模式的探索.新世纪图书馆,2013(2):62-65.

⑥ 马坤坤,茆意宏,Xiangmin Zhang,Hermina Anghelescu,朱玲玲.深度数字阅读推广的内容营销机制研究.图书情报工作,2020(8):32-40.

⑦ 茆意宏.数字阅读推广的概念、机制与模式.图书情报知识,2020(2):51-59.

⑧ 张汇."微时代"公共图书馆阅读推广的创新实践——以上海青浦区"清阅朴读"为例.新世纪图书馆,2016(1):45-48.

⑨ "阅读悦自己——书香满村寨"2018年浙江省数字图书馆推广工程数字阅读推广系列活动走进田洋陈村文化礼堂.(2018-08-20)[2021-05-21].http://www.sohu.com/a/249029272_800975.

⑩ 4.23"世界读书日"沈丘县图书馆全民阅读系列活动.(2021-04-24)[2021-05-21].http://www.shenqiu.gov.cn/newslast_33975.html.

精心准备好的数字化阅读资源通过各自的微信群、QQ 群和公众号等推送给市民,每天推出数字化图书 5 本,连续 20 天,累积受惠群众超过 30 万人次。[①] 网络上,当当网每年举办的"网络书香节"活动,以降价、推荐图书等方式促进互联网阅读。"悦读书院"网络平台以经典名著的选读书目为核心,设计了"读书报告"的在线提交和网络评阅功能。

案例 3-1　国内图书馆建设标志性事件

我国首个"地铁流动图书馆"建立在上海,于 2008 年建成。2010 年 4 月 22 日,台湾新北第一座板桥车站低碳智慧图书馆正式对外开放。2010 年 9 月,南京地铁 1 号线新街口站开放南京地铁图书馆。2012 年 10 月,武汉地铁 2 号线在每一站都设立一座地铁自助图书馆。2015 年 1 月 12 日,位于北京的"M 地铁·图书馆"正式使用。2015 年 1 月 27 日,宁波轨道数字图书馆开始开放。2010 年 5 月 31 日,中国国家图书馆正式推出少儿数字图书馆网上服务。2011 年 4 月 23 日,中国国家图书馆、中国残疾人联合会信息中心、中国盲文出版社共同建设的中国残疾人数字图书馆开通运营,2011 年 5 月,正式实施国家数字图书馆推广工程。2013 年,中国国家图书馆与全国各级公共图书馆开展合作,建立数字图书馆移动阅读平台。截至 2017 年,国家数字图书馆推广工程覆盖全国 41 家省级图书馆、486 家地市级图书馆,服务辐射 2900 多个县级图书馆。

自 2011 年起,国家数字图书馆推广工程举办"网络书香"系列活动[②],包括"网络书香·掠美瞬间""网络书香过大年""资源探索乐园""网络书香·数字图书馆建设与服务""春雨工程·网络书香"等数字化阅读推广活动。

"十二五"期间,国家数字图书馆建设进入了高速发展期,其中,以数字资源为中心,围绕整个数字资源生命周期的各个业务系统,是国家数字图书馆推广工程的重要内容,也是国家数字图书馆建设的核心技术支撑。

　　知识组织系统主要提供馆藏文献资源的数字化生产加工服务,将各类传统文献转化为数字资源并进行深度加工,生成元数据;文津搜索系统将文档保存为 WARC 文档,集网络资源的采集、保存、编目、发布和服务功能于一体;数字资源组织系统组织数字图书馆数字资源,并对其集中管理;资源发布与服务系统对各类数字资源著作权信息进行建设、维护和管理,对建立全国数字图书馆版权信息库提供支持;唯一标识符系统有效管理、利用整合数字资源,打破不同区域的界限;资源发布与服务系统主要是综合调度多类资源,为读者服务;统一用户管理系统实现读者访问资源的点击登录,对用户库实名管理;文津搜索系统搭建精准权威的搜索式平台;长期保存系统建立电子账,对数字资源有序管理;异地灾备系统为主数据提供双保障。

①　市文旅广体局:推荐数字阅读 助力宅家抗疫——醴陵市图书馆开展专项数字阅读推广活动.(2020-02-04)[2021-05-21].http://www.liling.gov.cn/c1052/20200204/i1431258.html.
②　陈永光.数字阅读推广服务:图书馆服务"新常态".图书与情报,2018:117-121.

国家数字图书馆推广工程秉持"共知、共建、共享"的建设思路,联合全国各级图书馆,推进数字资源联合建设,使数字资源建设效率提高、服务效能最大化,努力从根本上提升中国公共数字文化资源供给能力和服务水平。

3.1.2 数字化阅读与纸质阅读比较研究

(1)数字化阅读与纸质阅读关系研究

当前数字化阅读软件、阅读网站等平台百花齐放,让阅读方式更加丰富。对获取知识的渠道,到底应当选择传统纸质阅读还是数字化阅读呢?数字化阅读将取代传统纸质阅读吗?国内外很多专家学者对数字化阅读与纸质阅读进行了比较分析,以期能够厘清两种阅读方式的异同。

数字化阅读与传统纸质阅读相比,具有资源丰富,环境开放,互动性、实时性强,成本低等突出优点,且其发展迅猛,但也有很多学者从体验感和阅读观念等方面讨论了数字化阅读不能取代纸质阅读的原因。有人认为移动网络的便捷阅读是一种浅阅读,不会取代传统的纸质阅读,纸质阅读能够让人获得更深入的理解。[1] 张玉珍认为纸质阅读方式具有不可取代性,强调纸质阅读的重要性。[2] 王雪认为数字化阅读感知方式较为单一,分离了阅读介质和文字符号,而纸质阅读涉及视觉、触觉、嗅觉等多种感官,并且她在"体物入微"的理论框架下,挖掘纸质阅读的文化意义。[3]

还有一些学者从不同的视角来阐述两种阅读方式的联系。刘坤锋、王文韬等人从沉浸视角进行实证研究,发现数字化阅读时的沉浸体验感更低,应该合理使用两种阅读方式。[4]方志从纸质阅读与数据库阅读的差异化视角说明数据库阅读对纸质阅读造成了较大的影响,学术期刊应该对自身的阅读质量提出更高的要求,关注整体内容质量。[5] 司国东、赵玉等人从网络阅读增加人的认知负荷的角度来探讨,认为阅读材质和阅读设备都会导致认知负荷的加重。[6] 刘坤锋、曹芬芳等人从精细加工可能性模型视角出发,通过实证研究,发现大多数人认为纸质阅读的质量高于数字化阅读,因此更偏爱纸质阅读。[7] 还有学者从阅读理解和记忆保持视角探讨两者的阅读差异,发现对于复杂信息和长期记忆来说,数字化阅读的效果

① 移动阅读不能代替纸质阅读.新闻记者,2014(8):70.

② 张玉珍.在竞争中共同发展——论电子文献与纸质文献的关系.中国图书馆学报,2003(1):51-54.

③ 王雪.数字时代纸质阅读的"身体感"研究.编辑之友,2017(11):16-19.

④ 刘坤锋,王文韬,陈雨.沉浸体验视角下数字阅读与纸质阅读的比较分析研究.图书馆,2016(10):58-62.

⑤ 方志.对学术期刊内容质量的新理解——基于纸质阅读与数据库阅读的差异化视角.出版科学,2013,21(4):37-41.

⑥ 司国东,赵玉,宋鸿陟.认知负荷视角下的移动阅读研究.中国远程教育,2013(6):51-55,96.

⑦ 刘坤锋,曹芬芳,王文韬.双路径视角下纸质读物与数字读物的比较分析研究.图书馆,2017(10):55-61.

较差。[1] 亢琦等人认为从生命视角来探讨数字化阅读并不是想当然地认为其比纸质阅读低碳环保。[2]

　　然而两种阅读方式并不是水火不容的关系，而是各有局限、各有特色、相辅相成，在实际中，需要根据自己的需求选择合适自己的方式。关于数字化阅读和纸质阅读相融合的研究有很多，刘宇、刘颖认为，实现基于虚拟现实出版的儿童数字化阅读推广，其根本途径应是不断提升虚拟现实技术与数字化阅读的深度融合。[3] 彭嗣禹、陈润好对中小学生进行问卷调查，了解中小学生问题与困境，提出学校应因势利导，寻求合理保障和引导数字化阅读的路径。[4] 赵宣认为阅读者需要明确自己的目标，增强自身的数字化阅读素养，注意合理分配，对经典作品也可以在网络阅读中进行深度阅读，然而新媒体的发展也离不开纸质出版的内容支持。[5] 杨嵘均认为我们需要客观地对待纸质阅读和网络阅读，实现两者的共融共生。[6] 刘敏对青少年网络阅读进行研究，在指出网络阅读的优缺点基础上，认为应该正确认识网络阅读与传统阅读，处理好两者的互动关系。[7] 江晓原认为严肃阅读必将长期存在，在未来很长时间内电子阅读与纸质阅读将互为补充并行不悖。[8]

　　阅读偏好还会受到技术因素的影响。有的学者认为虽然纸质媒体依旧在被人使用，但随着大量"数字土著"的加入，纸质阅读的发展趋势会不断减弱。数字媒体可以储存的内容远远多于纸质媒体。但数字媒体也有缺点，例如屏幕易碎，不像纸质媒体那样摔落之后依旧可以阅读。基于技术框架理论，随着新技术的出现，对技术的反复使用是不可避免的，习惯性地使用最终会导致实践的产生。也就是说，实践促进了新技术的发展。研究发现，文化差异和数字化的时机是各个国家由纸质阅读向数字阅读过渡所处不同阶段的两个重要因素。另外，阅读偏好还可能受到美学因素、生理（认知、健康）因素、生态因素、使用频率、性别因素的影响。[9]

　　数字阅读与纸质阅读的阅读体验也不一样，大致分为外部感官体验与内部心理体验。外部感官体验即媒体的易用性，主要是指文本的字体大小、排版、背光、翻页的便利性、标记书签、注释以及做笔记等方面。部分用户认为数字阅读需要的操作很麻烦，有时出现的网络延迟、卡顿等问题也会使体验感变差，并且在数字媒体上进行注释不方便，比较耗费时间。相比之下，纸质媒体的触感会让人有熟悉感，契合读者的怀旧情怀，并且标注方便，不会因为操作不当而使当前的内容消失。但纸质媒体也有其不方便之处，例如遇到难以理解的内容

　　① 袁曦临，王骏，刘禄. 纸质阅读与数字阅读理解效果实验研究. 中国图书馆学报，2015(5)：35-46.

　　② 亢琦，王晴，李耀昌. 数字阅读对环境的影响——以生命周期为视角. 图书馆论坛，2017(3)：3-8，34.

　　③ 刘宇，刘颖. 基于虚拟现实出版的儿童数字化阅读推广研究. 出版科学，2019，27(6)：98-101.

　　④ 彭嗣禹，陈润好. 中小学生数字阅读推广的困境与突破. 图书馆论坛，2020，40(03)：139-146.

　　⑤ 赵宣. 数字化阅读与传统阅读比较研究——兼谈阅读经典文献的有效介质. 新世纪图书馆，2012(2)：39-41，11.

　　⑥ 杨嵘均. 网络智能时代纸质阅读向数字阅读模式跃迁的裂陷与弥合. 南京社会科学，2019(12)：108-116.

　　⑦ 刘敏. 新媒体时代网络阅读与传统纸质阅读之争——当前青少年网络阅读的现状、特点及对策思考. 编辑之友，2014(9)：26-29.

　　⑧ 江晓原. 阅读前景：一个乐观的展望——关于电子阅读和纸质阅读. 编辑学刊，2013(3)：36-39.

　　⑨ 李琳娜，马捷，潘逸尘. 国外数字阅读与纸质阅读的比较研究——基于文献分析与述评. 图书情报工作，2018，62(20)：6-13.

就需要查找工具书,因此打断阅读。两者相比,各有其特点,读者可以根据自身的喜好进行选择。"内部心理体验是指读者在阅读时追求的一种愉悦的沉浸式阅读体验。愉悦的沉浸式阅读体验是阅读的理想状态。因为它可以提高人们的工作或学习效率,令人忘记时空,不受外界干扰,享受阅读的快乐。"①有研究表明,虽然纸质媒体的阅读体验是人们所熟悉的,但读者也会选择数字媒体,然而数字媒体上的广告布局会分散人的注意力,且数字媒体的多种多样的功能也会使人在阅读时分心。如果将数字媒体与纸质媒体的布局统一,去除干扰因素,那么阅读时的沉浸感就不会有太大区别。因此,数字媒体应当扬长避短,去除一些干扰因素,使布局更加合理,使读者的沉浸感增强。

(2)不同阅读方式结果差异研究

无论选择哪种阅读方式,目的都是一样的,即在阅读浏览的过程中汲取所需知识,获得有用信息。阅读方式不能决定阅读质量,纸质阅读中会有走马观花的浅阅读,而数字化阅读中也常常有深阅读。我们不禁思考,不同的阅读方式、不同的阅读媒介带来的效果有差异吗?这种差异由什么造成?

方睿等人的实证研究表明,在纸质绘本与电子无互动绘本两种形式的阅读中,儿童对故事的理解存在显著差异。②姜洪伟等人对阅读后的学生进行记忆效果的分析,发现与对照组相比并没有明显的差异。③周钰等人的行为实验和眼动追踪研究表明,数字阅读与纸质阅读在阅读效果上不存在显著差异。④马捷等人以阅读新闻和小说为例进行对照研究,发现阅读媒介的不同并没有造成明显的效果差异,读者的学历、沉浸状态等因素会影响阅读效果。⑤由此可见,在以上学者的调查实证研究中,不同的阅读方式、不同的阅读媒介带来的阅读效果差异并没有统一而明确的结果,它会受到多种因素的综合影响。

段朝辉等人的实证研究表明,纸质阅读的学习者在迁移测试、认知负荷、阅读速度等方面都明显优于数字化平台阅读,因此认为"阅读效果同时受阅读媒介和阅读环境中的背景信息标记的影响"。⑥姜洪伟等人对幼儿进行实证研究,发现纸质书的阅读成绩比普通电子书的阅读成绩要好,而交互式的电子书比普通电子书的阅读成绩好,所以阅读介质不是影响幼儿阅读能力的根本因素。⑦实验证明,数字阅读对于复杂信息的认知加工效果比纸质阅读

---

① 李琳娜,马捷,潘逸尘.国外数字阅读与纸质阅读的比较研究——基于文献分析与述评.图书情报工作,2018,62(20):6-13.

② 方睿,张莎莎,魏雪琪.基于儿童阅读差异的电子绘本与纸质绘本设计研究.出版科学,2019,27(5):71-77.

③ 姜洪伟,高辅婧,胡霞,覃冰芸.四年级儿童数字阅读与纸质阅读记忆效果比较研究.图书馆建设,2019(1):109-114,129.

④ 周钰,王娟,陈憬,李永锋.信息载体影响文本阅读的实证研究——基于数字阅读与纸质阅读的比较.中国远程教育,2015(10):21-26,79-80.

⑤ 马捷,张光媛,蒲泓宇.手机与纸媒条件下的数字原住民阅读效果实验——以新闻和小说为例.图书馆论坛,2019,39(9):108-117.

⑥ 段朝辉,洪建中,王福兴.不同媒介阅读效果差异的作用机制探究.图书情报工作,2018,62(12):65-71.

⑦ 姜洪伟,钱震敏,王娴婷.基于 PAD 和纸书的幼儿阅读能力比较研究.中国出版,2016(13):55-59.

差,数字阅读更倾向于跳读和略读。[①] 唐婷等人对大学生进行实证研究,发现纸质书的阅读理解成绩高于 Word 阅读组,人的疲劳感也更低。[②] 此外,马捷等人以科普知识为例进行研究,发现对于中篇科普文章,纸质阅读比数字阅读的理解效果要好,阅读者学历和性格影响沉浸体验。[③] 对于数字阅读与纸质阅读的理解效果众说纷纭,既有认为是数字阅读理解弱于纸质阅读理解的,也有认为数字阅读理解强于纸质阅读理解的,还有认为两者平分秋色,并没有什么显著差异的。因此,数字阅读与纸质阅读的理解效果究竟孰强孰弱不可简单地一言以蔽之,在不同限制条件下,会呈现不同的结果。[④]

但是徐军英等人在对照实验中发现,对短篇文本在短时间内阅读,手机阅读的效果要稍好于纸质阅读,在连贯表征方面纸质阅读要更好一些。[⑤] 蒋红对 36 篇论文进行元分析发现,信息载体会对阅读产生一定的积极作用,数字化阅读效果要略优于纸质阅读,阅读者年龄越小数字化阅读效果越显著。[⑥]

综上,数字化阅读与纸质阅读,两者阅读效果的优劣不能一概而论,阅读者的阅读体验与学习成果会受到阅读目的、阅读内容、阅读环境以及阅读者本身的年龄与性格等多方面的影响,相关学者在进行相关调查研究时,要首先对阅读者的背景进行精准归类,以免出现以偏概全的情况。

3.1.3 数字化阅读的眼动实验研究

(1)基于多媒体的眼动技术研究

眼动追踪技术主要是根据捕捉的人的眼球运动来推断人的心理活动的一种技术,在阅读的过程中可以根据眼动的数据关注读者的关注点和浏览轨迹,从而推断读者的认知加工的过程。眼动仪在数字化阅读中应用广泛,其不仅能够发现每位读者的阅读特征和规律,还能够探索读者在数字媒体环境下视觉信息加工机制,构建眼跳与注意的关系模型,对于数字化阅读的相关研究有较大的促进作用。

闫国利等人经过梳理,指出了眼动仪的两类分析指标:局部分析指标和整体分析指标。主要从微观上进行分析的局部分析指标包括首次、第一次和第二次阅读时间等数据,主要从宏观上进行分析的整体分析指标包括总的句子阅读时间、平均注视时间、平均眼跳距离等数

① 袁曦临,王骏,刘禄.纸质阅读与数字阅读理解效果实验研究.中国图书馆学报,2015,41(5):35-46.

② 唐婷,史滋福,尹霖,谢云天.纸本阅读与数字阅读的对决:认知地图构建.图书馆论坛,2020,40(02):113-121.

③ 马捷,张光媛,徐晓晨,蒲泓宇.数字阅读与纸质阅读理解效果及沉浸体验实验研究——以科普知识为例.图书情报工作,2018,62(16):35-46.

④ 李琳娜,马捷,潘逸尘.国外数字阅读与纸质阅读的比较研究——基于文献分析与述评.图书情报工作,2018,62(20):6-13.

⑤ 徐军英,张康华,张怿.手机阅读与纸质阅读实验效果的对比分析.情报资料工作,2015(6):92-96.

⑥ 蒋红.数字阅读能取代纸质阅读吗——基于 36 篇有关信息载体对阅读效果影响研究论文的元分析.上海教育科研,2017(9):17-22.

据。这为之后的数字化阅读眼动分析提供了建设性的意见。① 王佑镁的实验研究证明,多媒体要素是电子课本阅读中引发阅读者关注和加工的重要因素。② 刘世清等人在不同的背景下,对不同的人群做了眼动仪实验,发现阅读深度受到阅读内容和界面结构的影响,对中间区域关注度更高,网页结构设计中应注意上文下图设计。③ 张晗以数字新闻和图表行为为背景,采用眼动追踪技术进行研究,发现新闻图表比文字信息更容易引发读者进一步加工,黑白新闻图表中柱形图、折线图和饼形图的阅读理解测试正确率比彩色新闻图表高,柱形图、折线图的阅读理解测试正确率比文本信息更高,传统报纸新闻中"一图胜千言"的规律在数字化阅读中依然存在。④

(2)数字化阅读眼动实验成果研究

孙洋等人利用眼动仪器从注视点、眼动轨迹等方面对电子书的可用性进行评估比较,发现在提升阅读有效性和效率方面,位于屏幕顶部的菜单栏界面胜过底部菜单栏界面,认知努力在数字化阅读中的书签功能和笔记功能中付出最多,设计时应优先进行界面优化。⑤ 宋方昊等人利用眼动仪实验证明,纸质考试和无纸化考试会影响考生的阅读策略,但是考试的结果没有显著的差异。⑥ 周钰等人的实验证明,数字化阅读与纸质阅读在文本理解效果方面并没有较明显的差异,在信息加工方面有一定的差异。⑦ 赖文华等人对未成年人进行眼动实验研究,发现电子课本促进了交互行为的发生,测验成绩优于纸质课本。⑧

残疾学生的阅读情况也受到了研究者的广泛关注。闫国利等人在研究中发现聋人总体的阅读理解水平低,阅读理解监控能力差,并通过眼动实验发现"颜色交替词标记文本"这个方法可以有效地促进小学高年级聋生的篇章阅读效率。⑨ 张茂林与杜晓新也证明了聋生阅读策略的整体水平低下,并得出提升聋生快速阅读能力可以通过改变阅读预期这个重要影响因素来实现的结论。⑩ 如何提升残疾学生的学习能力既是校园问题也是民生问题,希望未来有更多的研究能基于学生群体的特殊性进行更深入全面的调查,给出更多有效性、可行性

① 闫国利,熊建萍,臧传丽,余莉莉,崔磊,白学军.阅读研究中的主要眼动指标评述.心理科学进展,2013,21(4):589-605.

② 王佑镁.电子课本不同版面要素的眼动行为分析.编辑之友,2014(5):89-91,98.

③ 刘世清,周鹏.文本-图片类教育网页的结构特征与设计原则——基于宁波大学的眼动实验研究.教育研究,2011(11):99-103.

④ 张晗.新闻图表数字阅读眼动实验研究.出版科学,2020,28(1):53-60.

⑤ 孙洋,张敏.基于眼动追踪的电子书移动阅读界面的可用性测评——以百阅和 iReader 为例.中国出版,2014(5):48-52.

⑥ 宋方昊,胡雯彧,刘燕.基于眼动追踪技术的有纸化与无纸化考试对比实证分析.中国考试,2020(2):57-64.

⑦ 周钰,王娟,陈憬,李永锋.信息载体影响文本阅读的实证研究——基于数字阅读与纸质阅读的比较.中国远程教育,2015(10):21-26,79-80.

⑧ 赖文华,王佑镁,李伟.未成年人不同阅读介质的眼动行为比较.现代远程教育研究,2014(5):95-103.

⑨ 闫国利,梁晓伟,宋子明,何双,兰泽波,董存良,崔琳,郭艳玲.颜色交替文本促进小学高年级聋生篇章阅读的眼动研究.心理科学,2019,42(3):570-576.

⑩ 张茂林,杜晓新.阅读预期对不同阅读策略特点聋人大学生快速阅读影响的眼动研究.中国特殊教育,2012,3,41-46.

高的建议,也希望政府和社会各界在了解相关情况之后能够给予特殊教育更多的支持。

3.1.4　图书馆数字化阅读服务

(1)图书馆数字资源建设研究

图书馆建设是社会中数字化阅读推广的重要环节,阅读推广工作也是全国各地多个图书馆正在努力推进与完善的一件大事。响应政府号召促进政策落实,推行全民阅读,提高全民素质,进一步提升社会整体文化底蕴,这也是图书馆作为藏书最多的机构的一种义务。举办读书交流会、开展读书讲座、设立公众读书奖励机制等是图书馆推广数字化阅读的主要方式,图书馆的推广服务前文已经有所涉及,以下从政策落实、数字化资源建设、完善馆内设施、增强服务内容等方面进行阐述。

杨文建认为,图书馆除了引进电子书来扩大馆藏、扩充资源外,还可以与提供在线阅读的网站、数字资源商和移动服务平台提供商合作,以低成本的方式增加数字馆藏,[①]并倡议社会构建统一的资源建设管理机构,一方面帮助、协调各方,共建共享,解决资源版权问题,另一方面可以促进联合临近高校和地方图书馆、档案馆等机构,建设自有版权资源,扩大移动资源总量。[②] 当前,图书馆资源建设的模式从单一实体文献、数字资源发展到了集实体文献、数字资源、网络资源、移动服务内容等多种形式于一体的资源购置、开发的复合构建模式,图书馆管理者的思路也应与时俱进,应采用更加先进、更加科学的建设和管理方案。

少儿阅读推广方面,具有资源、场地优势的少年儿童图书馆和公共图书馆已成为主要阵地,也是少儿阅读推广工作的重点。吴莉对国内 15 座副省级城市的市级公共图书馆及少儿馆网站、微信公众号的数字资源建设情况进行调研,并提出合理建议,比如提供给少儿独立的资源检索入口,根据不同年龄段的儿童发展需要,提供有针对性的信息资源,并通过举办数字素养教育讲堂、数字化阅读指导讲座等相关活动,提高少儿对数字资源的检索与使用能力。[③]袁梦群等采用文献调查法和网络调查法,从数字资源类型、网站建设、服务平台和服务内容四个方面展开调查,发现各馆通过购买、自建、共享等途径建设的数字资源数量不一,且大多为外购数字资源,自建资源和共建共享资源所占比例非常小,当下应从这些方面进行改革。[④]

在数字化阅读资源建设的过程中,存在资源管理混乱和版权侵权的问题。在面向更多的注册读者的情况下,吉宇宽认为图书馆应争取适当的免责条件,可以享有移动阅读平台上因第三方传播侵权资源和图书馆传播读者侵权评论等而产生的侵权责任的豁免权。[⑤] 对于

---

① 杨文建.高校读者移动阅读现状与图书馆资源服务转型研究——以重庆市为例.现代情报,2014,34(10):96-99.

② 杨文建.基于移动阅读需求的高校图书馆数字资源建设研究.新世纪图书馆,2015(9):42-46.

③ 吴莉.国内副省级城市图书馆少儿数字资源建设调查研究.图书馆学研究,2019(23):17-25.

④ 袁梦群,严贝妮.省级少年儿童图书馆数字资源服务调查与分析.图书馆理论与实践,2019(8):70-73.

⑤ 吉宇宽.图书馆移动阅读资源建设与服务中的著作权侵权控制研究.图书馆论坛,2019,39(2):86-93.

数字资源管理的不足,冯璐提出了基于改进粒子群与蚁群的网络阅读需求资源利用率优化管理方法,从而解决了获得优选的资源列表导致数字资源管理不够精准等问题。①

(2)图书馆数字化服务策略研究

如果说,图书馆数字化资源的数量和质量是硬件,那么配套的服务体系则是图书馆的软件,直接影响到阅读者的使用体验,服务策略的制定与完善同样值得教育者与管理者的重视。叶文伟基于数字化阅读现状和问题进行分析,认为图书馆应利用各种互联网络技术拓展微媒体互动服务模式,借助外购数据库、自行开发与组建、网络信息资源加工以及第三方合作等方式不断丰富图书馆的数字信息资源。此外,还应加速整合与优化数字信息资源。②对于版权限制的问题,图书馆在提供数字化服务时可以构建更稳定的数字平台,放宽版权限制,以社会合作的形式加大推广力度,创建更有利的数字化服务环境。③ 周宇等提出根据数字资源的类型,有针对性地推荐数字资源,将获取资源的地址以二维码的形式提供给读者,让获取资源的方式更加便捷,提供更好的服务。④

3.1.5 数字化阅读平台建设研究

(1)基于微信的数字化阅读平台现状研究

微信是当下国内使用频率高、应用范围广的社交平台。在移动阅读盛行的今天,微信公众号逐渐成为数字化阅读的重要平台。微信公众号的创建与运行较为简单,内嵌于微信对话框页面,查看和使用十分便捷,因此很多图书馆也建立了各自的微信公众号。郝丽梅也认为利用微信公众号这种常用的方式向读者推送图书馆信息资源,是以便民的方式践行图书馆"阅读在身边"服务理念的体现。⑤

关于图书馆微信的运营和开发的研究成果在国内有很多,涉及实证研究、建议措施、推广模式等多个方面。孔云等人构建了图书馆微信信息服务平台的整体设计及其原理与关键技术,并在实证研究中得到了用户快速增加和评价较高等正向结论。⑥ 吕瑾瑜对省级图书馆的微信平台进行研究,构建了三种不同阅读层次的微信阅读推广模式,用 WCI 指数(微信传播指数)评价了微信阅读的效果和问题。⑦ 徐艳对图书馆微信进行研究,建立结构方程模型,

---

① 冯璐.图书馆阅读需求资源利用率优化管理仿真.计算机仿真,2018,35(3):271-274.
② 叶文伟."互联网+"时代背景下图书馆数字阅读服务策略探析.图书馆工作与研究,2016(8):101-104.
③ 邓李君,杨文建.高校图书馆开展移动阅读服务的困惑与对策.图书馆工作与研究,2013(12):92-95.
④ 周宇,魏太亮,廖思琴.基于移动阅读的高校图书馆信息资源推荐策略与应用研究.现代情报,2015,35(10):161-164.
⑤ 郝丽梅.阅读在身边——图书馆微信公众平台服务.现代情报,2013,33(11):159-161.
⑥ 孔云,廖寅.图书馆微信服务平台的设计与实现.图书馆论坛,2014(2):90-95.
⑦ 吕瑾瑜.基于微信的公共图书馆阅读推广模式探究.图书馆工作与研究,2018(8):100-107.

发现信息发现能力和信息获取意识等信息素养都会影响阅读行为。[①] 张兴刚等人以"十点读书"微信公众号为例,收集用户行为数据,提出对高校图书馆微信的建议。[②] 陈莹等人以"微信读书"App为例,指出了数字化阅读中所出现的阅读属性模糊、用户自我迷失和内容失真等问题,提出社交功能应该服务于阅读、加强父母师长对儿童进行数字化阅读的干预引导、增强用户的自我认知与反思等建议。[③]

少儿图书馆的微信公众号对亲子阅读有重要的促进作用。汪全莉等对70家童书馆微信公众号进行量化分析,指出童书馆对公众号意义认识不足、界面不清晰、内容同质化等三个主要问题,并针对这些问题提出了应注重微信公众号推送、提升界面的清晰度、增添实用功能、链接读者情感、实现内容分层次多样化等优化建议,以使童书馆公众号根据自身的特点和用户需求,更好地推广亲子阅读。[④] 杨少梅等基于模糊层次分析法,构建了用户满意评价模型,增加了反馈机制,并结合"水滴阅读"公众号进行了实证分析。[⑤] 王思楠介绍了天津市(区)少儿图书馆微信公众平台的概况,分析了天津市少年儿童图书馆等10个童书馆微信公众号的开通情况和推送效果,发现存在回复功能单一、关注人数少、内容缺乏特色、对不同年龄层次儿童缺乏个性化服务四个方面的主要问题,并对此情况提出增加专职人员、提高宣传推广力度、突出自身特色、提高用户黏性和打造智慧平台等合理建议。[⑥]

(2)数字化阅读平台应用反馈研究

当前,适用于不同场景、各具特色的数字化阅读平台为学习者提供富有个性化的、便捷的阅读资源。OverDrive电子书平台在图书馆中实行采借一体模式,大大提高了图书馆的工作效率,并且具备有声书、视频播放等功能,对有视力障碍的读者来说可方便地获取更多的阅读资源。[⑦] 宁夏回族自治区图书馆设计了视听空间阅览室,里面有内置音频、视频等的有声图书,此外,宁夏的少儿多媒体数据库等数字化图书馆也慢慢吸引了更多的读者。[⑧] 广东省立中山图书馆在微信公众号平台基于图书馆业务自动化、读者认证等方式及时提供端到

① 徐艳.基于信息素养视角的碎片化阅读行为实证研究——以图书馆微信平台为例.情报科学,2017,35(3):76-81.

② 张兴刚,袁毅.自媒体阅读平台用户关系网络研究——以"十点读书"微信公众号为例.情报理论与实践,2017,40(5):82-86.

③ 陈莹,李嘉宁.青年群体阅读活动的社会化转向分析——以"微信读书"App为例.科技与出版,2020(10):57-62.

④ 汪全莉,王嘉.童书馆微信公众号推动亲子阅读的调查与优化.图书馆论坛,2016,36(3):70-74.

⑤ 杨少梅,王婷,李胜利.基于模糊层次分析法的微信英语学习平台用户满意度综合评价——以水滴阅读为例.图书情报工作,2019,63(21):97-104.

⑥ 王思楠.微信公众平台在少儿图书馆的应用——以天津地区为例.图书馆建设,2019(S1):89-94,102.

⑦ 王海.OverDrive电子书平台在图书馆移动阅读服务中应用研究.图书馆工作与研究,2017(5):62-64,74.

⑧ 尚硕彤,蒋若晴.基于我国移动有声App平台发展视角的公共图书馆有声阅读服务现状与分析——以宁夏地区公共图书馆为例.图书馆理论与实践,2018(12):71-75.

端的服务,为师生读者提供数字化服务。① 佘惠灵等人深入分析了微信读书、掌阅等四种国内品牌价值较高的数字化阅读平台的运行方式,提出多主体、多维度的数字化阅读平台发展模式。②

数字化阅读平台的设计与开发已经成为研究热点。刘玉利等人借助安卓(Android)系统的用户界面编程、SQLite 数据库存储以及安卓网络与通信等技术,设计了一款多功能图书阅读学习软件。③ 赵海霞等人对比了起点中文网和 QQ 阅读在各方面的商业模式和奖励机制,以此为基础探讨数字化阅读奖励机制的发展策略。④ 而侯松霞比较了 QQ 阅读和成立于 2015 年的微信读书两个阅读平台,发现两者在推广模式和产品定位等方面有很大的异同,认为需加强推广模式创新、资源质量把关等。⑤ 王梦倩等人进行了基于"数字化阅读"在线课程的调查,发现学生批判性思维水平较高,参与制作动画积极性很高,数字化读写对语文成绩的提升有明显作用,然而学生视觉思维素养较低,对于吟诵任务的配合度较低,生生交互有待加强,调查结果对中学生数字化阅读素养的培养有指导意义。⑥ 董若剑等人分析了10 个中外文写作中心网站的基础、功能与特色模块,以西南交通大学阅读与写作平台为对象进行了功能方面的测试,测试结果对于高校数字化阅读平台的设计与开发具有较高的参考借鉴价值。⑦

(3)数字化阅读平台模式设计研究

阅读平台的模式设计是系统构建的顶层设计,从理论的角度为实践的设计奠定基础。目前数字出版业呈现高速发展状态,数字化阅读平台的发展与运营模式在整个阅读产业体系发展中以其至关重要的地位受到越来越多的关注。学者们在阅读平台模式构建方向上提出了很多新的观点,严贝妮等基于"互联网+"环境下的社区智慧阅读平台的分层模型,从公共信息服务的角度为社区居民的阅读学习设计可移动的第二图书馆。⑧ 郑白玲等人提出支架理论支持下的支架式阅读自主学习策略模式和能够构建英语阅读自主学习平台的设计模

———————————

① 吴昊.图书馆微信公众服务平台探索与创新——以广东省立中山图书馆为例.图书馆论坛,2015,35(01):100-104.

② 佘惠灵,宫丽颖.社会化媒体时代数字阅读平台价值共创模式探究.出版发行研究,2020(11):50-57+49.

③ 刘玉利,回新宁.基于 Android 平台的阅读学习软件.计算机应用与软件,2014,31(5):256-259.

④ 赵海霞,陈清.基于用户黏性数字化阅读奖励机制的发展策略——以起点中文与 QQ 阅读为例.图书馆学研究,2019(23):65-69,88.

⑤ 侯松霞.移动阅读平台比较与分析——以 QQ 阅读和微信读书 App 为例.图书馆工作与研究,2018(S1):72-75.

⑥ 王梦倩,郭文革,罗强,高洁,乔博.中学生数字化读写特征研究——基于"数字化阅读"在线课程的调查.现代教育技术,2020,30(8):57-64.

⑦ 董若剑,唐乐,李向前,凌云.高校阅读与写作中心网络平台的设计与实现——以西南交通大学阅读与写作中心为例.图书情报工作,2020,64(16):45-53.

⑧ 严贝妮,方皓,魏梅,帅利君."互联网+"环境下的社区智慧阅读平台构建研究.图书馆学研究,2016(19):19-25.

式。① 鲍晓基于安卓系统,利用推送技术,设计了以早晚报的形式向用户推荐重要的资讯和图片的软件平台。②。

虽然不同学者在设计时所依托的平台存在区别,学习目的也略有差异,但在内容、界面操作、用户体验感等方面可以达成共识。杨莉等人认为构建云平台阅读模式,共享阅读资源,提供个性化服务也是满足用户需求的重要手段。③ 邓志文等人建议通过融合 Turn. js、Lightgallery. js 等开源组件,在开放模式下对数字化阅读资源碎片化处理,从而设计一种跨平台、响应快、展现形式丰富的数字化阅读平台。④ 王晓鸽总结了数字化阅读平台的商业运营模式,从出版模式、全渠道数字化阅读平台、知识产权保护、精品内容生产和创作团队维护等方面阐述运用模式的重要性。⑤ 孟磊等人从文化权益保障视域出发,提出构建以阅读权利为基点的阅读立法体系,完善创作和传播各类阅读资源的激励机制等,从制度层面为数字化阅读推广工作保驾护航。⑥ 陶萌萌阐述了掌阅科技以知识传播、文化弘扬为基本点的有特色的发展模式,在此基础上总结掌阅科技的优势与特色,提出数字化阅读平台应迈上“传统文学＋网络文学”并行,注重读者阅读反馈,创新阅读产品形态,做好版权的采购开发,积极参与“走出去”的道路。⑦

3.2　国外数字化阅读研究概述

随着信息产业的高速发展和智能手机的快速普及,全世界范围内数字化阅读人群数量正在持续上升。美国出版商协会(Association of American Publishers,AAP)发布的 2019 年出版业销售报告显示,全美 1361 家出版机构 2019 年总销售额为 147.67 亿美元,相比于 2018 年的 145.09 亿美元上升 1.8％。⑧ 英国出版商协会(Publishers Association,PA)公布的 2018 年出版产业年度报告显示,英国包括纸质书、电子书、有声书等在内的出版物总销售额为 60 亿英镑,较上一年上升 2％,尤其需要指出的是在实现多年的连续增长后实体书的销量出现转折态势,与之形成对比的是,有声书实现的 43％增幅格外令人瞩目。⑨ 近年来各国数字化阅读的普遍增长态势表明,人们越来越习惯于使用电子阅读产品获取技能学习、工作和休闲娱乐方面的信息。

---

① 郑白玲,刘世英. 定制式大学英语阅读自主学习平台设计模式研究. 外国语文,2016,32(2):148-151.

② 鲍晓. 基于 Android 平台的新闻资讯阅读软件的设计与实现. 计算机应用,2013,33(S2):279-282,289.

③ 杨莉,郭晶,周锋,钱吟. 图书馆云阅读平台的设计与思考. 数字图书馆论坛,2018(2):67-72.

④ 邓志文,李新春,李丕仕,都平平. 开放模式下电子书在线阅读平台设计. 数字图书馆论坛,2018(2):39-44.

⑤ 王晓鸽. 数字阅读平台的运营模式. 青年记者,2015(35):75.

⑥ 孟磊,王枫. 文化权益保障视域下全民阅读地方立法研究. 图书馆工作与研究,2020(11):57-62,69.

⑦ 陶萌萌. 数字化阅读时代掌阅科技的发展模式研究. 出版广角,2019(18):51-53.

⑧ 秦轩. 美国出版商协会发布 2019 年出版业销售报告. (2020-03-31)[2021-05-22]. http://www.cptoday. cnnewsdetail/9440.

⑨ 王筱丽. 英国出版商协会公布 2018 年出版产业年度报告. (2019-07-04)[2021-05-22]. http://www. 81. cnbyyd2019-07/04/content_9548064. htm.

3.2.1 国外组织机构的建立与项目开展情况研究

(1)国外数字化阅读组织机构

国家级数字化阅读组织的建立,一方面可以保证数字化阅读推广工作有序开展,提高公民的重视程度;另一方面便于不同机构、不同地区之间的沟通合作,提升效率。加拿大图书馆设有数字化委员会,确保馆藏能够数字化呈现,并在保管中心专门设有数字成像工作室,专业人员对档案和图书资料进行复制和电子化存储。[①]

美国图书馆协会,其主要工作是改进服务、广泛获取信息等,下面还有很多分支。其中,美国大学和研究图书馆协会是其最大的分支机构,致力于提高高校图书馆和信息专业人员的信息能力,满足教育的信息需求。美国学校图书馆协会也是美国图书馆协会的分支之一,主要培养学校图书馆媒体领域的领导者。成立于1916年的美国教育研究协会是跨学科研究协会,包括教育学、心理学、社会学等学科,为各学科提供丰富的资料。美国儿童图书馆服务协会为儿童图书馆筛选材料,致力于改进儿童图书馆服务技术,加强儿童图书馆服务。美国的图书情报学教育协会是图书情报学教育方面的主要领导协会,每月会举办网络研讨会,给相关工作者提供平台,方便他们交流想法和实践经验。美国的体验式教育协会成立于1998年,其连接了全球教育工作者和实践者,其愿景是成为开发和应用体验式教育原则和方法的领先国际组织。美国教育传播与技术协会致力于通过多媒体和信息技术改善学习和教学,部门包括学习与技术、设计与开发、远程学习等。韩国1999年成立了韩国数字资源国家联盟,为各种领域机构提供丰富的数字资源和信息服务。

(2)国外数字化阅读计划与项目

古登堡计划(Project Gutenberg)是在1971年7月由迈克尔·哈特(Michael Hart)发起的,是一项将海量的版权、过期的书纳入公有领域的数字化阅读计划,旨在实现互联网环境下的图书电子化,是世界上第一个数字图书馆。

美国在1995年正式启动国家数字图书馆项目,在网上该图书馆的正式名称为"美国的回忆",给读者提供高质量的数字产品,以保证读者在任何时间和任何地点都能够阅读。项目由国会图书馆负责,按照不同的主题成立数据库,使用统一的检索工具,全国范围内的图书馆、组织和个人都可以申请参与这个项目。[②] 2008年加拿大将国家图书与档案馆合并,成立了国家图书档案馆,以多方面合作开展国家数据库网络项目。[③] 2013年奥巴马宣布开展新的图书馆阅读推广计划,连接教育计划,基本主张有:提升网络速率,网速不低于100Mb/s,引领美国基础教育99%的学生进入数字时代;提高教师的信息能力,教会教师怎样充分利

① 何品.加拿大国家图书馆档案馆的馆藏及数字化.(2018-12-05)[2021-05-22].http://www.zgdazxw.com.cnnews2018-12/05/content_257160.htm.

② 肖珑.美国国家数字图书馆项目的进展.情报学报,1998(3):190-196.

③ 叶兰.加拿大国家图书档案馆2008—2011年战略规划.图书情报工作动态,2008(7):1.

用网络和科技来提高教学质量,合理教学;鼓励企业尽量满足学校的硬件和软件需求,为教师提供培训,使学校学生教师都能够运用数字化教学设备和软件。英国联合信息系统委员会实施 e-Lab 数字图书馆项目,为英国大学和学院提供共享的数字基础设施和服务,通过与IT 供应商和商业出版商进行全行业的谈判,帮助业界节省时间和金钱。

3.2.2　数字化阅读效果与反馈研究

(1)眼动技术对阅读水平的提升效果研究

法国的拉马尔(Lamare)最先对阅读时的眼动情况开展研究,眼动技术在数字化阅读和多媒体学习等方面已得到广泛研究,研究涉及阅读效果、阅读行为的变化、认知的差异、阅读策略的使用、阅读的影响因素、眼动指标的确立等不同方面。随着信息技术的发展,眼动设备越来越精密化和多样化,结果趋于精准化。国外有很多阅读眼动追踪语料库,例如邓迪语料库、波茨坦语料库、波茨坦-阿拉哈巴德印地语语料库、普罗沃语料库、盖科语料库、祖科语料库等。[①] 不同的资料库针对不同的语言语法,为不同的语种提供实验基础。眼动的指标和标准被不断地细化。

Jacob 等通过对 21 个视觉追踪技术进行分析与探究,得到眼动追踪测量指标——注视次数、平均注视时间、固定速率、每个兴趣区花费的时间比例、注视次数与平均凝视时间。[②]Zhan 等对儿童按照性别与阅读能力等指标进行分类,然后开展相关眼动研究,分析发现在眨眼率、扫视时间和回归率等方面儿童存在性别差异和阅读能力水平差异,其中能力差异比性别差异造成的差异更为显著。[③] Abdi 等发现女性的眼动会出现更多的探索性凝视行为,并推测女性相比男性阅读图像的速度更快。[①] 在人体生理特征影响阅读过程方面,Megino-Elvira 等学者发现,人的视听觉等感觉均与阅读效果存在或强或弱的联系,例如,若存在视觉感知问题则阅读水平会下降,若存在词汇问题则会导致音位意识水平下降,若存在阅读困难则会导致音位意识水平下降显著,等等。[⑤] Mathôt 等认为,当人注意力低下时目光会转向显眼的阅读材料,瞳孔大小与视觉显著性之间的关系不受亮度或其他一系列因素的影响,这

① 王晓明,赵歆波.阅读眼动追踪语料库的构建与应用研究综述.计算机科学,2020,47(3):174-181.

② Jacob R J,Karn S K. Eye tracking in human-computer interaction and usability research: ready to deliver the promises//Hyn J, Radach R, Deubel H. The Mind's Eye: Cognitive and Applied Aspects of Eye Movement Research. Amsterdam: Elsevier Science,2003:573-605.

③ Zhan Z,Wu J,Mei H,et al. Gender differences in eye movements during online reading//Cheung S, Jiao J,Lee L K, et al. Communications in Computer and Information Science. Berlin: Springer,2019:235-243.

④ Abdi S B,Tavakoli N,Daliri M R. Gender-based eye movement differences in passive indoor picture viewing :An eye-tracking study. Physiology and Behavior,2019,206:43-50.

⑤ Megino-Elvira L,Martin-Lobo P, Vergara-Moragues E. Influence of eye movements, auditory perception,and phonemic awareness in the reading process. Journal of Educational Research,2016,109(6): 567-573.

表明只有在脑力的控制下才会发生目标的驱动。[①] 数字化阅读中的标注系统通过自主调节机制，能显著提高非英语国家学生的英语阅读能力。[②]

（2）数字化阅读的市场反馈调查研究

自出版指的是作者利用现有的多媒体技术自主出版图书作品，不需要第三方出版商的介入，作者参与和操作从写作到把书呈现在读者面前的全部流程。美国出版信息服务提供商鲍克（Bowker）公司于 2016 年发布的出版行业报告显示，美国的自出版呈现迅猛上升态势，选择自出版的作者的数量持续增长，自出版纸质书和电子书增长率连年保持较高态势，反映出数字化阅读市场的蓬勃生机。[③]

在国际学生评估项目（PISA）测试中，德国学生的平均分数为 494 分，和经济合作与发展组织（OECD）的平均分数相比没有显著差异。然而，他们的数字阅读能力明显落后于纸质阅读能力。个人的信息通信技术可用性、个人使用信息通信技术的动机（对信息通信技术的态度）和个人是否使用信息通信技术对德国学生的数字阅读能力产生影响，同时，学生浏览的熟练程度是对他们在阅读电子文本时学习和表现进行预测的重要因素。[④] 韩国也进行了一系列研究，探讨了移动设备上的数字内容，包括 flash 动画、App 图书、AR 图书对儿童阅读兴趣和阅读专注度的影响，并对造成上述影响的因素进行了探讨。研究结果显示，flash 动画可以显著提高儿童的阅读兴趣和注意力。AR 图书和 App 图书使儿童对故事书更感兴趣，但同时明显降低了他们的阅读注意力。通过对数字内容的比较，可以得到结论，即所有经过测试的原型都能积极地提高儿童对相同故事情节图书的阅读兴趣，且具有高互动性的原型可能会对儿童的阅读注意力产生负面影响。此研究结果对于针对儿童设计的数字内容很重要。[⑤] Jang 等人分析了美国四千余名中学生的数字化阅读态度调查数据，将读者分为偏向打印阅读型、低意向型、高意向型和狂热爱好型四种，不同类型读者在阅读时的表现有较大差别，应根据读者类型提供有针对性的服务。[⑥] Fesel 等人在一项以儿童为研究对象的数字文本研究中，根据儿童在阅读不同的数字文本后知识表征的差异，研究了儿童的质量知识结构的四个数字文本的不同形式和不同的嵌入式数字文本特点：线性数字文本、数字文本概述、超文本和超文本概述。并针对儿童在不同的数字文本类型中构建知识体系的方式，检查了在四种数字文本类型中，儿童知识结构与顺序模型和专家（层次结构）模型的相似性，发

① Mathôt S, Siebold A, Donk M, et al. Large pupils predict goal-driven eye movements. Journal of Experimental Psychology：General，2015，144(3)：513-521.

② Davis D S, Neitzel C. Collaborative sense-making in print and digital text environments. Reading and Writing，2012，25 (4)：831-856.

③ 韩玉. Bowker 行业报告：自出版市场持续繁荣，2015 年注册登记的著作超过 72.5 万. (2016-09-09) [2021-05-22]. http://www. bookdao. com/article/268263/.

④ Naumann J, Slzer C. Digital reading proficiency in German 15-year olds：Evidence from PISA 2012. Zeitschrift für Erziehungswissenschaft，2017，20(4)：585-603.

⑤ Matthew K I. The impact of CD-Rom storybooks on children's reading comprehension and reading attitude. Journal of Educational Multimedia & Hypermedia，1996，5(3-4)：379-394.

⑥ Jang B G, Ryoo J H, Smith K C. Latent profiles of adolescent toward print and digital reading among adolescents. Reading and Writing，2020(prepublish).

现儿童在所有四种数字文本类型中都获得了相同的理解分数。[①] 2015 年,西班牙一项为期两年的研究收集的数据表明,阅读中的互动元素提高了儿童的自主性,因为它们有效提升了读者对自身重要性的感知,儿童将阅读与高水平的主动性以及通过游戏生活或拓展故事的可能性联系起来,可以改变他们对阅读体验的期望。[②] 2015 年,英国组织了一场由 230 名 7~11 岁的英国中学生参加的中等教育标准化测试,发现在阅读方面的性别差异是有限的,但在阅读习惯上出现了明显的差异:男性花更多的时间阅读漫画/漫画小说和电脑游戏,而女性更喜欢歌词、电子邮件、社交网站、诗歌等。我们既要看到数字化阅读的市场高度繁荣,前景广阔,也要注意到不同人群的阅读差异和待挖掘与细化的深层阅读需求,从而提供个性化的阅读方式。

3.2.3 数字化图书馆建设研究

(1)数字化图书馆资源整合情况研究

许多发达国家的数字化图书馆已较为成熟。作为一个旨在为全球提供"教与学"网络环境的公益服务组织,美国互联网公共图书馆(Internet Public Library 2,IPL2)组建了包含上千名相关专业志愿者的网站建设团队[③],提供品类繁多的数字资源,如儿童资源、青少年资源与成人资源等,并按照学科主题分布,方便学习者查找。日本的传统报纸虽已有几百年的历史,但在互联网冲击下,报纸行业开始大规模利用信息技术,将报纸数字化的数据库制成光盘出售或提供数据库检索服务,或者进行读者数据库营销。[④]

图书馆为读者提供的各类电子书刊、有声图书、多媒体资源等,一部分是自建馆藏,另一部分是从电子书籍资源网站购买的,以丰富图书馆自身的数字馆藏资源。美国马萨诸塞州立图书馆与电子书集成商合作,为读者提供丰富的电子书和有声读物等。睢颖对美国州立图书馆数字资源整合的现状调查结果显示,美国公共图书馆对数字资源进行划分时按照教育程度进行归类,按照不同的学习难度进行区分。[⑤] 美国爱达荷州立图书馆将数字资源按照不同的阅读群体进行划分,此外,"Guide Me!"服务帮助读者进行搜索。除了图书馆自身的建设,美国各馆之间频繁合作共建共享,如纽约布鲁克林区图书馆等多家图书馆与当地的教

---

① Fesel S S, Segers E, Clariana R B, Verhoeven L. Fesel, Quality of children's knowledge representations in digital text comprehension: Evidence from pathfinder networks. Computers in Human Behavior,2015,48(1):135-146.

② Clariana R B,et al. Quality of children's knowledge representations in digital text comprehension: Evidence from pathfinder networks. Computers in Human Behavior, 2015, 48(7):135-146.

③ 刘婧.美国儿童网络阅读资源建设的启示——以"美国互联网公共图书馆(IPL2)"为例.现代情报,2014,34(8):148-151.

④ 何韵,何兰满.从传统阅读与数字阅读的二元关系论全民阅读推广策略——以日本为例.图书馆,2015(7):34-38,44.

⑤ 睢颖.美国州立图书馆数字资源整合现状调查分析.图书馆学研究,2016(13):61-66.

育部门合作,创建了一个暑期阅读网站,为市民整理和展示各个公共图书馆的精品图书资源。① 美国数字公共图书馆收集了超过 200 万件物品的电子版资源,其中涵盖图书馆、档案馆和博物馆的资源,多馆合一,包括图书、照片、手稿、艺术品等。② 澳大利亚国家图书馆的线上平台"Trove"集成了来自澳大利亚图书馆、博物馆、档案馆和其他科学文化机构的 3.8 亿条有关澳大利亚文化遗产的元数据、全文和链接资源,为读者提供数字化报纸、电子图书和期刊与来自国家图书馆以外的教科书全文等。美国新泽西州立图书馆等也专门建库存放具有本州特色的数字资源。

(2)数字化图书馆阅读推广措施研究

许多国家都意识到数字化图书馆的重要意义,在阅读推广工作的开展方面积极作为。由英国公共图书馆联合英国图书信托基金会、民间教育机构共同发起的"阅读起跑线"计划是重要的少儿阅读推广项目,最初由三家慈善机构联名发起。免费为儿童发放资料,设计"阅读起跑线"婴儿包、高级包、百宝箱、触摸图书包等,举办了"蹒跚起步来看书""儿歌时间"等活动。③ 在推广项目的推动下,德国"阅读起跑线"计划成员馆在培养阅读兴趣、营造数字化阅读推广、凸显人文关怀等方面取得了理想的效果,如柏林国家图书馆针对三岁至七岁年龄段儿童的阅读兴趣与需求,利用智能识别技术提供个性化的阅读书单,科学地引导儿童阅读。德国汉堡青少年图书馆在儿童阅读数据跟踪系统的支持下,构建了儿童参考咨询服务网络,促使儿童在阅读过程中由信息接收者向信息创造者的身份转变,提升儿童参与阅读的积极性。④

打造自身特色是提升图书馆数字化资源推广效果的有效方式之一。美国密西西比大学图书馆可以即时提醒用户所使用的图书馆资源并且给用户呈现图书馆与其提供的电子资源之间的视觉联系。⑤ Schmidt 介绍了美国图书馆协会发起的"@your library"运动,该运动通过每周增加不同学科的文章和每天更新网站内容,保证用户能够获取推荐的内容和所需要的信息。⑥ Kortemeyer 等人提出应考虑阅读者的阅读进度,以提供对阅读者有意义的阅读建议。阅读者通过获得个性化推荐,形成阅读概念和富有成效的学习策略,如避免猜测尝试或重复做家庭作业等无益行为,通过提高效率提升读者对于数字化资源的利用率。⑦

实施电子阅读器外借类活动同样是推广的有效方式之一。如 2013 年美国伊利诺伊州

---

① 严玲艳,胡泊.美国公共图书馆儿童数字阅读推广实践调查及启示.图书情报工作,2018,62(4):137-144.

② 樊炜.美国公共数字图书馆:免费开放进入课堂.中国文化报,2013-05-16(10).

③ 施衍如,文杰.大英图书馆学前儿童阅读推广实践与启示[J].图书馆工作与研究,2021(6):49-54.

④ 寻海燕.德国公共图书馆少儿阅读推广服务研究——基于"阅读起跑线"计划的实证.出版广角,2019(10):55-57.

⑤ Harry T. Creating a library brand for electronic resources. Mississippi Libraries,2010,74(1):6-9.

⑥ Schmidt J. Promoting library services in a google world. Library Management,2007,28(6/7):337-346.

⑦ Kortemeyer G, Dröschler S. A user-transaction-based recommendation strategy for an educational digital library. International Journal on Digital Libraries,2021(prepublish).

立大学米尔纳图书馆对本校读者除提供 30 台笔记本电脑外借服务外,还提供 iPad、iPod3 (主要用作图书馆指南导航语音讲解)、电源线、鼠标、交互式魔术笔、不同型号苹果移动设备连接器、耳机、照相机、多媒体投影仪、摄像机、8GB 的 SD 卡、三脚架、数字录音机、麦克风、盒式录音机、教室设备如计算器、教室遥控器、自动白板笔和橡皮擦等的外借服务。Tolino 系统既支持电子书的在线销售,也支持资源库向读者提供电子书的借阅等服务。[①] 电子阅读器和电子图书的外借服务有力推动了图书馆数字化阅读大众化。

3.2.4 数字化阅读平台构建与发展现状研究

(1)数字化阅读网站

互联网和信息技术的普及改变了读者的阅读方式和阅读场所,阅读不再局限于书本和教室,一些阅读网站越来越受到大家的认可。这里介绍几个外国的知名阅读网站。

P 站全名是 Pixiv,属于社交网络服务网站,以用户投稿的原创图像为中心,辅以标签、书签等,提供了艺术家发表插图的平台,并能够通过评级系统反映其他用户意见。截至 2020 年 4 月 28 日,Pixiv 用户突破 5000 万。网站中的每张图片都有标签,用户可以根据自己感兴趣的标签找到自己想要的图片。用户注册时有年龄选项,儿童使用该网站时,不适合儿童观看的图片会被系统过滤掉,避免儿童浏览,这项功能可以在个人资料中进行设置。语言以日语为主,但是用户可以选择适合自己的语言系统,平台相对来说比较完善。此外,平台内可以互加好友,作品设排行榜,节日性或者协作企划类的活动很多,该平台的多样性受到很多年轻漫画爱好者的喜欢。

Wattpad 是加拿大的一个著名的电子阅读社区网站,用户能够在线免费制作电子书,同时还可以分享制作的电子书,是一个通过故事连接读者和作者的全球社区,对阅读爱好者或者写作爱好者来说都是很好的平台。

美国的 The Internet Archive(互联网档案馆)是一个定期收录并永久保存全球网站上可以收集的信息的网站。在这个网站上可以看到网页、视频、音频、软件、电子书和教育材料。

(2)数字化阅读平台建设与维护

2017 年以来,数字化阅读的数字文本设备的数量连年保持增长态势,第一个大规模占领市场的电子阅读器是亚马逊的 Kindle 阅读器。2010 年,苹果 iPad 开始发布大规模的触摸式平板电脑,增加了 iBook 阅读的可选方式。[②] 2016 年,亚马逊正式在中国推出 Kindle Unlimited(KU)电子书包月服务,经过两年的发展,KU 电子书籍总量突破 10 万册,占

---

① 渠竞帆. 国际高管预测 2016 出版走势. 中国出版传媒商报,2016-01-01(9).

② Kim J, Hassinger-Das B. Reading in the Digital Age:Young Children's Experiences with E-book. Berlin:Springer,2019.

Kindle 中国电子书店书籍总量近 1/5。^① 2015 年 12 月，Smashwords 宣布旗下自出版作者可以将他们的电子书纳入集合型电子书平台 Tolino、图书馆电子书服务平台 Odilo 和巴诺书店的数字文本平台 Yuzu。^② 2015 年 7 月，Kindle 研发 Kindle Edition Normalized Page Count（KENPC）软件，对电子书的字体、行距等进行设置，用技术手段追踪读者的阅读页码数量。在数字化阅读时期，用户的信息是一笔重要的无形财富。2015 年，Kobo 建立电子数字服务，提供读者阅读数据，即出版商可以通过此数字服务检测到 Kobo 中本出版社图书的销售量和销售种类变化的趋势，由此了解读者的阅读爱好以便能够按照读者的爱好提供更加精准的推送服务。根据美国有声书出版商协会 2017 年的年度报告，有声书的数量比 2016 年增加了 33.9%^③。在 2018 年的前 3 个月，有声书的市场份额增加了 32.1%，销售额达到了 980 万美元。^④

在数字化阅读平台的建设中，相关技术的飞速进步为数字化阅读提供了发展动力。日本很重视建立数字化阅读空间，将其作为社区阅读环境的重要部分。^⑤英国公共图书馆设置有声读物等电子读物，且设置了不同的格式，按照不同的信息需求建立信息资源数据库或导航库。^⑥ 2013 年，德国塔利亚（Thalia）等多家图书馆和社会组织与企业合作，各尽其能，共同开发了 Tolino 电子阅读器和电子书平台。2015 年 4 月，Tolino 的自出版平台"Tolino Media"正式上线。第一代 Tolino 电子书阅读器于 2013 年 3 月发布。澳大利亚 Guenther 等人设计的一种基于 WiFi 信号的大学图书馆的引导和信息服务，使用指纹识别技术，可使阅读者随时随地使用手机进行阅读。^⑦

3.3　儿童数字媒体阅读的现状

对儿童数字媒体阅读现状相关文献进行梳理和解读，有助于进一步理解儿童数字媒体阅读的内涵与外延，更加清晰地了解儿童数字媒体的发展方向和理解儿童数字媒体阅读的基本规范。厘清纸质阅读和数字媒体阅读的优缺点，有助于提出有效的应对策略。

---

① Kindle Unlimited 亚马逊电子书包月服务两年 书籍突破 10 万册. (2018-03-28) [2021-05-23]. https://book. youth. cn/zx/201803/t20180328_11551225. htm.

② Hoffelder N. Smashwords 2015 annual survey reveals that freebies still work，and other insights. (2015-12-04) [2021-05-23]. https://the-digital-reader. com/2015/12/04/smashwords-2015-annual-survey-reveals-that-freebies-still-work/.

③ Audiobook sales increased by 30 in 2017. (2018-05-09) [2021-05-23]. https://goodereader. comblogebooknews/audiobook-sales-increased-by-30-in-2017.

④ Kozlowski M. Global audiobook trends and statistics for 2018. (2017-12-17) [2021-05-23]. https://goodereader. com/blog/audiobooks/global-audiobook-trends-and-statistics-for-2018.

⑤ 樊燚琴. 日本社区阅读环境构建模式与启示. 中国出版，2019(7):64-67.

⑥ 于凝雨. 英国公共图书馆儿童服务研究. 图书馆建设，2016(11):44-49,61.

⑦ Guenther R，Alexander L. Development of a smartphone-based university library navigation and information service employing Wi-Fi location fingerprinting. Sensors，2021,21(2):432.

3.3.1 国外儿童数字媒体阅读的现状

2011 年,美国高德纳(Gartner)公司进行了一项调查,共有六个国家参与,调查结果显示人们通过数字屏幕阅读的时间与通过纸质文本阅读的时间几乎相同。2018 年,日本东京大学的一个研究小组对 1500 人进行了长达 48 小时的日记调查,发现人们每天通过纸质媒体阅读的时间平均为 34.6 分钟,而通过数字媒体阅读的时间几乎是其两倍,为 69.1 分钟。[①] 2011 年,美国的琼甘兹库尼中心(Joan Ganz Cooney Center)与芝麻工作室(Sesame Workshop)联合发布了关于儿童使用数字化媒体的一系列调查数据,儿童消费各类数字化媒体的状况处于上升态势,电子书因其交互功能与内嵌的游戏而吸引儿童阅读。2013 年 6 月,英国国家文教基金(National Literacy Trust)的一份报告显示,儿童教育在数字图书的帮助下取得的成果显著。报告中提到,2011 年到 2013 年,阅读电子书的儿童人数翻倍,由 6% 变为 12%,喜欢通过电子设备阅读的儿童达到受访儿童人数的 52%,愿意通过纸质书阅读的儿童仅为 32%。美国苹果公司 2014 年的 iTunes 应用下载量中,有一亿为儿童和教育类应用,大约占下载总量的十分之一,而此类应用 80% 的目标对象是儿童。[②] 学乐出版公司(Scholastic Corporation)与哈里森集团(Harrison Group)一起推出《孩子和家庭阅读报告(2013)》[(Kids & Family Reading Report 2013)]。该报告显示,阅读电子书的儿童比例大幅上涨,2010 年至 2013 年,已由 25% 增加到 46%。尽管趋势表明越来越多的儿童进行数字媒体阅读,但许多家长却对此表示担忧,他们认为电子书会对孩子的视力与身体健康产生影响,同时,电子书内容良莠不齐,孩子的自制力不足以让他们抵抗不良信息。皮尤研究(Pew Research)公司在 2013 年 1 月发布的《互联网和美国人生活研究项目之图书馆服务调查报告》(Internet & American Life Project:Library Services Survey)与《互联网和美国人生活研究项目之阅读习惯调查报告》(Internet & American Life Project:Reading Habits Survey)中,大部分的家长都更加偏向于让孩子阅读纸质书,他们认为阅读纸质书的同时,孩子能够感受纸张的质感,闻到纸张的清香,体会纸质书的魅力,阅读体验更加丰富。支持孩子运用数字媒体进行阅读的家长占少数,他们则认为孩子运用数字媒体阅读不但能从视觉上获得文字、图片类的信息,还能在听觉上得到体验与感受,更有视频、动画等辅助材料,可让孩子们在视觉、听觉的美妙结合中,获得更丰富的信息。

3.3.2 国内儿童数字媒体阅读的现状

有研究者提到,如今儿童的阅读内容不断丰富,范围不断扩大,对此,互联网功不可没。同时,阅读方式变得更加多元,数字媒体的使用也促进了变革的产生。纸质阅读与数字媒体阅读的地位都不可小觑,数字媒体阅读正随科技发展逐渐在少年儿童阅读方式中占据重要

---

① 李琳娜,马捷,潘逸尘.国外数字阅读与纸质阅读的比较研究——基于文献分析与述评.图书情报工作,2018,62(20):6-13.

② 吴瑶.儿童数字阅读变革与反思.中国出版,2016(2):40-44.

位置。2016年,中国城市儿童阅读调查报告给出了非常丰富的数据,孩子喜欢的阅读方式中,纸质书阅读占34.3%,数字化阅读占46.4%,有声读物占19.3%。而家长所希望的孩子的阅读方式中,纸质书阅读占43.5%,数字化阅读占36.9%,有声读物占19.6%。此调查结果显示,孩子更青睐于数字化阅读,而家长出于保护孩子视力等多方面因素考虑更希望孩子进行纸质书阅读。中国互联网络信息中心从2007年起推出中国青少年上网行为调查报告,其研究对象主要是25岁及以下人群,通过研究可以较为全面地反映我国青少年网民群体的特征和网络应用现状。2012年的报告显示:网络新闻应用在小学生和中学生中的普及率分别为31.8%和56.9%,网络文学应用的普及率分别为17.2%和47.9%,青少年整体中低层次人群阅读功能的使用率偏高。中国音像与数字出版协会发布的《2018年度中国数字阅读白皮书》显示,截至2019年,在中国,数字化阅读用户总量达到5.32亿,且呈不断上升的趋势。第十六次全国国民阅读调查报告显示,数字化阅读方式的接触率为76.2%。

研究表明,少儿读者对数字化阅读的接受度随学龄的增长而增长,到了初中阶段,数字化阅读成为主流阅读方式。数字化阅读是移动互联网时代独有的阅读方式,具有时代的印迹,给少儿读者带来了全新的阅读体验。[1] 人们生活节奏的加快,使得阅读方式产生巨大的变化,数字媒体阅读崭露头角。纸质阅读和数字阅读这两类阅读方式并非处于对立的两方,而是各有特色之处。尽管各方对于儿童通过数字媒体阅读有着各种不同的声音,但社会对数字化儿童读物依旧高度重视,各类出版商对儿童数字化读物也有着极大兴趣,逐渐加大对电子书技术的投入。

3.3.3　纸质阅读与数字阅读的优缺点

(1)纸质阅读的优点

第一,纸质读物更能给人以美的享受。纸质读物有着复杂而又传统的制作工艺,许多读者更喜欢纸质读物背后所蕴含的工艺与精神。纸质读物也有数字媒体所没有的独特触感与油墨气味,更容易将读者带入阅读的情境当中。纸质读物能够给予读者的整体感与真实感也是数字阅读很难给予的。

第二,纸质阅读能让读者更加专注并沉浸其中。由于纸质读物的布局较为简单,又是相对静态的,读者不易受到干扰,能够更好地集中注意力。纸质读物能够给读者更加强烈的安全感,所有的字符、图片都呈现在读者眼前,读者将其捧在手中,能切实地感受到知识的存在,因此阅读更加投入。

第三,纸质读物更不容易对视力产生伤害。在纸质阅读时,读者的眼睛不会受到辐射与有害光线的影响,疲劳的感觉会大大减轻。对于处在生长发育阶段的儿童来说,纸质阅读对视力的影响更小。

第四,纸质阅读更加便于读者进行批注、对照与注解。纸质图书能够使读者反复引用和

---

①　张军花.移动互联网时代少儿阅读方式嬗变研究.西安:陕西师范大学,2017.

论证,读者对纸质图书深入思考阅读时,能够随时参考其他文献,并进行批注、对照、注解。①

(2)纸质阅读的缺点

第一,纸质阅读会对环境产生影响。纸质书制作所用到的纸张,其所需要耗费的原材料取自树木,大量的纸张生产必将损耗有限的资源。生产过程中产生的污水、废料等,也会对环境产生不利的影响。

第二,纸质读物不便于收纳和储藏。纸质读物对保存的环境要求较高,其会受到温度、湿度、虫蛀等影响,因此需要控制多种因素妥善保存。纸质读物因其有一定厚度、重量与形状,外出携带不那么方便。

(3)数字媒体阅读的优点

第一,延伸感官,增强体验。与传统纸质媒体不一样的是,数字媒体在画面、声音等方面有更丰富的表现。纸质媒体多表现为文字、插图与一些小配件,以此增加阅读的趣味,帮助儿童理解文本内容。而数字媒体可以提供更多的画面,静态的或者动态的,可以根据文本内容提供参考的画面,把枯燥的文字符号转变为儿童更能接受和理解的图画。在听觉上,数字媒体配上相应的音乐可以陶冶儿童的情操,提升儿童的专注力,使其有更好的阅读体验。例如在介绍动物的书中可以搭配一些动物的叫声,让儿童能真切地体会到文字所描述的声音。有视力障碍的儿童可以通过声音进行阅读,数字媒体为这些特殊儿童的发展提供帮助。

第二,形式多样,生动有趣。数字媒体传递信息的方式多种多样,不再局限于文字与数字,而是广泛地运用图像、视频、音频等。儿童在利用数字媒体阅读时,可以选择看文字,也可以选择看一段视频。阅读的方式变得更加生动有趣,能够直接抓住儿童的好奇心与注意力,激发儿童的阅读兴趣,提升其求知欲。在阅读时儿童不会感觉枯燥,符合儿童的心理特征,使儿童快乐地获取知识,达到寓教于乐的效果。

第三,资源共享,内容创新。互联网技术的进步使得全球的信息共享程度提高。国内外的优秀资源可以在数字媒体阅读平台上获取,极大地方便儿童阅读。数字媒体使儿童的阅读内容在地域和时空上的跨度变大。儿童可以阅读国内的传统文化故事,也可以领略其他国家的风土人情;可以阅读古老的寓言故事,也可以阅读新奇的科幻故事。

第四,人机交互,主动创造。数字媒体的一大特点便是传播上的交互性。儿童在阅读传统纸质书时,通常只能单方面获取书本上的内容,而无法与书本产生互动,即书本上的知识是固定的,获取知识的方式是被动的。数字媒体阅读打破了这种阅读模式的限制,将儿童从被动的接受者变成了主动的创造者。儿童在进行阅读时,不仅可以接收信息,还可以将自己获得的信息、产生的想法反馈给数字媒体。与数字媒体互动,可以调动儿童的阅读积极性,引导儿童主动探究和创造,提升儿童想象力与创造力。人机交互也可以使数字媒体阅读内容根据儿童的情况即时地更新或完善。②

---

① 高建新,张艳楠,赵攀.数字化阅读与纸质阅读的比较研究.价值工程,2019,38(29):235-238.

② 吴兰岸,刘延申,刘怡.促进还是阻碍:全球视域下信息技术早期教育应用的 SWOT 分析及对策.学前教育研究,2016(10):3-17.

第五，突破限制，方便快捷。数字媒体的出现使阅读越来越便捷，儿童无需书本便能够进行阅读。数字媒体可以突破一定的时空限制与物质条件限制，让更多儿童得到阅读机会。例如，电子书与移动设备小巧轻便，携带便利，且可以载入大量资源，能够让儿童随时随地阅读，即使不带一本书也可以实现阅读，大大减轻了儿童与父母的出行负担。数字阅读的短文本形式，也可以满足碎片化的阅读，提高碎片化时间的利用率。而一些交通不发达地区的儿童，也可以通过数字媒体阅读获取新鲜的知识，突破因地域限制得不到书本而无法阅读的困境。数字媒体阅读使资源覆盖范围更加广泛，降低了获取资源的成本，可以让儿童低成本地阅读更多的内容。

第六，数字土著，生存必备。数字化技能是现代儿童未来生存和发展不可或缺的一项技能。数字媒体阅读可以培养儿童这种技能，使儿童有效地运用信息技术，为以后的发展打下基础。数字媒体阅读可以让儿童尽可能多地接触到新的内容，运用创新的方式阅读。数字媒体阅读也是社会进步的一个阶梯，不发达地区可以利用数字媒体获取大量资源，以供儿童学习，缩短与发达地区的差距，促进教育发展均衡。

(4)数字媒体阅读的缺点

第一，影响视力与骨骼发育。数字媒体阅读虽然便利，但也是一把双刃剑。儿童的身体处于生长发育的状态，视力与骨骼等尚未发育完全，进行数字媒体阅读时，儿童不正确的姿势很容易导致不良后果。如看屏幕时间较长，屏幕所产生的辐射，对儿童视力会有一定损害，会导致儿童产生近视等眼部问题。这也是大部分家长所担心的一个问题。长时间保持不正确的使用姿势也会对儿童肩颈以及腰背部位的肌肉与骨骼产生损伤，引起一系列健康问题。

第二，信息良莠不齐，儿童缺乏分辨能力。数字媒体阅读资源广泛，内容丰富，其中可能夹杂了一些不良的信息。儿童尚未形成自己的三观，需要外部正确的引导，如果通过网络接触不良信息，势必对儿童成长产生影响。儿童在使用数字媒体时很容易接触到网络上的不良信息，儿童缺乏分辨能力与自控能力，可能会进行学习和模仿，最后对自身和他人造成伤害。虽然国家对网络环境进行了管控，但总有漏网之鱼，儿童可能会沉迷网络游戏等，使身心健康遭受损伤。儿童在进行数字媒体阅读时，还可能受到各类广告的干扰，注意力难以集中。①

第三，依赖性强，缺乏实践。数字媒体阅读内容多样，使用方便，儿童会被其吸引，也容易过度依赖数字媒体。儿童在使用数字媒体进行阅读时，很少需要自己动手书写与操作，因此儿童可能不会有在书本上标注或进行摘抄的习惯，从而丧失了一些基本阅读技能。因数字媒体的便利，家长与老师也喜欢用数字媒体布置学习任务，导致儿童对其依赖性增强。儿童对数字媒体依赖性逐渐增强，减少了动手实践的机会，不利于儿童的长期发展。

第四，弱化思考，削弱传承。数字化阅读时更多人会选择较短较简单的文本，而不是长文本或者更为复杂的文本。数字媒体阅读给我们带来了快捷方便的同时，也弱化了我们思

---

① 吴兰岸,刘延申,刘怡.促进还是阻碍:全球视域下信息技术早期教育应用的 SWOT 分析及对策.学前教育研究,2016(10):3-17.

考的过程;给我们带来各种声像的同时,也侵占了我们净化心灵的时间。数字媒体阅读不方便读者进行勾画、批注,在快速阅读的同时会失去自身对于阅读内容的思考。数字阅读虽然可以让人们随时随地进行阅读,形式也是丰富多样的,但其通过图片、动画、声音等方式传递的信息,往往无需思考,久而久之思考的能力也就被削弱了。纸质书是文化传承非常重要的方式,但数字媒体阅读应用越来越普遍,势必会对纸质书造成冲击,从而文化的传承形式与力度也可能发生改变。

4 儿童数字化阅读调查分析与应对策略

为了解儿童数字媒体阅读的现状,及时发现存在的问题,有效提出应对策略,对儿童数字化阅读提供指导,提升儿童数字媒体阅读能力,本章针对小学高年级学生进行一项调查,主要采用调查问卷的形式,对儿童数字化阅读的现状进行分析,主要分析了儿童数字化阅读的渠道、目的、频率、体验与反馈,并且对儿童数字化阅读的变量差异性进行了分析。发现目前儿童数字化阅读的问题主要集中在网络阅读环境不健康,还要进一步净化网络阅读环境,在儿童数字化阅读中缺少教师和家长的引导等方面。在发现问题的基础上,分别从培育优质的数字化阅读内容、完善适应性的数字化阅读平台、塑造正向的数字化阅读环境三个方面提出应对策略,这对儿童数字化阅读能力的提升有一定的启发意义。

4.1 调查设计

4.1.1 调查目的

本次调查是为了了解数字时代背景下儿童的数字化阅读现状,并对调查结果做出分析,提出改善策略。了解儿童在阅读行为(包括时长、频次、方式、目的等)方面的变化,分析儿童数字化阅读的行为习惯、对数字化阅读的态度以及数字化阅读环境等。为了保证问卷设计的科学性,本项目组首先走访了浙江省湖州市的两所小学,并与学校的学生进行了沟通,初步了解了小学生的数字化阅读现状。在与各位老师进行交流的基础上,通过查阅本研究领域相关文献并结合本团队的教学经历与沟通结果,编制了调查问卷。

4.1.2 调查对象

联合国《儿童权利公约》将儿童界定为未满 18 岁的人,而医学界常以 14 岁为儿童的年龄界限。本研究以浙江省湖州市某小学五六年级的小学生为调查对象,因为年龄过低的儿童可能在填写问卷时会有理解困难。处于五六年级阶段的小学生的智力、逻辑能力、想象能力及言语表达能力发展迅速,这一时期学生的一个显著特征是由具象思维向抽象思维转变,因此对阅读内容的喜好会由简明的小故事逐步过渡到更具现实性、情节更复杂多变、想象力更加丰富的文学和动画作品。这个阶段是小学生的品德、情感、创造力等非智力因素发展的质变时期,也是小学生个性心理特征和美感等高级情感发展的关键时期。小学生应该在其中高年级阶段获得科学的阅读指导和习惯养成,这对于其终身学习能力的培养至关重要。此外,小学生由于具有出生在网络时代的先天优势,操作各类电子设备和利用电子设备进行数字化阅读的能力基础优于过去的同年龄段学生,而且他们相比于中学生升学压力小,阅读时间相对充足。小学生正处于对新鲜事物满怀好奇心与探索欲望的阶段,使用互联网的积极性非常高。因此,小学,尤其是中高年级阶段是最适合培养和发展阅读能力、养成良好的电子设备使用习惯和数字化阅读习惯的阶段。

4.1.3　调查内容与方法

(1)预调查阶段

随机抽取 11~14 岁年龄段的 50 名儿童填写问卷并记录作答时间。问卷收集后将调查结果录入 Microsoft Excel,并通过 SPSS 26.0 分析数据信度。结果显示,儿童数字化阅读环境相关 6 道习题的克龙巴赫 α 系数为 0.807,儿童数字化阅读体验与反馈方向 12 道题目的克龙巴赫 α 系数为 0.766,内部一致性较高,适宜进行更大规模调查。根据调查和走访结果,小学低段中段学生对问卷内容理解存在困难,调查人群宜选择高段学生,并进行了部分问卷内容表述方式的调整与顺序的重新编排,使得问卷内容更易被小学生群体所理解。

(2)正式调查阶段

问卷由四个部分组成,分别为填写者的基本资料、数字化阅读习惯调查、数字化阅读环境调查、数字化阅读体验与反馈调查。共向 300 名学生发放调查问卷,发放前向被调查者详细说明了问卷的填写方式,方便学生能够在规定时间内单独完成问卷。问卷发出 30 分钟后收集问卷,收齐后调查者对问卷进行了填写检查和漏答提醒,手动筛除无效问卷,得到有效问卷共 265 份,有效回收率为 88.3%,五年级问卷 149 份,六年级问卷 116 份。将 265 份有效问卷调查结果录入 Microsoft Excel,并通过 SPSS 26.0 进行分析。结果显示,儿童数字化阅读环境相关 6 道习题的克龙巴赫 α 系数为 0.865,儿童数字化阅读体验与反馈方向 12 道题目的克龙巴赫 α 系数为 0.940,内部一致性较高。问卷调查对象的基本情况如表 4-1 所示。

表 4-1　问卷调查对象基本情况

类别	项目(人数)	占比
性别	男生(121 人)	45.7%
	女生(144 人)	54.3%

类别	项目(人数)	占比
年龄	11 岁(28 人)	10.6%
	12 岁(94 人)	35.5%
	13 岁(109 人)	41.1%
	14 岁(34 人)	12.8%
年级	五年级(149 人)	56.2%
	六年级(116 人)	43.8%

4.2　调查结果与分析

4.2.1　儿童数字化阅读现状

(1)儿童数字化阅读的渠道

本次对儿童数字化阅读现状调查的结果显示,绝大多数的小学生均接触过数字化阅读,在"你是否使用过手机、电脑或者其他电子设备来阅读图书、浏览新闻或者查找资料"这个问题中,只有 14 名学生(占 5.3%)表示没有使用过。在儿童数字化阅读渠道的调查中,发现使用手机进行数字化阅读的小学生比例高达 70%,使用电脑或平板电脑进行阅读的比例为 15%,表明手机是小学生进行数字化阅读的主要工具,其中手机在线浏览器搜索排在首位,这为儿童的数字化阅读素养的培训方式指导提供了理论依据,如图 4-1 所示。

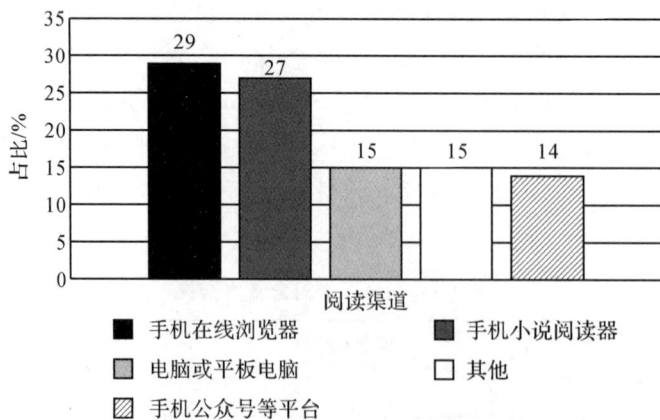

图 4-1　小学生数字化阅读渠道

(2)儿童数字化阅读的目的

在儿童数字化阅读主要内容的调查中发现,学习课外知识的占比最高,为32%;其次是看小说/逛论坛等休闲娱乐,占21%;然后是促进课内知识的学习,占19%;获取新闻资讯与其他的占比较低,如图4-2所示。可以看到,在小学生群体中,利用数字化资源增加课内外知识的占比共计51%,表明当前的小学生在学习过程中善于利用网络资源对课本知识进行补充,从而满足自己的求知欲望,这对于教师开展翻转课堂、小组教学具有启发意义。教师可以鼓励小学生进行课外知识的查询,然后让小学生分小组进行研究讨论,并在角色互换中给予学生自由展示的空间。

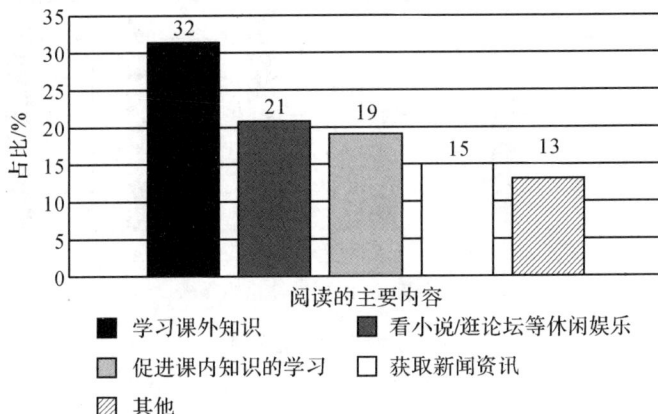

图 4-2　小学生数字化阅读主要内容

(3)儿童数字化阅读的频率

在儿童数字化阅读频率的调查中发现,五年级与六年级小学生每周阅读次数为"1次到2次"的人数最多,"3次到5次"的人数第二;相比于五年级,六年级小学生阅读"12次以上"和"6次到8次"的人数明显增加,阅读"1次到2次"和"3次到5次"的人数明显减少,说明年级升高后学生对于使用电子设备进行数字化阅读的频率明显上升,如图4-3所示。

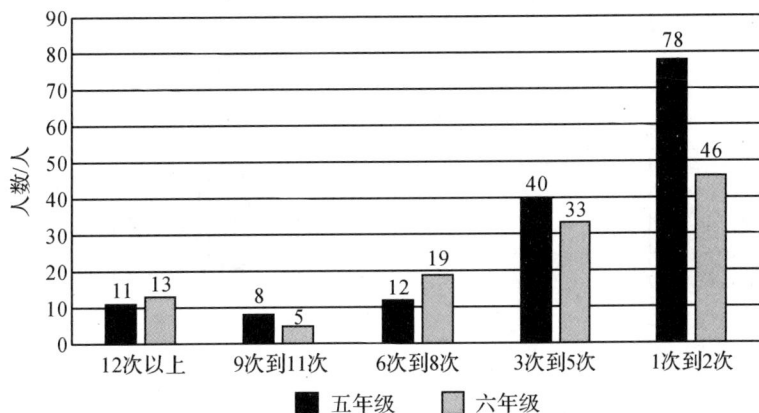

图 4-3　小学生数字化阅读频率

（4）儿童数字化阅读的时长

儿童数字化阅读时长的统计数据显示，在四年级至五年级之间开始进行数字化阅读的儿童人数占比最高，如图4-4所示。我们在走访调查后了解到，在一至三年级未进行数字化阅读的原因除了学生尚不能熟练使用电子设备之外，家长会对孩子过早使用手机、电脑等设备的行为进行管控，而随着年龄的增长逐渐放宽对孩子的限制。

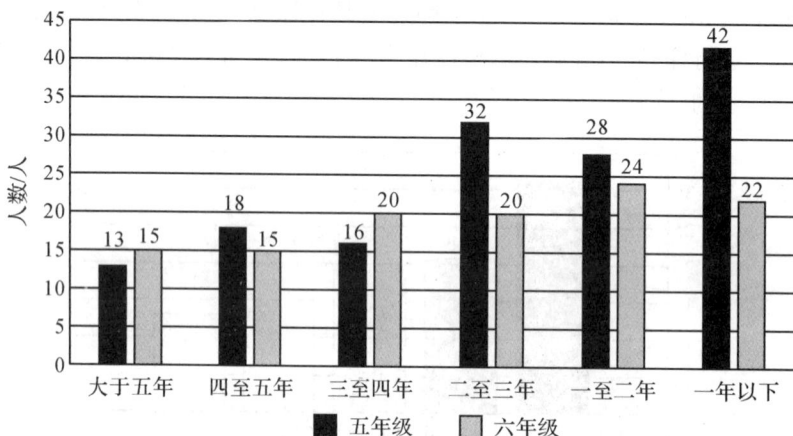

图4-4　小学生数字化阅读时长

注：统计中按"上限不在内"的原则进行处理。

（5）儿童数字化阅读的体验

在"你在数字化阅读时，会无意间接触和浏览到一些页面弹出的广告和负面信息"题目中，只有43％的学生选择了不太符合或完全不符合，如图4-5所示。数据显示，过半的小学生接触到垃圾信息和负面信息，考虑到学生的心理防范机制尚未成熟，实际中儿童受到的影响更大。而在"你看到数字化阅读中的图片、表情包或流行语时常常会学习与模仿"一题中，只有28％的小学生认为不会模仿，如图4-6所示，说明大多数的小学生会明显受到数字化阅读的内容的影响。故而应该进一步净化儿童的阅读环境，为儿童群体打造绿色阅读内容，减小负面信息的不良影响。

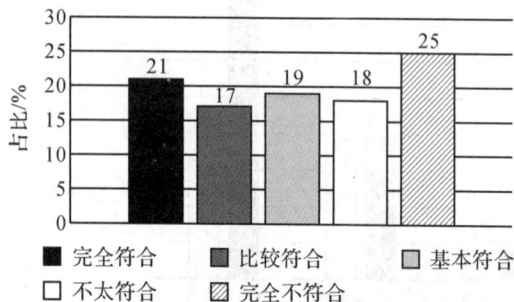

图4-5　小学生数字化阅读内容质量

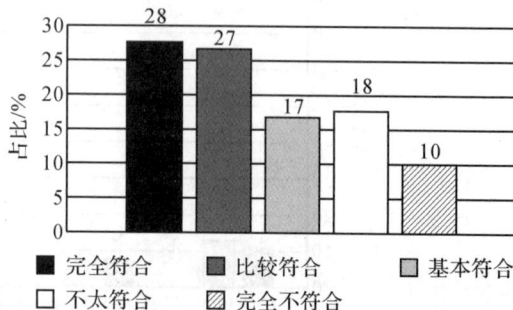

图4-6　阅读后模仿情况

(6)儿童数字化阅读的反馈

"阅读时与同伴交流/进行摘抄是否会提升效果"两项调查的结果较为接近,如图 4-7 所示,认为交流和摘抄可以明显提升效果的占较大比例,这表明小学生群体普遍感觉到数字化阅读与传统阅读有相似之处,在阅读时进行一些辅助学习有利于学习效果的提升,这也提醒我们,应该在面向小学生群体的数字化阅读辅导中参考传统阅读提升的技巧并加以运用。

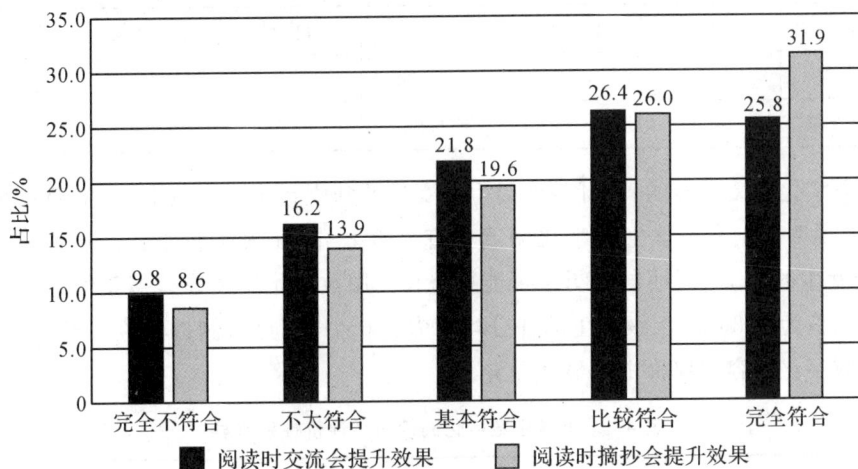

图 4-7 小学生数字化阅读反馈情况

作为数字媒介时代的"原住民",小学生对数字媒介的接受能力与操作能力很强,因为他们的生活环境本身就充斥着各种数字媒介,在家中有电脑、智能手机、电子阅读器、iPad 等,在学校教室中有多媒体电子设备,在社会中接触数字媒介的机会更是数不胜数,因此很多人都说这一代儿童的外在环境就是由数字媒介构成的,数字媒介围绕在儿童的周围,成了他们学习、开拓视野和娱乐休闲的重要工具。

4.2.2 儿童数字化阅读的变量差异性分析

将所有的问卷回收后,剔除无效问卷,对有效问卷编码并输入数据。根据本研究目的,运用 SPSS 26.0 统计软件进行分析,所使用的统计方法有描述性统计、皮尔逊相关性分析、因素分析与 t 检验等。描述性统计(descriptive statistics),主要用来描绘调查的目标样本群,以平均数(mean)和标准差(standard deviation)等方法,描述问卷各向度的得分的集中量数与离散量数的情形,为进一步统计奠定基础。因素分析(factor analysis),主要用于阅读倾向性相关的分析。t 检验(t-test),主要用于个人特征变项中的性别、年级的数字阅读态度量表的分析。皮尔逊相关性分析(Pearson correlation analysis),主要用于个人特征变项在阅读层面的相关性分析。

在小学生对于数字化阅读的倾向性调查中,男生的评分均值为 2.08,而女生的均值为 2.31,表明女生相比于男生更倾向于进行数字化阅读,如表 4-2 所示。在性别的差异性分析中发现,显著性数值为 0.698,表明性别这一变量的对应倾向性不存在显著差异,如表 4-3 所示。

表 4-2　小学生对于数字化阅读的倾向性评估

性别	样本量	均值（满分为 5）	标准偏差
男	121	2.08	0.927
女	144	2.31	0.911

表 4-3　小学生对于数字化阅读倾向性的性别差异性分析

类别	F	显著性	t	自由度	Sig.（双尾）	平均值差值
假定等方差	0.151	0.698	−1.969	263	0.050	−0.223
不假定等方差			−1.965	253.554	0.050	−0.223

对于数字化阅读内容的评价问题，男生与女生的独立样本 t 检验中，皮尔逊双侧检验值小于 0.05，说明性别在小学生数字化阅读中有显著差异，如表 4-4 所示。男生评分均值为 3.21 高于女生的 2.73，说明同龄男生可能更擅长使用数字化阅读设备搜集信息。五年级学生的评分均值为 2.86，六年级学生的评分均值为 3.06，皮尔逊双侧检验值大于 0.05，说明不同年级在数字化内容的评价中无显著差异。

表 4-4　小学生数字化阅读内容评价性别差异

	类别	t	Sig.（双尾）	平均值差值	标准误差差值
分数	假定等方差	2.972	0.003	0.477	0.161
	不假定等方差	2.919	0.004	0.477	0.164

五年级与六年级学生中，对于纸质书阅读与数字化阅读的喜欢程度相差不多的学生均占 50% 以上，说明多数学生对于两种阅读方式的喜好程度相近。对两个年级进行对比分析发现，六年级学生中喜好纸质书阅读的比例在下降，这是因为随着年龄的增长，学生操作使用电子产品的能力也在提升，可以更便捷地获取自己感兴趣的信息。在性别对比中，女生对于便捷性的评价略高于男生，这与前面女生对于数字化阅读的使用倾向性高于男生的现象一致，如表 4-5 所示。

表 4-5　小学生对于数字化阅读的便捷性评估

类别	样本量	均值（满分为 5）	标准偏差
男	121	2.08	0.927
女	144	2.31	0.911
五年级	149	4.01	1.090
六年级	116	4.39	0.862

为了了解小学生数字化阅读环境的现状和不同环境对于小学生阅读体验的影响，对数据进行了均值统计和皮尔逊相关性分析。利克特五级量表评分的均值统计数据显示，小学生对于老师与父母鼓励数字化阅读两项的评分均值最低，分别为 2.58 和 2.57；对于老师与父母指导数字化阅读的评分稍高，分别为 2.88 和 2.83；对于朋友经常进行数字化阅读的评

分最高,为3.53。这说明小学生普遍认为老师和父母对于他们进行数字化阅读的态度较为中立,会进行频率不高的阅读指导,同时认为他们周围的朋友普遍使用数字化阅读,表明数字化阅读现象极为常见,但学生缺少来自父母和师长的支持与指导,值得引起注意。

在数字化阅读环境与阅读体验的相关性分析中发现,老师鼓励、父母鼓励、老师指导、父母指导或者朋友使用数字化阅读这几种外在环境,与小学生在数字化阅读中的收获感和查阅检索信息的熟练程度均显著相关,如表4-6所示。由此判断,在小学生普遍接触和使用数字化阅读的情况下,我们应该更加注重老师、父母对于小学生的指导和鼓励,从而提升小学生群体的阅读效率。

表4-6　数字化阅读环境与阅读体验的皮尔逊相关性

类别	老师鼓励	父母鼓励	老师指导	父母指导	朋友使用	便捷性	收获感
便捷性	0.088	0.120	0.204**	0.146*	0.356**		
收获感	0.285**	0.296**	0.355**	0.363**	0.346**	0.289**	
熟练性	0.160**	0.181**	0.187**	0.161**	0.252**	0.459**	0.345**

注:** 表示 P 值在0.01条件下显著,* 表示 P 值在0.1条件下显著。下同。

在数字化阅读习惯与阅读体验的相关性分析中发现,"数字化阅读时常常与他人交流"与"数字化阅读时常常对电子版文章动手摘抄和总结"两种阅读习惯均与"发现学习效果提升"呈显著相关,如表4-7所示。此外,"交流"一题中非常符合与比较符合的占比分别为18.8%与20.7%,"摘抄"一题中非常符合与比较符合的占比分别为17.7%与18.6%,而且显示小学生相比于摘抄总结,更倾向于与同伴交流。然而,摘抄总结与发现学习效果提升的相关性(0.516)比交流与发现学习效果提升的相关性(0.441)更高,表明小学生认为摘抄总结带来的效果增益比交流带来的效果增益更高,更值得在阅读习惯培养中加以重视。

表4-7　数字化阅读习惯与阅读体验的皮尔逊相关性

类别		与同伴交流	交流提升效果	摘抄总结
交流提升效果	皮尔逊相关性	0.441**		
摘抄总结	皮尔逊相关性	0.350**	0.425**	
摘抄提升效果	皮尔逊相关性	0.314**	0.395**	0.516**

4.3　当前数字化阅读的问题与挑战

像任何新生事物的发展一样,数字媒体的应用和数字化阅读的实施会不可避免地出现一些问题,这不仅是困难,更是机遇与挑战。认真分析当前数字化阅读存在的问题与挑战,有助于我们做出正确的应对策略,有效保障儿童数字化阅读的实施。

4.3.1 数字化阅读存在的问题

(1)创作者与阅读者版权意识不足

在前文对国内的数字化阅读的研究调查中,我们不难发现,关于资源共享、平台共建等的研究的占比较大,从读者付费与作品版权意识角度出发的研究则相对较少,这与当前读者的版权意识不浓厚、付费意向不强烈有关。怎样在资料获取很方便的数字化时代强化版权意识,尊重作者的劳动成果,值得我们深思和探讨。大多数的读者对于版权、侵权方面的专业性问题还不是很了解,出于兴趣进行即时性阅读与碎片化阅读时,下载和转载分享的行为到处可见,有一些读者被告知侵权时却并不知道自己产生了侵权行为,版权的法律法规宣传工作仍需加强。

(2)数字版权管理与保护的统一标准待完善

国外数字版权管理有数字版权管理(Digital Rights Management,DRM)和轻度内容保护(Lightweight Content Protection,LCP),但是在国内对这种版权管理的政策研究和措施研究都不多,在理论上也没有进一步形成权威统一的标准。数字版权管理作为新技术,从科技角度有效防止数字媒体的非法复制,增加侵权的难度,这种数据加密是 DRM 的核心技术,可以对用户的操作行为进行实时跟踪。轻度内容保护利用许可证技术是对内容的双重保护,增加了原创作者的经济效益和社会影响效益回报,从而增强原创作者的创作意向,版权管理不仅仅是对作者的知识产权的保护,也是对读者负责。

(3)数字资源分类整合程度较低

网络上已有的海量的数字化资源既是特色优势也是持续发展的资本,但如果不作精细化的分类与排序,则会因臃肿冗杂而空有其表。在前文研究中我们不难发现,各地图书馆数字资源无论是已有的馆藏还是自购的数字化资源都已经较为丰富,但是分类方式和索引方式仍处于守旧状态,学者对大量的资源进行整合和导航索引程序设计的研究比较少。其中,分级阅读按照儿童的阅读能力和阅读兴趣进行网络资源划分,但是在国内汉语复杂性和历史性原因导致分级阅读的标准尚未统一,网络资源更是处于起步和探索阶段。许多学校图书馆也没有形成良好的数字化阅读分级制度,缺乏合理的导航措施引导学生更加便捷和智慧化地找到所需要的资源和相关度较高的拓展资源。

4.3.2 数字化阅读引发的挑战

(1)阅读趋向碎片化阅读、浅阅读

在当下的生活中,数字化阅读已经无形中渗入各个角落,尤其是成年人,每天有意无意间进行着大量的电子阅读,这在急剧增加阅读行为的同时,也难免导致阅读效果的降低。

"什么都读了一些却什么也没有记住"成为很多人阅读时的共鸣。对于儿童来说,零碎化地阅读容易导致注意力无法集中,再加上儿童本身的阅读能力有待提升,导致其品读经典图书的能力减弱,养成浅尝辄止不求甚解的坏习惯。此外,当前很多平台提供的电子书缺乏有效的整合,五花八门的排列方式与不限时间地点的阅读便捷性带来的常常不是有效引导而是更易分心。数字化阅读时对着屏幕阅读的体验感相比于传统阅读纸质版面的体验感更低,对视力的损伤也更大,这使得很多人认为数字化阅读更偏向于收获感较低的浅阅读。

(2)阅读内容优劣混杂真伪难辨

由于图书和信息的展示与发布的渠道变得便捷化、多样化,发布的流程也不断缩减,审核出现纰漏的次数急剧增加,因此进入读者视线的信息质量常常参差不齐,在儿童缺乏有效过滤能力的情况下,儿童接触到虚假信息、有害信息的可能性大大增加。儿童辨别真伪信息的能力较低,抵抗诱惑能力较差,容易被虚假或负面的内容影响价值观的形成。此外,数字化阅读资源缺乏统一的监管程序与审核标准,导致同一平台内、不同平台之间内容资源互相借鉴、模仿甚至抄袭的事件时有发生,而低劣的内容更易生产,导致劣币驱逐良币,使得高质量的阅读资源容易被覆盖和忽略。儿童在进行数字化阅读时,内容的提供者和平台创建者出于经济效益考虑,可能会推送一些更容易上瘾的"快餐读物",侵占儿童时间的同时也污染了阅读环境,这样的数字化阅读环境使得教师和家长对于儿童使用电子产品阅读仍缺乏信任。

(3)图书馆间交流合作共享共建举措较少

无论是公共图书馆还是高校图书馆,都为数字化阅读推广进行了很多实践方面的尝试,也各自取得了很多的成就,但是在数字化资源建设图书馆之间的合作还很少。公共图书馆是每个地区的文化发展的象征之一,高校图书馆是学校的文化建设的亮丽风景线,图书馆的纸质馆藏存在流通性较低、传递不便的缺点,数字化资源的出现为资源跨馆共享提供了很好的契机和平台。每个图书馆的馆藏都各有特点、各有倾向,如果图书馆之间能够加强合作,实现数字资源的共建共享的话,学习者的体验将会大大提高。

4.4　儿童数字化阅读应对策略

我们在问卷调查中,对于儿童进行数字化阅读的渠道、目的、频率、体验与反馈等情况进行了调查。发现调查对象利用数字化资源增加课内外知识的占比共计51%,表明儿童在学习过程中善于利用网络资源对课本知识进行补充,并且使用次数随着年龄的增长而增长,儿童对于数字化阅读这一技能存在实际需求。调查数据还显示,过半的调查对象会接触到垃圾信息和负面信息,考虑到儿童的心理防范机制还未成熟,实际中儿童受到的影响会更大。调查对象普遍反映在所处环境中,来自外界环境的关于数字化阅读的鼓励与指导较少,缺乏科学的阅读指导,但是其普遍认为养成良好的阅读习惯有利于阅读效果的提升。针对以上存在的问题,本研究从完善数字阅读机制体制、培育优质的数字化阅读内容、完善适应性的数字化阅读平台、塑造正向的数字化阅读环境这四个方面阐述儿童数字化阅读的提升策略。

4.4.1 完善数字阅读机制体制

(1)做好数字化阅读与传统阅读衔接

应促进课内阅读学习和课外阅读结合。以近几年来小学语文教材的改编为例,可以发现课本更加重视培养儿童的阅读素养和审美能力,阅读材料的篇幅大大增加,并在每个单元后专门开设"快乐读书吧"板块,促进学生阅读量的提升,改编后的教材也更加重视文学体裁多样化,提高了诗歌、文言文、名著精选等的比例。数字化阅读在校园中的位置日益重要,以便捷性与丰富性突破了校园内传统阅读的局限,学校管理者与教师群体应及早思考所引入的课外阅读内容和形式。

应促进课内阅读和数字化阅读合作。建议设计具备阅读扩展、个性化、专题化推送功能的在线阅读系统,推荐阅读的书目在阅读平台里阅读,学生之间能够看到彼此阅读的书目,便于树立榜样起到激励作用。教师能更快地进行监督查阅,清晰地看到本班学生阅读的整体进度和个别问题,及时对学生提出不同的要求,有针对性地引导学生养成良好的阅读习惯和阅读技巧。学生也可以自选读物,在平台内根据自己的兴趣和阅读能力,选择适合自己的读物,学校可以设立相应的阅读奖励机制。

应促进数字化阅读与传统出版业合作。当前传统纸质出版业绩普遍增长缓慢,为此出版业常归咎于数字化无纸化的流行,但出版业摆脱困境恰恰可以从数字平台入手。传统出版业可以通过数字化阅读平台直接接触到阅读者,通过了解市场上的阅读需求,进行有针对性的宣传,并提升出版物的质量和精准度。当前随着电商平台的兴起,人们购物的热情与消费能力都大大提升,出版业及时获取大众的阅读倾向,实现推荐图书的精准化和购买图书的简洁化,将是未来发展的必经之路。

(2)创新数字化阅读反馈评价机制

电子产品更新迭代极快,功能令人眼花缭乱,而快节奏的生活也使得人们逐渐习惯碎片化阅读,所认为的数字化阅读常常与电脑资讯、手机阅读、热点搜索等形式相连接,故而造成忽视数字化阅读的知识属性与严谨性的现象。停留在浅层次的数字化阅读而难以健康发展。但是对于阅读反馈机制的设置与创新也许将成为这一困境的解决方案。

我们不妨对能够培养良好的阅读习惯的数字化阅读流程进行构想。首先,阅读前对儿童的基础资料进行搜集与归类,如果缺乏资料则可以加入测试提问环节。当大数据平台收集到儿童的阅读数据时,便可以形成儿童的自画像,完成诊断性评价,对儿童进行精准的学情分析,在云处理器端与教师端进行备份。其次,平台端根据儿童现状生成千人千面的阅读目标、阅读计划和同步习题。传统阅读环节由于教师的精力有限,不能及时地为所有学生做好个性化学习方案,这一问题通过技术可以得到良好解决。借助大数据技术工具可对学习行为的过程与结果进行跟踪、记录等,学生在教师的指导建议下参与目标的制定,有了目标和计划后,学生的学习主动性会大幅提高。最后,平台智能推送阅读内容与反馈测试,在学生阅读过程中平台根据阅读内容分模块、分章节进行阶段性测试,只有考核通过的章节才属于学生的阅读量积累,否则学生需要重新阅读和巩固训练。以递进式阅读模式,促使儿童在阅读的过程中更加专注和有耐心,构建更加健康的数字化阅读环境。

(3)加强馆馆之间共建共享

省级图书馆、市级图书馆、区域县级图书馆等各具特色,馆藏也会有差别。图书馆作为儿童的优质阅读场地,往往易被忽视,甚至被遗忘。当下,各个儿童图书馆应该联合行动,数字化阅读平台应实现共建共享。

在共建数字化阅读平台方面,首先需要建立一个公共图书馆的公约和完善的规章制度,为儿童创建健康的数字化阅读平台。图书馆促进在线阅读,网络阅读的实时更新能够引起读者的阅读兴趣,使读者产生阅读动力。其次,平台应具备基础的交互功能,例如点击、滑动等基本的操作形式,方便儿童的阅读,也方便后台收集和处理数据。最后,共同建立的数字化平台将阅读数据进行可视化结果呈现,不仅能够发展儿童的个性,还能发现地域差异,基于此能够更精准地对一些地区单独捐建图书资源。在共享数字资源方面,图书馆自身的馆藏和特色都有其特殊性,如果能够在共建阅读平台上进行数字资源的共享,便可以实现数字化阅读的优势最大化,使得更多的人受益。在共同维护数字平台方面,加强合作可以达到双赢乃至多赢的效果。当前很多图书馆自营的网络平台在功能和维护方面都存在缺陷,而维护平台既需要专业人才又需要专项资金,如果能够建立统一平台,那么不论是在提高效率节省维护支出上,还是在提升读者使用平台的便捷性上,都可以实现更佳效果。

(4)完善学习共同体交互模式

在传统阅读中,学生与学生、学生与教师之间的交互不适用于新型的阅读模式,完善出学生、教师与平台形成的新型学习共同体交互模式可以达到更好的阅读效果。在儿童阅读过程中,如果儿童是单方面的知识输入者,那么阅读的动力可能会缺乏来源,阅读进入疲倦状态的可能性也会大大增加。在学习共同体内则学生如果能够及时地进行进度与收获的共享,教师通过平台引导学生相互之间进行沟通和评价,则可以较好地提升学生阅读积极性。教师应将学生的阅读笔记分享、阅读报告分享作为阅读评价的一部分,将阅读的积累和良好阅读习惯的养成与成绩挂钩,引起学生重视,进而促进学生对于其他学科的认识和理解,帮助学生在学习时事半功倍。

(5)促进数字化阅读地方立法工作

党的十九届四中全会提出,要健全人民文化权益保障制度,这为包括全民阅读在内的公共文化服务体系的健全完善指明了大方向。全民阅读事业的开展推进离不开法律的保障,但是现在各地的相关规章制度方面存在制度条目不全、理念混乱、总量偏少、城乡差异较明显等问题。我们应该构建阅读立法体系,大力推广数字化阅读,从政府和社会层面征集民众意愿,做好访问调查,进而完善阅读产品创作传播的引导激励机制,健全城乡居民阅读权利的平等保护机制,让数字化阅读推广工作有法可依、有章可寻。

4.4.2 培育优质的数字化阅读内容

(1)符合社会文化价值标准

数字媒体阅读产品是儿童数字化阅读的载体,数字产品中所承载的信息对儿童的身心发展起重要的引导作用,产品所传递的文化价值也在潜移默化地影响着儿童的认知发展。产品开发团队要认真学习社会主义核心价值观等,把社会主义核心价值观的主要内容融入数字化阅读产品之中,让其发挥价值引领作用,让儿童从小接受正确的社会价值观,促进儿童身心健康发展。

儿童数字化阅读产品应该以"传递真善美,拒绝假恶丑"为主要思想。儿童就像是一张白纸,你在上面随意画点什么就有可能留下什么,而且人在儿童时期所受到的价值熏陶很可能会伴随其一生,所以数字阅读产品中所传递的文化价值至关重要。产品开发者在开发数字阅读的相关产品时,要融入教育理论和学习理论等相关基础知识,以及幼儿心理学和幼儿保健学等相关专业知识。在设计时不仅仅要追求产品的可操作性、便捷性、美观性和趣味性,更应该在此基础之上,把阅读内容与儿童可以接触到的日常生活相结合,传递一种真善美的正能量,最终指向儿童的教育性和成长性。

(2)符合儿童认知发展规律

根据皮亚杰的认知发展理论可知,儿童的发展水平可以分为四个阶段:感知运动阶段、前运算阶段、具体运算阶段和形式运算阶段。感知运动阶段主要是指自出生至两岁儿童的认知发展阶段。在这一阶段,儿童主要依靠视觉、听觉、触觉等感觉与手的动作等获取外界信息。前运算阶段指两岁到七岁儿童的认知发展阶段。这一阶段的儿童思维方式尚未完全达到合理地步,即儿童能运用思维,但常常是不符合逻辑的,因为这一时期儿童思维具有"泛灵论"、不可逆性、自我中心主义等特点。具体运算阶段是指七岁到十一岁儿童的认知发展阶段。在这一阶段,儿童具有守恒概念,且儿童具有去集中化的特点,即具体运算阶段的儿童在面对问题情境时,不再仅凭知觉所见的片面事实做判断,其思维具有多维性。形式运算阶段是指十一岁到十五岁儿童的认知发展阶段。在这一阶段,个体的思维能力已发展到成熟阶段,能够根据逻辑推理、归纳或演绎的方式来解决问题。[1]

儿童数字化阅读产品的开发要按照皮亚杰的儿童认知发展阶段理论来设计,每个阶段的儿童都有其所处阶段的独有特点,产品开发者应该抓住不同阶段儿童的特点,并且善于利用这个特点来进行阅读产品的开发。例如两岁到七岁的儿童处于前运算阶段,这个阶段的儿童具有"泛灵论"这一特点,他们认为一切物体都是有生命的。根据这一特点,在数字产品中就可以加入一些有生命的个体,例如会说话的洋娃娃、会微笑的小草等,通过引导儿童和这些有生命的个体对话,可以初步向儿童传递生命价值观。但是如果在七岁到十一岁儿童

---

① 周姣术,朱华. 浅谈皮亚杰认知发展理论对当代教育教学的意义. 学理论,2017(8):172-173.

阅读的数字化产品中加入这些有生命的元素,就会适得其反,因为此阶段的儿童思维逐渐成熟,不再相信洋娃娃会说话,极大可能会使他们对阅读内容产生怀疑,从而降低阅读兴趣,所以在开发数字化阅读产品时要注重结合儿童的认知发展阶段特点。同时,也要注意各个阶段间的相互连接,后一个阶段要在前一个阶段的基础之上得到更深层次的发展与完善。因此,儿童数字化阅读产品的开发要尊重儿童各认知发展阶段的特点,还要充分意识到儿童认知发展前后阶段间的联系,在此基础上选择合适的内容与形式来开展儿童数字化阅读。

(3)注重数字伦理道德规范

数字技术改变了传统的阅读方式,给人们的生活带来便利的同时,也产生了一些违背社会伦理道德的现象。这需要我们加以注意,及时遏制不良现象的发生,并引导阅读者注重数字伦理,提升自己的数字化阅读素养。阅读是一个信息传播的过程,传播过程中的要素主要有传播者、接受者、信息、传播渠道,这其中涉及众多数字伦理道德问题。传播者也就是数字化阅读资源的建设者,包括各级各类出版社、文化机构等,传播者为了让阅读内容被更多人看到,通常会设置一个吸引眼球的标题,这就容易导致对阅读内容的夸大与扭曲,道德底线也会越来越低。同时阅读内容越来越偏向娱乐化。因轻松有趣的内容会更容易被大众所接受,所以为了迎合大众的阅读喜好,阅读内容往往比较浅显,缺乏理论深度,降低了数字化阅读的教育性。相比于书本传播,数字化阅读的传播速度要快几百倍,数字伦理不容忽视,要通过数字伦理来规范儿童数字媒体阅读资源的开发,从源头上对阅读产品质量严格把关,提升对数字化媒体的应用能力与水平。

伦理是一种道德准则,数字伦理是在数字化时代必须坚守的道德底线。在互联网时代必须遵守数据伦理、算法伦理和实践伦理。由于数字算法不断进步,用户与设备的互动越来越频繁,因此首先应该从设备的源头对阅读信息的生产质量严格把关,促进数据资源的规范化、传播的合理化,引导儿童正确辨别信息。其次,从数字资源的合理使用与传播、数字版权意识角度出发对儿童进行数字阅读的启蒙教育,利用传统优秀文化与信息技术的高度融合培养儿童真善美的品质和数字版权意识。最后,指导儿童对他人信息隐私的尊重和自身信息的保护,提高自我保护意识,遵守相关法律规定。在数字阅读过程中进行数字伦理教育,综合提高儿童数字素养。

(4)注重内容设计分级分层

在儿童数字化阅读产品内容设计时要注意分年级设计,不同年级或者年龄的儿童对阅读内容有不同的需求,每个年级要有相对应的数字化阅读产品。以幼儿园小朋友为例,要针对小班、中班、大班儿童的特点来设计阅读内容,小班孩子相对来说更加关注色彩、图画,在设计阅读内容时就可以加入色彩鲜艳的图画来引起他们的注意,从而提升他们的阅读兴趣,培养其阅读习惯;中班的孩子,更喜欢参加各种各样的活动,可以通过开展丰富多彩的课外活动来增强儿童的阅读体验感;对大班的孩子,可适当增加数字化阅读的深度和广度,而且这一阶段的孩子慢慢有了竞争心理,可以利用这一特点来设计不同难度的阅读任务和挑战,让他们在解决问题中不断提升自己的阅读能力。

另外,在产品内容设计时更要注重分层次设计,处于相同年龄段的儿童的认知发展也是有所不同的,要设计出针对同一年龄段的不同难度的阅读内容,让儿童在阅读时根据自身情况进行选择。阅读难度是循序渐进的,不能出现严重的两极分化现象,阅读难度的衔接会直接影响阅读能力的提升,阅读难度衔接紧凑并且设计合理,将有助于提升儿童的阅读能力。产品内容的设计在横向上分年级,在纵向上分层次,通过横向和纵向的延伸,阅读产品的内容设计更加精准化、全面化。

4.4.3　完善适应性的数字化阅读平台

(1)坚持以儿童为本的设计理念

在开发儿童阅读产品时,研发工作者要遵循以儿童为本的设计理念。以儿童为本的设计理念在具体实施时,往往会陷入表象是"为了儿童"的误区,大多数研发者认为自己所设计的产品是指向儿童发展的,是为儿童发展着想的,就是以儿童为本的设计理念的具体落实,但这种表面的理解很容易在实施时偏离以儿童为本的真正内涵,从而导致在没有倾听儿童内心真实想法的情况下,自以为是地为儿童的发展设计相关产品,甚至还会以成年人的思维来审视儿童的发展认知。

以儿童为本的设计理念不应仅仅是为了儿童,更应该是基于儿童,把两者结合起来,使以儿童为本的设计理念真正地发挥指导作用。提到基于儿童,首先想到的是产品设计要基于儿童的认知发展规律,符合儿童的年龄心理特点,充分尊重儿童作为独立的个体的主观体验。正如有学者指出的,儿童不仅仅是要完成发展任务的"发展中的人"(becomings),更是生存于具体生活世界中的"存在着的人"(beings)①,他们用自己的方式来理解世界上的事物,逐渐建构自己的世界观,并以此得到身心的发展。真正的以儿童为本的设计理念应该把"为了儿童"和"基于儿童"相统一,从儿童的体验、儿童的视角、儿童的社会文化处境等角度来进行数字化产品的设计与开发,把儿童作为贯穿数字化产品设计的出发点和归宿。

(2)选择新技术支持阅读平台建设

产品开发团队想要开发出优质的儿童数字化资源来支持儿童更好地实现数字媒体阅读,不仅要从设计理念上进行创新,还要进行软件与硬件设备的升级。把现在新兴的技术运用到产品设计中,如人工智能、虚拟现实、大数据等技术,让儿童在进行数字化阅读时体会到科技进步带来的益处。我国学者在此方面也做出了努力,相关实践情况如下。

张金颖等系统介绍了增强现实系统的研究现状、工作流程与核心技术,提出儿童读物的信息增强应基于自然特征的无标记技术,并且详细探讨了儿童读物增强现实软件的系统组成与工作流程,最终实现了儿童绘本 AR 系统的应用。②石磊在其文章中提到立体互动科普图书,儿童可以通过带有趣味性的三维立体虚拟模型,在科学知识学习中达到思维沉浸,在

①　李召存. 以儿童为本:走向"为了儿童"与"基于儿童"的整合. 学前教育研究,2015(7):9-13.

②　张金颖,姚志强,吴献,张宇晴. 儿童读物移动增强现实系统的研究. 信息系统工程,2016(3):131-133.

带有互动性的阅读过程中收获知识。[①] 程娟等提出利用增强现实技术来实现 AR 少儿图书的建设，AR 少儿图书采用知识立体化形式，不仅能增强儿童对阅读内容的理解与记忆，还能加强儿童的团队沟通与合作能力，提高阅读任务的完成率；还提出了设计可视化、可听化儿童图书资源等创新策略。[②] 李勇帆等提出建构虚实结合的交互式学习环境，在 Visual Studio 环境中开发了基于增强现实的交互式儿童多媒体科普电子书。[③] 鲁文娟等利用增强现实软件开发工具包，提出了基于智能手机的 Vuforia＋Unity 3D 增强现实技术方案，以增强阅读的交互性与学习的参与感。[④] 张毅开发了"AR Dinosaur"软件，配合卡片可实现恐龙的立体效果，并且进行了卡片碰撞后的模型交互设计，能很好地激发儿童的好奇心并提高其学习兴趣。[⑤] 利用 AR、VR 等新技术来促进儿童适应性数字化资源的建设，让儿童通过新型技术获得相适应的资源，不仅可以提升儿童的数字化阅读兴趣，而且可以加强他们对新技术的认知，进而培养儿童的信息素养。

但得值得注意的是，产品开发者绝对不能盲目追求使用新兴技术，要选择合适的技术来支持儿童的数字媒体阅读，要让技术服务于人类活动，而不能本末倒置，让技术左右了人的思想。

(3)提升儿童数字化阅读能力

数字化阅读平台作为阅读教学的引导者，要进行阅读内容的选择、阅读教学的设计、阅读媒体的选择与优化等。平台内容创作者自身要有一定的阅读素养，具备阅读教学的能力，以便更好地辅导学生进行数字化阅读。在阅读教学中，数字化阅读平台首先要教给学生信息检索的基本方法，虽然现在是一个充满信息的时代，但是信息检索方法的缺乏会降低信息的利用率，从而导致高质量信息的流失。当学生面对海量信息的时候，在良莠不齐的阅读资源中便捷地找到自己需要的阅读内容不是一件容易的事情，很可能被五花八门的网络链接所吸引，违背进行数字化阅读的初衷，浪费大量的时间和精力在不相关的领域。所以数字化阅读平台要智能地教给学生一些基本的信息检索方法和途径，让学生快速便捷地获取相关阅读材料。

数字化阅读平台在教学过程中有意识地收集一些常用的适合某一年龄段的网络资源平台，把优质的阅读资源推荐给学生，要根据学生的年龄特征、认知水平、个人需求、兴趣爱好等，整合先进的教育理念，结合自身的教育教学经验，有针对性地挑选适合学生的网络资源，并且保证学生通过对这些网络资源的学习能够取得良好的阅读效果。推荐不同类型的网络阅读资源能够保证学生开展自适应阅读，但是需要注意的是，网络资源不宜过多，过多的阅读资源会让学生产生反感，不利于阅读教学的开展。数字化阅读平台作为一个"把关人"，要

① 石磊. 国外少儿科普读物创作对中国科普读物发展与创新的启示. 海峡科学，2015(8)：61-63.

② 程娟，王玉林. 基于 AR 技术的少儿图书创新设计策略. 出版发行研究，2015(7)：44-46.

③ 李勇帆，李里程. 增强现实技术支持下的儿童虚拟交互学习环境研发. 现代教育技术，2013，23(1)：89-93.

④ 鲁文娟，金一强. 基于智能手机的 Vuforia＋Unity 3D 增强现实技术方案及其教育应用. 现代教育技术，2017，27(5)：19-25.

⑤ 张毅. 增强现实图书《AR Dinosaur》的设计与开发. 扬州：扬州大学，2018.

同时把关网络阅读资源的数量和质量。

数字化阅读平台还要注重对学生阅读方法的指导,帮助其养成良好的阅读习惯。对于低年级学生来说,指读、出声朗读是主要的读书方式,学生需要靠这些外部行为来集中注意力,进行脑力活动;而中年级学生思维有了一定提升,应该慢慢培养他们的默读能力,让学生逐渐学会品读、精读,也就是说数字化阅读平台要引导学生综合运用略读(浏览法)和精读(品读法)两种形式来进行阅读。[①] 数字化阅读平台还要注意引导学生做读书笔记、写读书体会,读书最重要的一点就是结合自身的生活经历,从书中找到生活的真谛,从书中认识更精彩的世界,从而逐渐形成正确的人生观、世界观和价值观。做读书笔记还有助于锻炼学生的思维能力,把书中的主要观点进行归纳总结,在此基础之上加入自己的理解,最终通过交流读书笔记达到良好的沟通,进而丰富自己的认知。

4.4.4　塑造正向的数字化阅读环境

(1)构建正向的家庭数字化阅读环境

首先,要打造良好的家庭阅读氛围。儿童在学校接受正规的课堂教学以外,其余时间还是在家庭中度过的,父母对阅读的态度以及亲子关系都将直接影响儿童数字化阅读的积极性。父母对儿童的数字化阅读保持积极的态度主要体现在两个方面,一方面是提供物质支持,在资金状况允许的条件下,购买儿童感兴趣的书以及相关电子产品,为儿童的数字化阅读创造物质基础;另一方面就是提供精神支持与引导,精神支持远比物质支持更重要,主要体现在当儿童进行数字化阅读时进行口头鼓励,在阅读中遇到困难时及时提供帮助,同时还要注意提醒儿童控制阅读电子产品的时间,长时间进行数字化阅读不利于儿童的眼睛也不利于颈椎的发育,在阅读过程中要注意劳逸结合。在数字化时代,父母应该转变传统的观念,与时俱进,对儿童的数字化阅读提供物质基础与精神引导,把阅读当做一种亲子沟通的桥梁,构建和谐融洽的家庭氛围,有利于儿童的健康成长。

其次,要建立家长的榜样作用。俗话说,父母是孩子的第一任老师。在日常生活中,父母的一言一行都会对孩子产生巨大的影响,儿童对外界的行为有很强的学习能力,他们会无意识地模仿父母的日常行为,父母一定要规范自己的言行举止,为儿童树立榜样作用。在儿童的数字化阅读方面,父母要抽出时间阅读,并且要科学合理地使用数字媒体,不能因为工作事务繁多就推卸责任,对儿童提出的要求父母同样也要做到,这样以后在教育孩子时才能有话语权。另外,为了更好地发挥家庭教育的作用,父母及其他家庭成员之间要形成家庭合力,共同努力创造良好的家庭氛围。在具体操作方面,美国学者内奥米·S.巴伦在《读屏时代:数字世界里我们阅读的意义》一书中对数字化阅读开出的"处方"值得借鉴:成人既要能够进行纸质阅读,又要能够进行电子阅读(形式追随功能);不管是娱乐性阅读还是学术性阅读,都要找到有效的不分心的阅读方法;面对面活动时要专注,为学生和小孩树立榜样;尊重

---

① 史艾丽思. 新媒体背景下小学中年级学生课外阅读现状及指导策略研究. 湘潭:湖南科技大学,2016.

纸质版和其他任何媒介上作品的著作权;努力进行持续性阅读,努力阅读篇幅长而且内容更丰富深刻的作品;检测并分享数字设备和纸张的环境成本;在根据阅读平台制定教育政策时,不要为了成本而放弃对学习效果的考虑;不要以为孩子知道如何做有意义的电子阅读,我们得教他们;不要只是因为孩子拥有和使用许多数字设备,就以为自己知道孩子的阅读偏好。

最后,要增加亲子共同阅读时间。父母除了要以身作则树立榜样之外,还要主动参与儿童的数字化阅读。在学校的课堂教学中,教师对儿童的阅读行为进行指导,更多的是基于大规模的、普遍性的儿童特征开展的,很难做到对每个儿童的精准化设计与长时间的阅读陪伴,因此亲子阅读显得尤为重要。虽然很多家长已经意识到阅读对儿童发展的重要性,但是由于自身能力有限不能进行有效的指导。家长要想规范儿童的阅读行为,首先自身要具有一定的阅读素养,通过积极参加讲座、培训等活动来提升自己的阅读能力,同时还要具备良好的信息素养,要能够甄别出高质量的网络阅读资源,扮演好引导者的角色。

在家庭教育中,父母要积极开展亲子阅读活动,保证有足够的时间全程参与其中,最好不要因为工作等事情突然打断,这样会使阅读效果大大降低。在开展亲子阅读初期,可能会出现孩子注意力不集中、读不懂故事等问题,家长一定要有耐心,慢慢引导,不能出现任何不耐烦的语言和表情,孩子的注意力和阅读理解能力都是在不断学习中进步的,绝对不是一蹴而就的。在读完文章以后要进行沟通,家长不仅仅要读懂故事本身,更要引导儿童读懂故事背后的含义,还要通过交流阅读感受了解儿童是如何看待这个世界的,当儿童出现不正确的认知时要及时纠正。

(2)构建正向的学校数字化阅读环境

创设良好的校园环境,培养儿童的数字媒体阅读兴趣。首先是学校相关硬件环境的建设,学校可开辟电子阅览室、图书角等为儿童创造良好的阅读空间,保证儿童在想要读书时可以有书可读。要根据儿童的身体发育情况来设计阅读区域的相关硬件设施,例如阅读区域中书柜的高度,书桌的高度,椅子的高度、舒适度等,保证儿童在想要读书的时候可以快速方便地拿到书。在阅读区域适当摆放儿童感兴趣的小摆件、植物盆栽等物品,通过间接的物体吸引其到阅读区域,提高儿童进行阅读的可能性。学校通过硬件环境的建设,能够为儿童创造一个良好的阅读氛围,让他们身处一个充满书香气息的校园。其次就是软件方面的建设,教师平日里要多读书读好书,儿童的模仿能力是很强的,教师的日常行为会悄无声息地影响学生的认知,教师要为学生树立一个良好的榜样。学校还要保证每周都有专门的时间是留给学生进行自由阅读的,每周的重复阅读会让学生养成良好的习惯。学校还要开发相应的数字资源库,为学生的数字化阅读提供基础,一定要认真把关资源库的质量,挑选真正适合儿童认知发展的高质量阅读材料。硬件建设和软件建设共同发挥作用,可为学生的数字化阅读营造氛围,提高学生的阅读兴趣。

逐步把数字媒体阅读素养教育融入学校课程之中。当前,教育研究者对儿童的数字化阅读素养、媒介素养等相关研究的关注度越来越高,现代社会的发展对学生的信息素养、媒介素养等提出了更高的要求。我国也出台了相应规章制度,无论是《基础教育课程改革纲要(试行)》中"知识与技能、过程与方法、情感态度与价值观"三位一体的课程标准,还是《中小学信息技术课程指导纲要(试行)》中明确规定的"教育学生正确认识和理解与信息技术相关的文化、伦理和社会等问题,负责任地使用信息技术;培养学生良好的信息素养,把信息技术作为支持终身学习和合作学习的手段,为适应信息社会的学习、工作和生活打下必要的基础",都反映了国家对儿童的媒介素养、数字化阅读素养的重视。但仅仅靠出台相关文件政策是远远不够的,必须将其落实到具体的学校教育与课堂教学中。校方可以根据儿童的年龄、身心发展水平、认知发展水平等引入一些数字化阅读资源及平台,需要注意的是这些资源一定要经过专业教师的把关,多多引进高质量的阅读材料。在引入阅读材料之后,学校首先开设相关的课程服务,教给学生正确健康的阅读方法,逐步带领他们培养自己的阅读习惯,等到学生具有一定的阅读能力之后,可以尝试让其有意识地调控自己的阅读策略,使学生成为阅读的主导者,进一步提升其阅读素养。

应注重家校合作,共同促进儿童数字化阅读能力的提升。学校教育的实施,离不开与家长的合作沟通,社会、学校、家庭要共同关注,一起承担责任,为儿童的健康成长提供保障机制。儿童数字化阅读的有效开展不能只靠教师孤军奋战,实施课堂阅读教学只是其中一部分,还要和家庭做好对接,形成合力,共同构建儿童快乐阅读的大环境。家长要主动了解儿童在学校的学习情况,教师也要及时把儿童在校表现告诉家长,达到双向互动。现代信息技术为家校合作提供了便利条件,教师和家长可以通过网络随时进行沟通,及时解决问题。教师通过在家长微信群中分享文章、邀请专家开展讲座、开展亲子活动等形式,让家长形成先进的阅读理念,掌握有效的阅读方法,意识到阅读对儿童身心发展的重要性。教师还可以合理地利用新媒体开发和家长专属的交流平台,利用网络的优势弥补现实环境的不足,在平台中记录班里每个学生的成长,完善班级网络空间。家长在网络平台中可以了解儿童的阅读爱好、阅读习惯等,据此来调整自己的指导方法。利用现代媒体技术促进家校合作,形成教育合力,为儿童的数字化阅读创造空间。

(3)构建正向的社会数字化阅读环境

一要健全体制机制,净化阅读环境。政府作为传播公共文化服务的主导力量,要起到掌握大局的作用,通过出台全国性和地方性相关政策来促进全民阅读活动的开展。2016年12月,国家新闻出版广电总局发布了《全民阅读"十三五"时期发展规划》,提出建立全民阅读长效机制,制定《全民阅读促进条例》,"规范政府责任,保障公民基本阅读权利","到2020年,推动全国所有省(自治区、直辖市)出台本地的全民阅读地方性法规、地方政府规章及政策性文件等"。国家通过出台全民阅读的相关政策鼓励人民参与阅读。同时也要加强对阅读内容的监管,政府成立专项部门把关阅读质量,积极推进网络阅读实名制,严厉打击传播低俗、有损国家形象、与社会主义核心价值观相悖等内容的违法行为,及时遏制网上有害信息的传播。进一步加强相关法律的建设,通过法律手段约束人们的行为,净化网络空间,为儿童开展数字化阅读创造一个健康的网络环境。

二要加强数字图书馆建设。政府要重视社区图书馆的建设,加大硬件设施及软件资源的投入,合理配置资源,构建公共图书馆服务体系,实现各地区公共图书馆的资源共享,缩小地区差异,不断完善乡、镇和社区内图书馆的建设,逐渐丰富馆内资源。社区图书馆是在日常生活中儿童常去的地方,一般放学后或者周末在社区图书馆都能见到各个年龄段的儿童,要充分利用这个机会加强对儿童数字化阅读的教育。现在,我国某些图书馆的开放对象还是以成人阅读者为主,馆内缺少专门的儿童活动区域,图书馆要主动加强对儿童的服务意识,取消儿童进入门槛,鼓励儿童在家长的陪同下进入图书馆,开启亲子共读活动。图书馆不仅仅要提供阅读区域,还可以开发专门的儿童活动场所,实现多功能一体馆的开发模式。图书馆可以联合当地的少年宫、科技馆一起开展阅读活动,通过这种方式调动儿童阅读的积极性,提升阅读兴趣,让更多的家长与儿童参与其中,儿童在爱上阅读的同时,还可以增进与父母之间的感情。图书馆的管理与建设离不开图书馆工作人员的共同努力,要注重加强图书馆工作人员的专业素养与服务理念,工作人员要不断提高自身的教育理念与信息素养以满足儿童阅读的要求。工作人员要了解儿童的心理特征与认知发展水平,为儿童推荐合适的书目,当儿童在阅读中遇到困难时,要耐心解决。社区图书馆要注重与社会、学校、家庭建立合作,共同努力,构建良好的阅读氛围,促进儿童的健康成长。

政府有责任与义务创设优质的网络资源以供全民共享,要大力扶持数字阅读资源开发者。在数字化时代,政府首先要积极组织并引导相关研发者开发优质的儿童数字化阅读资源与平台,鼓励开发人员对优秀传统文化的数字化资源转化。其次,政府要做好对数字化资源的管理工作,组织相关人员进行记录与归档,还要及时更新替换,做好数字化资源的检索工作,保证优质资源能够被有效利用。政府在鼓励优质网络资源开发的同时,要注意筛选出高质量易操作的平台与资源库,对这些平台进行宣传与推广。创新推广理论提出,一项新事物的推广过程共包括五个阶段:通过接触获知如何运作的阶段、态度认可的说服阶段、确定采用的决策阶段、实地投入实施的运用阶段、强化并不断调整的确认阶段。假如人们对优质资源库的情况一无所知,就谈不上推广了,所以政府要利用社会媒体的力量,让大众有机会了解优质的网络资源平台,之后再进行大面积推广。政府在进行优质网络资源的推广时,一定要提前了解大众的需求,有需求才有市场,要告知他们基本的操作方法,让大众主动感知并体验其优势。还可以通过品牌效应、名人效应等形式达到最佳的推广效果。

(4)开展形式多样的数字化阅读活动

形式多样的阅读活动有助于提高儿童的阅读兴趣,培养良好的阅读习惯。开展活动能增强师生、生生、父母与子女、学生与陌生人之间的交流互动,更能让学生增长知识开阔视野,在潜移默化中学习文化知识,有助于学生塑造健康人格。阅读活动的形式是多种多样的,例如举办故事会、朗读比赛、读书聚会等,可增强学生之间的交流互动,营造一种共同阅读的氛围。活动中可以邀请儿童阅读专家进行指导评价,及时纠正学生不良的阅读习惯,通过与专家的交流获得更加专业的阅读方法,促进后续阅读活动的高效开展。

还要经常开展与儿童创造力相关的活动,例如制作属于自己的手绘本、电子报纸等,可以让儿童在创作中进行自主阅读,找到阅读的乐趣。在制作手绘本的过程中提升儿童的阅读能力与动手能力,首先让儿童进行大量相关主题文章的阅读,从中找到适合自己所选主题的相关材料,培养儿童的信息搜索能力;其次让儿童对所选材料内容进行总结归纳,梳理出富有特色的阅读主题,提升其阅读能力与归类分析能力;最后进行排版美化等工作,让儿童把自己的想法展示出来,通过一系列的操作制作一本手绘本。在整个过程中,儿童综合运用各种能力合作完成作品,不仅仅是参与者,更是创造者。

(5)注重数字化阅读评价的多元化

儿童是不断发展变化的人,是不断成长的人,其通过各种各样的活动不断地完善自己,因此儿童的发展是一个动态的过程。科学有效的阅读活动不仅仅要有明确的阅读目标,对阅读方法进行指导,更重要的是要关注学生的阅读过程,并且注重阅读效果的评估与反馈。在当前这个信息发达的时代,借助媒体技术可以让阅读交流与评价变得更加高效便捷,而且还能对学生的阅读情况进行及时反馈。在关注学生个性发展的背景下,多种形式相结合的评价方式显得尤为重要,评价主体应该涵盖学生本人、同学、家长、教师等,促使评价主体多元化发展,让他们参与评价指标的确立、评价方法的选取等整个评价活动。

评价可以借助现代信息技术,打破传统档案袋评定的方式,拓宽评价收集的渠道,比如:①电子档案。电子档案是指以文件夹的形式保存数字化环境下儿童的相关阅读信息,如课程、作业、测试、讨论等过程中产生的信息,以此来评估儿童的能力发展和成就水平,它可以很好地对儿童的阅读过程开展评价,更在存储、检索、共享、修改等方面具有优势。②数字化录像技术。借助数字化录像技术,能将儿童阅读全程拍摄下来,为评价提供最真实的情境依据。③借助当代大数据技术,提供个性化的阅读证据。如网络教学平台常可提供儿童的登录情况、学习进度等;在线系统可以捕捉儿童的投入时间和他们解决问题的次序、利用的知识以及策略。评价材料收集渠道增多的同时评价材料类型也增多,收集到的学习者学习活动的要素增多,而这无疑提高了过程性评价的效度和信度[①]。

---

① 尹国强. 儿童数字化阅读研究. 重庆:西南大学,2017.

5 儿童数字媒体阅读设计与开发

　　良好的数字媒体设计是数字媒体受欢迎的基础,数字媒体产业发展也会受到相关理论的影响,应从儿童阅读的视角精选相关理论进行分析解读,不断提升人们对儿童数字媒体设计与开发的理解。本章介绍了数字化阅读的相关理论,即使用与满足理论、阅读动机理论、技术接受模型、皮亚杰儿童发展理论,以及现阶段较为热门的关联主义理论和沉浸理论,梳理了数字化阅读的影响因素,并且提出了数字化阅读的设计原则。

5.1 儿童数字阅读媒体设计

　　《中国未成年人互联网运用和阅读实践报告(2017—2018)》显示,当前互联网在未成年人的学习和生活中的普及率达到 98.1%,28% 的未成年人在七岁以前就有了上网意识。报告还显示,近一半的未成年人使用互联网在线学习,85.2% 的未成年人以互联网辅助学习,主要用互联网查找资料、扩展知识和上课外网课等。数据显示,互联网上的学习的确能提升未成年人的学习效率和学习效果,超过一半的学习者认为,获取知识变得容易了,比较方便,还能通过网络让自己学习技能,自己解决问题。2017 年 4 月 14 日,中国数字阅读大会在杭州召开;北京市教育资源网、广州市教育科研网等几十家教育城域网建立了数字图书馆;北京大学附属中学、中国人民大学附属中学等 2000 多所中小学也建设了自己的数字图书馆。可以看出数字媒体阅读是未来阅读发展的趋向,数字媒体阅读设计成了数字媒体发展的重要方向。

5.1.1 数字化阅读理论基础

(1)使用与满足理论

　　使用与满足理论是传播学里面常用的理论,数字化阅读从某种意义上来说不仅仅是阅读发展的体现,还是媒体扩展的体现。使用与满足理论以用户为中心来分析问题,通过分析对媒体的使用动机和获得需求衡量大众传媒给人类带来的心理和行为上的效用。数字化阅读应当以读者为中心,以是否满足对象的使用需求为决策遵循,这个与传统传播媒体不同,前者更加强调对象的能动性,以读者的眼光看待所传播内容的有效度。

　　卡茨于 1959 年进行使用与满足研究,1974 年提出使用与满足的七条定义,认为服务对象在某一个媒介中获得一定的满足,而后又对该媒介有更深的依赖和追求。[①] 使用与满足理论有五个基本假设,受众与媒介发生一定的联系后受众会得到满足。所以使用与传播理论要求我们在数字化阅读发展的过程中了解读者的年龄特点,掌握读者的真正需求,再根据传播内容的特点选择有效的传播方式,实现较高的传播率和到达率,促进数字化阅读的优化发展。

(2)阅读动机理论

动机本身是属于心理学研究范畴的,动机是指促使人从事某种活动的动力和推力,在心理学上一般会认为涉及行为的发端、方向、强度和持续性。动机的产生因素除了内部的需要,也有外部的诱因,主要包括内部的兴趣、需要和同辈压力、达到的目标、责任等。任何行为和思想都有动机,有目的,有想要达到的目标,因此有阅读动机。

阅读动机是动机里小的分支,是支持大众阅读的推力,也是人们坚持阅读的动力。阅读动机和动机一样,有主动的阅读动机和被动的阅读动机,有远景的阅读动机和近景的阅读动机等。曾祥芹在《阅读学原理》里面提出了具体的分类,例如,主动的阅读动机来自读者内心真实的兴趣和自身的需要,如读者本身想要提高自己的审美,丰富精神生活;被动阅读动机来自读者的外部压力,如某种学业或者课业任务、求职考试或者毕业要求等。[②] 动机要求做出某种行为,阅读行为与阅读动机有着密切的联系。当然必须提的是,动机是行为开始的前提,但并不是唯一的影响因素,学生的学习能力和阅读态度,都会影响行为。

(3)技术接受模型

戴维斯 1989 年提出的技术接受模型(technology acceptance model,TAM),是从客观角度,以理性行为理论为基础研究人接受新事物的一个模型。这个模型主要有两个方面的解释维度,分别是感知有用性和感知易用性,主要对计算机扩散的接受程度解释说明。[③] 感知有用性是指使用某个方式或者工具能够对自己起到作用的程度,感知易用性是指对象认为的使用一个工具的容易程度,两者缺一不可。

感知有用性比感知易用性更能够影响人的行为举止。通俗来讲,一个新的技术或者新工具产生,它的有用性是首先要考虑的问题,如果对于大部分人来说并没有多大的意义,那么就算感知易用性再高,也得不到普及。当然,若一项研究对于人们的工作或者学习有很大的进步意义,那么方法总比困难多,人们会解决一些问题,努力学习。其次才会考虑易用性。数字阅读对学生的阅读和学习都起到了提高作用。不仅如此,方便易取、内存量大等特点证明,数字阅读产品不仅仅感知有用性较高,感知易用性也较高。

(4)皮亚杰儿童发展理论

皮亚杰将儿童心理发展阶段分为感知运算阶段、前运算阶段、具体运算阶段和形式运算

---

① 展宁.伊莱休·卡茨与大众传播研究:半个多世纪的学术演变.新闻与传播研究,2020,27(10):5-22,126.

② 曾祥芹. 阅读学原理. 郑州:河南教育出版社, 1992:342-370.

③ 翟青竹. 基于使用与满足理论的大学生数字媒介阅读研究.合肥:安徽大学,2012.

阶段。感知运算阶段划分为六个分阶段:反射练习期、初步适应和初步循环反应出现的时期、意向行为的形成时期、格式的初步联系运用时期、通过积极的尝试创造新的格式和通过心理组合创造新的格式。在感知运算阶段儿童主要通过探索感知觉与运动之间的关系来获得动作经验,例如手指抓取和吸吮动作是他们接触世界的主要方式,在这一阶段渐渐获得客体永恒性;前运算阶段已经具有符号功能,能够用语言或者较为抽象的符号来表达他们经历过的事物,具有"泛灵论"特点,在思维方面存在以自我为中心的特点,具有不可逆性和刻板性;具体运算阶段是在儿童的 7 到 11 岁,儿童的认知结构发生了重组和改造,思维具有一定的弹性,可逆转,能够凭借具体事务或从具体事物中获得表象进行逻辑思维和群集运算,但是不能进行抽象运算,并且这一阶段的儿童思维能够去集中化;形式运算阶段儿童思维的发展水平接近于一个成人,不再刻板地恪守规则。四个阶段不可跳序,但出现的年龄因人而异,每个阶段独立发展,前一阶段是后一阶段的基础。

由皮亚杰提出的儿童发展阶段可知,儿童的发展是一个儿童与环境交互的过程中自主建构的过程,儿童在与环境交互的过程中建构自己的知识体系,不断适应环境,其中包括图式、同化、顺应和平衡四个阶段。图式就是儿童在一开始的认知交互过程中形成的认知结构,同化是儿童在原有的图式基础上不断地把新的刺激纳入已有的认知结构中,是图式发生量变的过程;顺应是儿童改变原有的认知结构形成新的图式来容纳新的刺激的过程,是质变的过程;平衡是同化和顺应的平衡。儿童的发展就是在原有的简单图式的基础上,通过不断的同化顺应,构建和完善知识结构,不断从低级到高级发展。

(5)沉浸理论

沉浸理论由契克森米哈赖(Csikszentmihalyi)首次提出,属于认知心理学,也称为心流理论。沉浸理论强调挑战和技巧的平衡,认为读者只有在面对的挑战和已有的技巧处于平衡状态时,才更可能全身心投入任务之中。这一点与通俗意义上的维果茨基的最近发展区的意思相近。面临的挑战若远远大于读者掌握的技巧或者挑战过于简单,则都不是平衡的状态。有人建议在学习第二语言的一开始忘掉强烈的学习目的,最大限度忘掉自己的母语,在自然轻松的状态下习得第二语言。沉浸式阅读在数字化阅读中的体现与我们通常所说的"废寝忘食"的境界差不多,读者在专注地进行阅读时,丰富的资源和作者最原始的情感让读者沉浸其中,时间在不知不觉中过去读者也并不觉得疲惫,这是一种专注的状态。

随着科技的发展,基于计算机的网络学习环境为全民阅读和众生阅读提供了可能,沉浸理论逐渐深入人机交互的过程中。就现在的虚拟现实的阅读方式而言,阅读平台打造了一个书中的世界,儿童在阅读的过程中身临其境,沉浸理论在其中的指导作用是不可磨灭的。陶明华等人以沉浸理论为指导基础,提出了虚拟学习环境的关键要素——监视、分析、反馈等,让学习者在学习中集中注意力。[①] 沉浸理论包括几个主要的因素:目标、反馈、挑战和技巧、行动、专心、目的性、不怕失败、忘记时间、忘我等。阅读者要进入沉浸的状态,那么其自身要有较强的内部动机和想要完成的目标,同时在阅读学习过程中能够及时反馈,体验专心

---

① 陶明华,王斌.沉浸理论在虚拟学习环境设计中的应用.中国教育信息化,2009(17):69-72.

带来的满足感和充实感。

沉浸理论逐渐出现很多细分——沉浸式体验、沉浸式传播、沉浸式互动传播,随着网络的盛行,出现了沉浸式虚拟交互,沉浸理论在数字化学习和数字阅读中的作用也越来越明确。沉浸是一种注意力高度集中的状态,在这种情况下儿童在数字化阅读平台中,通过与网络平台建立联系,需要的学习资料可随时获得,更容易进行深度学习,激发内在的阅读动力,单纯地做自己想做的事,沉浸但不上瘾。与此同时,儿童的阅读能力与阅读技巧的提升,对于适应其成长过程遇到的挑战具有积极作用。

(6)关联主义理论

在网络线上学习迅速发展的基础上关联主义理论受到研究人员的广泛关注,这是一个新的学习理论,与传统的学习理论相比,更加强调网络环境下学习的发生。Siemens 和 Downes 在 2005 年提出关联主义[1],2008 年他们举办了连接主义和连接知识研讨会,最开始得到了医学教育者的注意,在课程学习和实践操作中具有一定的实际意义。但是由于缺乏大量实证研究,并且是在网络学习中的理论,受到很多质疑。

关联主义认为学习者参与一定的团体活动激发知识的时候,学习就已经发生了,参与学习的结果就是成员之间的对话和影响。关联主义更看重的是学习者获取信息,并且对信息做出分析评估,剔除次要的无关干扰信息,合理利用所提供的信息,最后根据信息做出反应和决策的能力。联结主义认为知识和学习知识是广泛分布的,即他们不存在于任何给定的地方,而由个人、社会组织和连接他们的技术之间的经验和互动形成网络[2],知识是一个个节点,而两个或两个以上的节点就构成了网络或网格。在网络中,知识动态流动,而学习的过程就是在网络构成的基础上遍历的过程。我们的思想是一个网络、一个生态,单个知识点分布在整个实体中,而不是完全位于一个集体区域。

以皮亚杰等人为代表的认知主义将知识看成是图式,认为学习是图式的变化,是学习者内部的意义建构;而关联主义认为,建构并不一定发生,而连接联系一定会发生,它是认知主体将知识的实质视为次符号所产生的对客体的认识和理解。

同建构主义一样,关联主义理论也强调学习情景的作用。专业化的数字化阅读平台,就像是一个阅读共同体,懂知识、会阅读的人是其中一个个节点,但是我们也要对网络资源进行批判性、选择性继承,学会归属分类,利用网络平台的便捷构建更加灵活生动的学习环境。关联主义为数字化阅读平台和研究数字化阅读提供了一个新的理论视角,让我们重新定义知识和学习知识,在网络这个大网格中,无数个知识节点等着我们。

---

① 转引自:冯锐,李亚娇.关联主义视角下学习型社交网站的构建.远程教育杂志,2013,31(3):10-16.

② 金婧,冯锐.基于关联主义的网络学习环境设计探讨.远程教育杂志,2008(6):53-56.

5.1.2 儿童数字媒体阅读影响因素

(1)儿童的认知结构

儿童具有可塑性,儿童的认知是有局限的。

维果茨基提出的最近发展区,即认为学生的发展有两种水平:一种是学生的现有水平,指独立活动时所能达到的解决问题的水平;另一种是学生可能的发展水平,也就是通过教学所获得的潜力。两者之间的差异就是最近发展区。

阅读者开始阅读时都不是大脑一片空白的,他们之前无论获得的是正确的经验还是错误的经验,都是原有的知识基础。数字化阅读为学生提供了更丰富的阅读资源,而阅读内容要符合儿童认知顺序。也就是按照儿童的身心发展规律,为儿童准备先行材料,达到儿童的最近发展区,再进一步提高难度激发其主观能动性,使儿童自主超越现处发展区从而达到下一发展区,这样不断进步。

布鲁纳认为,学习是一种有意义的活动,使学生能够独立思考,形成认知结构,在学习过程中对新信息的获得、转化、评价这三个过程不断发生,不断地重构知识。儿童阅读的过程就是学习知识、了解世界的过程,数字媒体阅读的方式为儿童阅读提供了新的载体,使获取知识、更新自身"数据库"效率更高。儿童的认知结构直接影响对数字媒体阅读平台的选择,数字媒体阅读的方式也影响儿童的认知结构。

(2)家长的选择

在数字化阅读平台的选择方面,家长具有最终选择权甚至决定权,所以家长的选择就显得尤为重要了。很多家长为了给孩子提供更加丰富的学习资源,为孩子买了很多课程资源,这样反而可能造成孩子负担过重对学习失去信心,事倍功半。家长必须明白的是,给儿童呈现什么,儿童就会收到什么样的熏陶,所以家长必须根据儿童自身的兴趣和学习能力,为儿童选择合适的数字化阅读资源。但是问题又出现了,家长该如何选择呢?首先家长可询问老师或者问孩子自己的想法是什么,并在使用的过程中了解孩子的学习习惯。在小学阶段更重要的是培养孩子的阅读习惯和学习态度,并不是孩子提升成绩。

但不得不强调的是,一些家长对于网络安全的抵制也是不科学的。我们已经进入信息社会,完全不接触网络信息和网络信息技术,对儿童的成长来说,也是一种缺失。中国儿童少年基金会发布的《新时代女童及家庭网络素养调研报告》(2018)显示,我国儿童首次接触互联网年龄普遍集中在 6 至 10 岁,所以不如教会儿童如何正确健康地使用网络,这也是对家长、对学校的考验。《中国未成年人互联网运用和阅读实践报告(2017—2018)》显示,未成年人阅读呈现阅读量大、阅读工具多元、喜好图书类型广泛等特点,而这些特点在数字化阅读平台上基本都能够得到满足。此外,家长、亲戚、朋友对网络资源的使用态度等对未成年人的思想观念和道德观念的形成有重要的影响。家长应该发挥在未成年人知网、用网中的启蒙作用,对儿童网络阅读把关。儿童还处于成长期,往往心智不成熟而无法更好地选择健康有用的图书,所以家长不能任由儿童漫无目的地选择图书,而应做儿童信赖的导师。

（3）学校的相关教育与引导

随着"互联网＋教育"的推进,网络不断地融入教育学习与阅读中。将现有的教学视频、图书等,利用现代信息技术和互联网平台,进行重新整合,重新编排,创作具有学校特色的校本课程,是现在几乎每个学校呼吁的目标。阅读是学习的基础,学校是儿童阅读的主要场所。在学校,阅读是基本的教学内容,阅读什么样的书,怎么选择书是学校应解答的问题。

很多学校都已经有数字化图书馆,学校会针对线上阅读平台设置相应的线下阅读课程,这是学校向学生输入数字化思想的第一步。学校提供的数字化阅读资源,经过学校教师和专家审核,更具有代表性,学生的选择更具有针对性,家长也能够和学校更有效地合作,合力为学生创造更好的数字化阅读环境。同时要注意引导学生控制用网时间,预防电子产品对身体的伤害。应该培养学生正确的上网意识和安全意识,使其树立正确的网络思维以更好地使用资源平台。应利用好校园网,加强资源整合,建立网络教师队伍,鼓励师生联合创作优质网络文化产品,创造风清气正的网络环境。

（4）数字阅读产品的艺术设计

产品总是包含艺术的创作,一首歌是一个产品,其中有不同声部的搭配、不同乐器的合作;情节、服装和妆容等共同构成了电影、电视剧产品;建筑中,外观的构造设计和内部的统一和谐构成建筑艺术作品。好的艺术作品更容易被大众接受,好的艺术设计往往无法被超越,好的艺术作品能够在潜移默化中让学生掌握知识,扩大学生的知识面。韩帅等人编著的《数字阅读产品设计与开发》提出,大多数情况下,计算机本身并没有艺术创作的技能,而是计算机作为强大的辅助手段,帮助人们进行艺术创作。[①]

计算机的智能能够让人们打破传统阅读的壁垒,不再是机械地从上到下地阅读。真正的数字阅读往往穿插一定交互元素,故事不再是平铺直叙的,也不再是作者一个人的艺术。一些连载的小说甚至会根据读者的反馈和要求书写后面的剧情,读者参与小说写作,创作任务角色,既有参与感又有阅读的体验感。无论是历史题材还是现代文中的故事,都是在一定的背景下发生的,就算是诗歌也不例外,那么怎样交代故事发生的特定背景就成为一种情景化的设计。不仅仅在叙事之前要有情景化设计,在叙事的过程中,也要有情景化的设计,否则读者就很难深入融进故事内容。但是交互的频率不能太高,否则就会破坏故事结构或造成情感的脱节。电子游戏中的交互设计相对来说比较成功,但是一般的游戏并不兼具教育意义,交互太过频繁,怎样将叙事和交互相融合并不冲突是现在的突破点。现在有很多电子书的 App,但是有些电子书阅读软件仅仅有书签等按钮,无法激发学生使用数字阅读的兴趣,所以交互的数量和质量都要严格把关。

---

①　韩帅,赵宁. 数字阅读产品设计与开发.北京:中国传媒大学出版社,2016:14-40.

5.1.3　儿童数字阅读产品设计原则

(1)简约易懂且有趣味性

儿童读者是一群特殊的读者,他们具有思维跳跃,想象力丰富,注意力集中时间有限,知识经验不足等特点,学龄前儿童的认字和理解能力都有局限性,所以设计数字化阅读产品要从学生的角度来看知识的呈现方式。韩静华等人总结了现有的儿童数字化阅读设计界面的风格,分别是简洁平面型、真实模拟型和艺术绘画型。[①] 故事内容很重要,呈现方法也很重要。简单易懂不单指阅读内容简单易懂符合学生的认知经验,操作也要简单易懂,通过简单的操作达到较强的互动性是应达到的目标。

简约而不简单。简约是一种清爽的风格,却不失趣味性。比如安卓系统的"儿童宝贝数字乐园",这个软件主要帮助学会儿童数数、认识数字、写数字。打开首页就能看到"认数字""打地鼠""数西瓜""找数字"四种游戏,每一种游戏锻炼儿童不同的能力,每一种游戏锻炼不同的能力,所有的游戏规则都很清楚,儿童甚至可自己做练习。此外右上角还有音乐标识,点击会出现轻松欢快的音乐和可爱的指导儿童的声音。界面虽简约,却能调动儿童的多个感官,在使儿童掌握知识的同时激发儿童学习的兴趣。

根据迈耶提出的多媒体学习的设计原则,一致性原则是指无关材料被排除时,儿童学得更好(少就是多),太多的"花边材料"可能会导致儿童注意力分散,不利于儿童阅读习惯的培养,有趣但无关的词语画面和有趣但无关紧要的声音材料或音乐都属于无关材料。冗余原则是指动画加解说好于动画加解说加文本。这些都表明并不是越多越好,而应基于一定的目的,在有需要的地方加上激发儿童阅读兴趣的多媒体材料。

(2)有互动连贯性

在日常生活中,向别人转述事情的过程就是叙事的过程,但是有时会被别人打断提问,而回答完继续叙事。这样的简单过程在阅读上也会发生,所以我们设计数字阅读产品的时候应该注意叙事是否完整。与儿童读者的互动会激发儿童的阅读兴趣和阅读意识。很多数字阅读产品会通过简单的按键实现弱交互,让儿童跟随指令,选择不一样的场景和故事背景。在交互的过程中加深儿童的体验感,使其有更强的代入感。

在不断互动中怎样不打断故事情节和情感的衔接是创作者和开发者必须考虑的问题,否则就会事倍功半。交互对故事结构的破坏会影响整个艺术结构。数字媒体阅读说到底也是阅读,应以阅读为核心,交互只是一种特点或者一种辅助手段,并不能以互动为重点,而应详略得当。

(3)有游戏性、教育性

柏拉图提出寓教育于游戏,认为应从儿童的天性——爱玩的角度对儿童进行有效教育

---

① 韩静华,马丽莉.儿童数字读物的界面设计风格探析.包装工程,2014(20):83-86.

引领,游戏的过程也是对儿童进行教育的过程,在这过程中能够真实地了解儿童。数字阅读超越传统纸质阅读,给学生呈现了更加鲜活的世界,让儿童以一种自己喜欢的方式接受知识。像上面介绍过的"儿童宝贝数字乐园"中,儿童通过对冒上来的泡泡快速选择正确的数字,锻炼反应能力和选择能力,以不同的方式全面了解数字,甚至简单的数字加减法。这不仅具有游戏性而且具有教育性。数字媒体阅读以阅读为核心,激发儿童阅读兴趣,培养其良好的阅读习惯。

其实洛扎诺夫的暗示教学法也强调了学习应该在一个比较轻松的环境下进行,认为在教学时可以通过唱歌、角色扮演、对话、表演的形式营造一种轻松的学习氛围,使得有意识和无意识统一、理智与情感统一,消除紧张心理,将更多的注意力转移到知识本身。对于儿童来说,轻松的学习环境是游戏环境,在游戏的氛围中,能够集中注意力于游戏规则,在潜移默化中接受知识。

5.2 儿童数字媒体阅读设计影响因素

阅读方式的改变对儿童情感上的共鸣是否会有影响,丰富的交互行为对所叙述的故事的连贯性是否有影响等,这些都是数字化阅读设计必须考虑的问题。姜海等人认为增强的体验感对读者的阅读动机等情感因素会产生一定的影响[①]。在数字化阅读过程中儿童的体验感与创造力、交互和阅读意义的变化,从纸媒到屏媒的变化带来的情感变化值得我们深思。

5.2.1 数字交互与儿童阅读情感

儿童的读物从一开始的纸质书到扫描的电子书,再到加入互动小游戏和音乐、视频的电子书,经过逐步发展,现在的儿童数字化阅读加深了互动,儿童参与故事情节的发展,他们不再只是单纯地接受,还参与交流。现有的数字阅读平台利用丰富的阅读资源和先进的信息技术,增强儿童视觉、听觉、触觉等感官体验。例如,现有的科学技术能够通过扫描学生的画,让静止的画瞬间充满生命力。各种触控等交互方式带来的参与感,增加了学生的阅读兴趣。但是阅读媒介的变化带来的影响有积极的也有消极的。过多的交互容易使学生的注意力集中在交互手段上,而忽略了阅读本身。阅读是一个沉浸的过程,若不断地交互,则儿童的兴奋点会起伏变化,儿童很难真正静下心来走进故事本身,思考背后的故事,碎片化的阅读让儿童没有办法进行深度阅读和阅读后的思考。数字化阅读的这种快阅读方式使资源获取特别容易,容易使儿童选择混乱。所以适度的交互能够让儿童集中注意力,但是不能为了互动而互动,打破故事完整性,也不能过多交互,而应让儿童集中沉浸在阅读内容本身。盛歆漪等人在分析了各种交互特点的基础上提出儿童交互绘本的设计者应该了解儿童成长环

---

① 姜海,王珏殷.虚拟现实技术下数字化阅读的沉浸传播研究.中国出版,2016(17):42-45.

境变化带来的本质需求。[①]

李琳娜等人基于文献分析,从阅读偏好的角度提出未来的电子设备和应用程序需要提升数字阅读的审美体验,图形和某些物理属性会引起读者的阅读兴趣。[②]很多公司为了追求纸质阅读的感觉,创新阅读平台,设计与纸质阅读相同的阅读效果,有些阅读软件能够模仿纸质阅读时翻页的声音。数字化阅读的优点显而易见,但是传统的纸质阅读并不会消失,因为读者在捧着书阅读的过程中,会有更加真实的感受,能够在浓浓的书香中感受文章的情义。这也是数字化阅读设计应该要注意到的创新点。

5.2.2 数字阅读与儿童社会发展

儿童数字阅读平台的受众是儿童,所以儿童的认知特点和阅读偏好是数字阅读设计与开发的重要依据。儿童认识世界的途径有限,所以对社会的认识和社会责任感大多来源于书本,儿童阅读的过程也是个性化和社会化的过程。儿童的发展可简单分为个体发展和社会发展。数字化阅读对儿童的个体发展在"数字"和"阅读"两个方面有着不同的特色。很多人说千禧年之后出生的儿童是数字时代的"土著居民",他们对数字、网络有天然的亲切感,互联网对青少年的认知过程、学习等方面有着非常重要的影响[③]。儿童阅读是接触与认识世界的过程,儿童在阅读的过程中,认识不同的人物,了解不一样的观点,培养正确的价值观。良好的读书习惯有助于培养儿童的思考能力。

儿童的社会化发展是接受社会、融入社会的前提条件,从阅读的过程来看,数字化阅读更是培养社会意识感和社会责任感的"活水源头"。王佑镁从社会化情绪、社会化关系、道德标准、自我意识、同伴关系五个方面分析了数字化阅读对未成年人社会性发展的影响,发现数字化阅读有利于培养未成年人积极社会化情绪。[④]当前社会数字化阅读对儿童社会发展有着积极的推动作用,儿童数字发展同样也会促进儿童数字化阅读能力的发展,儿童在与同伴交流等过程中获取信息材料,可得到进一步发展。

5.2.3 数字化阅读与亲子阅读

数字化阅读发展带来的便捷已经快让人们忘了数字化阅读的初衷。数字化阅读具有互动性强、内容丰富、阅读方便等优势,但是数字化阅读无法代替亲子阅读。很多家长把数字化阅读带来的便捷粗略理解为让儿童自己理解,自己沉浸在数字化平台中,探索阅读世界。在儿童的阅读中有主导权的主要还是父母,最后做决定的也是父母,所以儿童能看到的,都应是父母呈现给孩子的。吴瑶在论文中提到电子书中设计游戏的目的是将故事内容与环节

---

① 盛歆漪,胡心怡.数字时代下儿童交互绘本设计特点研究.装饰,2016(8):136-137.

② 李琳娜,马捷,潘逸尘.国外数字阅读与纸质阅读的比较研究——基于文献分析与述评.图书情报工作,2018(20):6-13.

③ 崔丽娟,王小晔.互联网对青少年心理发展影响研究综述.心理科学,2003(3):501-503.

④ 王佑镁.数字化阅读对未成年人社会性发展的影响研究.语文学习,2014(12):80.

结合,不应为了游戏而游戏,也不应因为游戏忽略阅读内容,互动是为了促进亲子阅读,但并不是取代家长,儿童在父母的掌控和陪伴下,数字阅读与亲子阅读可相得益彰。[①]

王李莹等人通过实证研究发现,57%的孩子需要家长的陪伴,其中 26.17%的孩子需要家长陪伴整个过程,提出家长对孩子阅读习惯的培养具有较强的干预性。[②] 亲子阅读被认为是与儿童语言、阅读能力发展息息相关的重要活动[③],也有实验证明,在有成人指导陪伴的情况下儿童能够获得更佳的学习效果[④]。许莹提出数字化阅读亲子互动的关系中儿童为主导,家长是儿童阅读行为的规范者。[⑤]

亲子阅读作为儿童学习的组成部分,是儿童生活的主要特点。父母和儿童共同关注一个点,一起讨论和交流,增加亲子感情的同时能够培养儿童正确的价值观。儿童早期阅读习惯的养成对于儿童以后任何一门学科的学习习惯都有很大的影响。还有很多研究证明,父母的文化水平对儿童的学习成绩有影响,但是不得不提的是父母文化水平不同带来的行为的不同对儿童学习成绩产生影响。亲子对话式的阅读在数字化阅读的时代应该得到更多的重视。在亲子阅读时,家长能够对儿童对故事的理解和评价进行表扬或纠正,帮助儿童将已有的知识经验与阅读内容进行连接,构建新的知识框架,引发儿童思考,例如,故事情节是如何发展的? 为什么这么发展? 叙事方法是什么? 作者有怎样的思想感情? 创作的背景是什么? 让儿童能够更多地参与阅读,只有进行有思考的阅读,才会达到更好的阅读效果。

5.2.4 阅读素养和数字化阅读素养

数字化真正意义上来说并不是把纸质读物扫描成电子书,和纸质书本一样,数字读物也有相应的审美和设计要求。很多产品冠以数字化阅读的名义,却没有任何创新和设计,没有统一的设计逻辑,字体字号粗制滥造,颜色排版搭配随意,为了交互而交互,虽然可能能够暂时吸引儿童注意力,但是无法培养儿童的审美和阅读素养,且阻碍了儿童阅读兴趣和阅读习惯的养成。侯石明提到审美的教育,认为儿童的审美可以从视觉欣赏来培养儿童自己的审美观,认为儿童阶段是培养审美观的关键时期。[⑥] 数字化阅读利用其自身的科学性,能够为不同读者提供个性化推荐方案,为读者提供更科学化的阅读体验和审美感受。例如,一些英语分级阅读线上产品能够根据学习者的阅读特性设计相应的阅读计划(后面会专门介绍一种阅读设计思路:分级阅读)。

刘晶晶等人提出了阅读素养的实践性、多元性和社会性,强调阅读能力是一种掌握阅读

① 吴瑶.儿童数字阅读变革与反思.中国出版,2016(2):40-44.

② 王李莹,曹颖.浅谈学前儿童数字读物开发.设计艺术研究,2014(5):31-35.

③ Murase T, Dale P S, Ogura T, et al. Mother-child conversation during joint picture book reading in Japan and the USA. First Language,2005(2):197-218.

④ Korat O, Levin I, Atishkin S, et al. E-book as facilitator of vocabulary acquisition:Support of adults, dynamic dictionary and static dictionary. Reading and Writing, 2014(4):613-629.

⑤ 许莹.数字环境下的阅读教育新模式——学前儿童电子书应用带来的启示.中国电化教育,2014(10):29-35.

⑥ 侯石明.数字艺术与手绘对儿童视觉审美影响的比较.美术大观,2013(11):147.

所需具备的基本特征,强调应用阅读的能力,并构建了小学语文阅读的阅读素养的三维要素空间,要素分别为阅读知识、阅读能力和阅读情志。[①] 一些学者从心理学的角度出发进行研究,认为阅读素养是读者在阅读文献时获取文献信息知识并创新的能力。[②] 有的研究者从阅读行为的角度出发进行研究,认为阅读素养是指个体运用识、记、读、说、思、写等方式对阅读材料进行阅读感知、阅读理解、阅读评鉴和阅读表达所需具备的知识、能力及品格的综合表现。[③] 宋乃庆等人构建了小学生背景测评框架,研究了小学生阅读素养及其背景因素,探讨了国家和社区、家庭、学校、课堂、学生特征与态度等因素。[④] 卞金华认为教师对学生阅读素养的提升具有不可替代的作用,教师能够在学生阅读的过程中指导学生调节阅读策略、阅读方法,这当中的引领作用是不能忽视的。[⑤] 教师指导不但可以直接影响学生的阅读素养,还可通过指导学生调整学习策略提升学生的阅读素养[⑥]。王洪明从英语阅读教学的角度进行研究,认为将互联网技术、先进的教学设施与阅读教学相结合对提高学生的英语阅读素养具有不可估量的作用。[⑦] 张金秀利用分级阅读系统,基于英语阅读素养理论框架,对初中生进行实证研究,发现分级阅读课程化有利于促进学生英语阅读素养提升。[⑧]

文化基础、自主发展和社会参与构成了学生的核心素养,包括人文科学、健康生活、实践创新,涵盖了生活学习的方方面面,而数字化阅读作为课堂外的一种盛行的阅读方式,能够避免以教师为中心的控制阅读内容的弊端,有利于实现核心素养和阅读素养的形成。赵霞通过研究提出,新时代对学生的要求是对信息能进行搜集、整合、应用与创新,这些能力的形成首先应该从培养青少年的阅读素养做起[⑨],强调数字化阅读是青少年必不可少的一种能力。王健等人认为儿童与青少年的阅读习惯有相承接的方面,从数字化阅读意识、数字化阅读能力和数字化阅读道德三个方面深度剖析数字化阅读素养的内涵。[⑩] 余闻婧认为学生数字化阅读素养主要有四个方面,分别是检索信息、推理信息、统整信息和评估信息,并在此基础上提出有效培养学生数字化阅读素养的措施。[⑪] 此外,李利芳从培养正确的阅读态度和阅读兴趣、甄选优质的阅读内容、有效结合数字化阅读和纸质阅读等方面分析了提高大学生的

---

　　① 刘晶晶,郭元祥.小学语文阅读素养:内涵、构成及测量.课程·教材·教法,2015,35(5):3-7.

　　② 陈峰烽.大学图书馆读者阅读素质教育研究.情报理论与实践,2005(5):502-505.

　　③ 罗士琰,宋乃庆,王雁玲.基于实证的小学语文阅读素养研究:内涵、价值及表现形式.中国教育学刊,2016,282(10):77-83.

　　④ 宋乃庆,肖林,程浩.小学生阅读素养的背景因素探析——基于国际阅读素养进步研究视角.中国教育学刊,2017(2):61-66,104.

　　⑤ 卞金华.教师是学生阅读素养提升的引领者.中国教育学刊,2019(1):103.

　　⑥ 陈启山,雷雅缨,温忠麟,等.教师指导、学习策略与阅读素养的关系:基于PISA测评的跨层中介模型.全球教育展望,2018(12):51-61.

　　⑦ 王洪明.高中生英语阅读素养的构建.教学与管理,2017(22):49-51.

　　⑧ 张金秀.运用分级阅读培养中学生英语阅读素养的实证研究与启示.课程·教材·教法,2018(7):73-80.

　　⑨ 赵霞.新媒体对青少年阅读的影响研究.中国青年研究,2014(2):21-26.

　　⑩ 王健,陈琳.青少年数字化阅读素养的内涵与培养.中小学电教,2011(6):23-27.

　　⑪ 余闻婧.如何培养学生的数字化阅读素养?课程·教材·教法,2019(1):79-85.

阅读素养的方法。[①]

国际阅读素养进展研究项目 PIRLS(Progress in International Reading Literacy Study)将阅读素养定义为理解和运用社会需要的或个人认为有价值的书面语言形式的能力[②]，并且突出了阅读在学校和生活中的重要意义。国际学生评估项目 PISA（Program for International Student Assessment)将阅读素养定义为对文本的理解、运用、反思和参与，达成个人发展目标、知识增长和潜能发挥，并且在 2012 年加入计算机辅助数字阅读测试，强调网络环境下的文本阅读。

5.3 儿童数字媒体阅读技术与产品

数字媒体阅读理念和技术促进了各种阅读平台的发展，多点触控技术和体感识别技术让数字阅读变得更加方便，大幅度提高了阅读者的参与性，阅读网站和阅读软件如雨后春笋般，层出不穷，不仅仅为读者提供多样化的平台，也为作者提供了发表作品的平台。

5.3.1 产品运用技术

(1)多点触控技术

多点触控技术，其英文名为 multi touch technology，触屏操作是数字阅读产品的基本功能。多重触控是在单手操作基础上功能的优化，多个触发点可以有多个任务窗口、多个用户，这样既可以多样化地操作同一张图片，也可以通知操作多项任务，例如，可以左手两指放大某张图片，右手同时把另一张照片拨开等。

触控技术应用广泛，现在的智能手机都利用了这项技术，银行或者医院的自助机，基本上也都运用了这项技术，其最大的优点就是更容易操作和理解。常用的触控技术大多是单点触控，或者也称为电阻式触控。例如，在手机画面上一直移动手指，可以滚动图片或点中音乐的多个图标，或者可以同时用两个手指操作来缩放画面。

这项技术在数字媒体阅读的界面设计和导航设计中发挥了最基本的保障作用。通过手指就可控制页面、调整大小、翻页等，也可在主菜单和具体页面之间来回切换，方便儿童使用。

(2)体感识别

体感识别的字面意思是不需要过多的设备就可以直接通过肢体动作与周边的装置或环境互动，在生活中这样的场景有很多。比如将跳舞毯与电视机连接，当一个人站在电视机前时，电视机的体感设备可以检测到手的位置和动作，手向上向下移动，可使电视快进、暂停

---

① 李利芳. 在移动互联环境下提高大学生的阅读素养. 编辑学刊,2016(5):107-110.

② 张颖. 国际阅读素养进展研究(PIRLS)项目评介. 中学语文教学,2006(12):3-9.

等;还可以拿着远程控制器,做快速跑步动作,自身动得越快,电视上的小人物就跑得越快。

体感方式主要包括惯性感测、光学感测和两种方式联合感测,并且在游戏、健身方面应用较多。在教育方面,主要在专业实践教学中有一些尝试。在儿童的数字化阅读方面,侧重于情节转换的体验感,教育的进一步应用还有待开发。

案例 5-1

2019 年 5 月 24 号,北京市西城区举办了"让科技走入童心,把智慧带回家庭"的活动,活动有海洋绘画馆、体感运动吧、VR 动物世界和体感成语互动学习四个部分。例如,在海洋绘画馆中,儿童可自由选择海洋动物的轮廓,涂上自己喜欢的颜色。经过 3D 扫描后,手绘动物就会在大屏幕上"活"起来,还能与人互动,可使儿童更深入地了解动物的习性等。让儿童在开心地玩游戏的过程中掌握动物、成语等相关知识,同时也给儿童提供了展示自我的舞台。

5.3.2 开发工具

开发工具的选择也至关重要,所谓的开发工具其实是各种软件引擎浏览器的再创造。下面对几种常见的开发工具进行介绍。

(1)Unity3D

Unity3D 是一种开发工具,主要运用于 3D 游戏、建筑、美术等方面的互动创作,以实现多种场景的三维动画,或者加上特殊渲染让场景更加真实。Unity3D 不仅仅有创作所需要的内容,也会通过一系列的解决方案为开发者解决问题。虚拟现实(virtual reality,VR)、增强现实(augment reality,AR)大多由该引擎驱动,通过实时光线追踪技术用于模拟训练等真实情节,增强身临其境的逼真感。在游戏领域的应用中,可进行建模、动画、视觉特效等操作,大多流行游戏是在该引擎基础上创作的。该引擎易操作,且有较多的教学课程,是数字化阅读软件开发的好帮手。

在我国发布的版本有商业版应用程序开发引擎,也有教育版,即 Unity3D PRO 虚拟现实、跨平台应用程序开发引擎。

(2)iBooks Author

iBooks Author 是一种电子书制作工具,由美国苹果公司在 2012 年发布。该工具提供很多模板和自建电子书,用户可以插入音视频等多媒体内容,可以利用 HTML 等技术,加入一些互动式的影片等要素。这个工具里面有很多苹果公司设计的模板,每个模板有相应的字体、字号、颜色等,用户可以创作自己的模板,保存自定义模式。可用 Book Navigator 来整理电子书,可添加封面和目录标签。在创作电子书时可以在任何位置添加互动式的图像或者表格,可增强与读者的互动沟通。更具有人性化的优点是可以为任何 Widget 添加辅助功能说明,这样视障读者可以借助 Voiceover 轻松使用。

(3)Digital Publishing Suite

Digital Publishing Suite 简称 DPS,被誉为数字出版解决方案界的标准。在 2013 年 4月,美国奥多比(Adobe)公司在中国推出 DPS,为杂志和报纸出版业提供数字读物的平台,可以帮助用户将多媒体内容发布至移动设备 App。

Adobe DPS 在中国有一定数量的电子客户。该工具为创作者提供了可设计互动性广告的平台,包括 Adobe Creative Cloud 和 Adobe InDesign。此外,DPS 利用其自身的数据分析功能分析读者的行为数据,根据读者停留的次数、时间和位置推断读者的兴趣点,计算出杂志每一期阅读的总数等,便于电子杂志进行服务群体分析。DPS 还具有网页阅读功能和推送功能,并支持实时更新。DPS 有专业的团队创作优秀的内容,更好地完善 DPS 的平台。

Flash Professional 是 Adobe 公司一款交互式多媒体内容开发软件,在数学矢量图绘画和动画演示上扮演者重要的角色,偏重于二维图像的制作。

5.3.3　常见的数字媒体阅读平台

(1)阅读网站

互联网为数字阅读带来了强大的生命力。各大文学网站如雨后春笋般冒出来,只要有能力有才华就能够在这样的文学网站里大放光彩。正因为这样,这些网络文学网站"高手云集",内容相对来说更加丰富。一般的网站都会有热度排行榜,读者能够有选择性地阅读。

例如起点中文网,其网络文学产业的商业模式已经比较完善,且有相对完善的奖励机制,吸引了很多作家,也同时完善了文学书架,吸引了很多读者,这也是相辅相成的措施。

微信公众号也为儿童的数字阅读提供了较易获取信息的平台。儿童在家长的带领下,可通过阅读公众号发布的内容学到知识。这种公众号的新媒体形式运用较为方便,因此是很多公司或者网课采用的方式。

微信公众号附着于微信 App 中,其制作较为简单,门槛较低,多发布零碎内容,更适合零碎化阅读。儿童的阅读内容基本上是由家长选择的,微信公众号推送的内容是在家长的选择范围内的,所以可以为儿童的阅读把好第一道关。高校在阅读推广方面也起到了创造优秀网络文化成果,建设风清气正的网络环境,引领社会阅读风尚的作用,在建设平台、主题网站、资源共享等方面有突出贡献,例如北京师范大学开设"品味经典,沐浴书香"大学生读书文化节,北京交通大学开设"书香杯专栏"等专门的阅读推广网站[①],江苏师范大学建设虚拟仿真实验教学实验室,湖南省高校开展"一校一书"阅读推广活动等,进一步促进全民阅读。

---

① 唐品,王艳,王景文,高玉洁. 华北地区高校图书馆网络阅读推广调查分析. 河南图书馆学刊,2015(1):64-67.

(2)阅读软件

软件在应用市场受到开发者的欢迎。就电子书来说,有阿里巴巴的书旗小说、天猫读书、妙读等,腾讯的微信读书,纵横文学的熊猫看书等。还有以听书为主的 App,如喜马拉雅、懒人听书、氧气听书等。此外,还有一些新闻的阅读软件,如今日头条、腾讯新闻等。

起点中文网也有自己的官方移动端 App,网站本身就是中国网络文学的起点,电视剧《全职高手》《如懿传》和电影《流浪地球》等原著皆出于此。首页有排行等选项,用户可以根据点击量排名看到热读文章。

数字媒体阅读软件下载方便,可以把书中的知识点数字化。简单的阅读软件可以进行简单的交互,以文字、图片、音频和视频的混合编排为主,交互的方式主要是点读、翻页等。智慧交互页面,可使阅读者更加便捷地获取数字教材和配套的资源,书本上的知识可以数字化显示,且携带方便,可随时随地阅读课文。

除了普通阅读软件,还有很多同步的电子课本,无论是安卓手机还是苹果手机都可以下载并且免费使用。特别是英语书的下载,可以方便家长引导孩子进行预习和复习,因为英语是比较特别的科目,更注重发音,点读满足了家长的需求。

应用软件种类繁多,检索一个软件就会出现很多推荐的软件,这与大数据的信息追踪有关。儿童的心智还未成熟,所以在选择阅读软件时,家长和学校应该做好筛选工作。

数字媒体阅读是一种融合了信息技术的新型阅读方式,基于数字化的方式,以各种智能终端设备为载体,具备实时、有趣、参与等显著特征。在数字媒体阅读商机领域内,一些优秀的数字媒体阅读平台的数量基数已经很大,未来在内容上将更加专业,与读者互动和个性化的设置将更多。

5.4　儿童数字媒体阅读资源设计

儿童数字媒体阅读平台的设计在儿童纸质阅读的基础上更加深入,能调动儿童多种感官。心理学家赤瑞特拉做过实验,研究人获取信息的过程,发现人与世界的沟通过程或者获取信息的过程中,五官都有贡献,视觉占 83%,听觉占 11%,触觉占 3.5%,嗅觉占 1.5%,味觉占 1%。[①] 本研究设计要素主要包括前三个,以最大化提高知识接受的效率。本研究在阐述平台的开发工具的基础上具体介绍当前备受争议的分级阅读,为读者提供详细的阅读方式。

---

① 　转引自:张祖忻.绩效技术概论.上海:上海外语教育出版社,2003:316-348.

5.4.1　设计要素

(1)学生感官及认知要素

①视觉要素。无论是纸质阅读还是数字化媒体阅读，最先使用的都是视觉。阅读首先就是看，所以数字媒体设计的首要因素就是视觉。相较于传统的纸质阅读，数字阅读中冲击视觉的不仅仅是静止的图片，也不仅仅是枯燥的文字跳动，还有方便的场景转换、灵活的动画或者应景的视频辅助等。视觉要素是一个界面提供给读者的第一要素，是读者第一印象中最重要的元素之一。影响视觉要素的不仅仅是界面上的图片，也有背景布置、指示图标、色彩搭配，文字的字号、字体颜色、排版等。视频动画是数字读物的特色之一，其不仅仅为文字阅读添加了色彩，更让读者在阅读的过程中劳逸结合。有的数字阅读产品在阅读翻页转景的时候有动画效果，动静结合，虚实有度，加深儿童的阅读记忆。

②听觉要素。数字媒体阅读相比于传统阅读的更大优势，就是让儿童不仅仅能看得见，更能听得见，身临其境。数字多媒体阅读能够添加视频和音频，让阅读的内容活起来，将其展现在儿童面前，与强化视觉要素的目的一样，加深儿童的阅读记忆，阅读内容的广度和深度都有很大的提升。很多儿童数字绘本添加了影片和音频，儿童可以自己想象画面，打开音频和影片，巩固印象。叙事性较强的读物加上特定的音效，可渲染氛围，有些数字读物可以完成读书的任务，儿童可以闭上眼睛，慢慢幻想，加上音乐和特定音效的渲染，儿童如同亲身经历。

③触觉要素。通过触摸获得的感受比仅仅用双眼观察得到的感受更深刻。古人所说的"读万卷书，行万里路""纸上得来终觉浅，绝知此事要躬行"等，都强调实践出真知。数字媒体阅读运用相关技术将真实世界"复制"下来，阅读时不仅仅是读，更是阅。随着技术的不断进步，人们追求的不仅仅是平面的阅读理解，更有对三维世界的向往。学生戴上特制的三维眼镜或者 VR 眼镜，就能感受到真实的世界，如古代服装和建筑都能够"触摸"到、感受到。触控技术的使用和发展强化了触觉要素，加强了人机互动，可通过触点的方式进入想进的区域，操作简单，易理解、易掌握。

儿童认知特点是多方面、多元化的，有感知、注意、记忆的特点。儿童的认知在幼儿的基础之上不断发展，对事物的感知更加精细准确，事物与事物之间的联系及主要特征不断升级。

(2)多媒体特性

多媒体的字面意思是多种媒体的综合，多媒体技术也是多种媒体技术的综合，因此具有集成性、多样性等特点，能够将文字、图片、音频、视频等多种形式的阅读内容多样化呈现。而数字化阅读与传统阅读最大的不同在于传播媒体的变化，数字化设备本身就具有资源广泛、便捷等特点，因此容易将数字媒体的发展以传播者为中心转变为以受众为中心。根据拉斯韦尔的"5W"模式，新媒体主要特点为多样、海量、交互、个性和效果智能化等，基本上涵盖了数字化阅读的条件——网络信息丰富，同时这也决定了数字化阅读的特点。数字化阅读方式下,读者掌握的信息呈现爆发式增长,这就要求读者能够快速高效检索信息;网络世界的虚拟性,也是新媒体环境重要的特征。

5.4.2　设计风格

儿童的阅读习惯和阅读思维与成人不同,所以儿童的数字化阅读产品的界面设计应符合儿童的认知能力,能引起儿童的阅读兴趣,保持儿童的阅读动机。马丽莉等人从 UI 设计原则的基础上总结出数字读物三大设计风格:简洁扁平类、真实质感类和艺术风格类。[①] 数字阅读的整体设计风格影响到用户的使用感受,从启动打开到使用界面再到退出界面,整体上都应该有统一的风格。徐延章从移动数字化阅读设备中的启动交互等多方面提出设计的美学风格,且认为应将设计与内容联系,从设计方面提升阅读体验。[②]

以阅途·蓝思的阅读平台界面为例,该界面整体设计很简洁,有两个系统的进入口,教师能够看到学生最近的阅读情况。整个色调以白色为主,蓝色为辅,按键以方形为主,简单清晰。这种风格一般比较适合年龄稍大的学生,整体简单明快、清新。

还有一些适合年龄小一些的儿童阅读平台,其整体风格以可爱、有趣、生动为主。以呱呱英语为例,其整体颜色较丰富,无论是阅读界面还是转换页面,都以艳丽的颜色和可爱的卡通人物为中心。除了图案设计特色,该阅读平台设计了可爱的卡通导航语音,且翻译和点击都有特殊的音效。值得一提的是,这个平台在书本翻页时会有模拟翻页的声音,做到了和传统的阅读方式结合。

5.4.3　设计思路

(1)儿童阅读偏好

数字阅读是一种全新的阅读,但也是传统的阅读。阅读是儿童认识世界,与世界交流的一种方式,阅读在提高学生学习成绩和双商方面都有重要的作用。数字化媒体阅读的产品有很多,在产品的品质和深度上应该有所创新,激发学生的学习兴趣。传统纸质阅读与数字化阅读设计都应适合儿童的阅读偏好,需要了解儿童的阅读偏好是什么。例如,儿童喜欢鲜艳的颜色、可爱的小动物、特殊音效或者音乐等。

很多数字化阅读平台的设计思路具有内在一致性。通过答题关卡设置让儿童在阅读之前对书本内容有所了解,创造阅读思考的机会,引导儿童阅读经典文章,提高阅读质量,再与纸质图书关联,适度使用数字媒体阅读产品,提高儿童阅读质量。所有的阅读行为和喜好都记录在"机密档案"里面,读者有自己的"储物空间"。通过信息追踪,可为读者提供更好的推荐。不同的阅读方式都是为了加强儿童的阅读意识,提高阅读质量。吴翊楠认为 3～5 岁的

---

① 马丽莉,韩静华.儿童数字读物 UI 设计原则与风格探析.包装工程,2016(24):136-140.

② 徐延章.移动阅读 APP 交互体验设计的艺术范式.出版发行研究,2016(7):90-93.

儿童绘本应该在视觉形象、色彩和表现媒介方面尊重文化的地域性和归属性。[①] 阅读的过程是文化传播的过程,数字化阅读具有丰富的资源,更应该根据儿童的阅读偏好设计符合儿童认知结构发展特点的读物,优化文化的传播路径。

数字化阅读平台的设计若按照儿童的阅读能力进行个性化排序的话,或许会出现更好的效果。数字化分级阅读能够在某些方面达到这些要求,上文已经提到过分级阅读,下面将详细介绍。

(2) 资源分级整合

①分级阅读介绍。分级阅读的方式在西方很多国家有近三十年的研究历史,主要是英语的分级阅读。其核心思想就是不按照学生的年龄或者年级来推荐阅读书目,而是按照学生的阅读能力和阅读兴趣给学生推荐合适的阅读书目。阅读分级能够依据学生的身心发展特性和发展需要而专门为学生提供科学的阅读指导,制订阅读计划,提供合适的读物,更具有针对性。[②] "为人找书""为书找人"是分级阅读理念的出发点和落脚点。[③] 也有学者分析过 YA 文学和分级阅读的关系,YA 文学是青少年文学 young adult literature 的缩写,主要指针对 13~17 岁青少年创作的文学作品。[④] 王泉根提出了分级阅读的四项基本原则:服务大多数原则、群体差异性原则、量身动作原则和儿童本位原则。[⑤] 他强调分级阅读的服务对象是全社会,认为分级阅读既是理念也是方法,教师应重视学生的差异,为不同阶段不同年龄的学生推荐不同的读物,因材施教,以人为本。

大部分国家都有分级阅读理论和实践的研究。在国内,分级阅读得到了国家层面的重视,国务院颁布的《中国儿童发展纲要(2011—2020 年)》,明确要求推广分级制,根据学生的年龄特点提供图书。

②国外分级阅读。分级阅读出现于 19 世纪的美国。英美两国的阅读分级无论是标准还是系统相对来说都比较完善。罗德红等人从研究主体、研究方法、研究价值和研究应用等方面分析了中美的分级阅读和阅读分级。[⑥]

美国的阅读分级主要有蓝思分级阅读、A—Z 分级阅读、年级分级阅读等,比较有公信力的是前两者。蓝思分级阅读系统以蓝思(L)为单位进行难度梯度划分,根据图书的词汇量和句法的复杂程度来衡量一本书的难度值,书的难度从 5L 到 2000L 不等,学生根据自身的阅读水平选择相对应的书。经常有人用买鞋的例子来形容这种阅读匹配,我们不会按照年龄来买鞋的,我们是按照鞋号来买鞋的,同样的,蓝思的理念也是不按照学生的年龄来推荐读物,而是按照学生的阅读能力推荐相应的书。缺点是不能对书的思想内容、艺术性等深度分析。[⑦] A—Z 分级阅读是一种详细的阅读分级的方式,其根据 26 个英文字母分为 26 个级别,

① 吴翊楠.针对 3~5 岁儿童绘本的视觉文化本源性探究.艺术工作 2020(1):95-98.
② 李云飞,袁曦临.国外儿童分级阅读研究现状述评.图书馆杂志,2019(3):12-21.
③ 陈邦,汪全莉.儿童中文分级阅读的思考与建议.图书馆理论与实践,2019(3):25-29.
④ 史云,任洪昌.从 YA 文学看我国青少年分级阅读.出版广角,2018(9).
⑤ 王泉根.分级阅读的四项基本原则.出版发行研究,2010(10):8-9.
⑥ 罗德红,余婧.儿童分级阅读研究的中美对比分析.图书馆,2013(2):34-37.
⑦ 王晔.英美两国儿童分级阅读对我国的启示.现代情报,2013(12):95-98.

Z级是最高难度的书。从某些方面来说其克服了蓝思分级阅读的缺点,能够对图书内容的主观因素和客观因素综合考虑,对内容、图片都作分析,但是缺点就是不能根据读者的阅读能力推荐相应的书。[①]

在英国,阅读方式有很多,例如 Oxford Reading Tree("牛津阅读树"系列图书)和 Collins Big Cat("柯林斯大猫"系列图书)等,在英国小学受到家长的欢迎和热捧。英国的分级阅读以颜色划分等级,由易到难分别有粉、红、黄、蓝、绿、橙、蓝绿、紫、金、白、浅绿和彩虹色。英国的分级阅读的标准主要是国家课程标准,根据国家课程标准的变化,牛津阅读树也会相应调整。金莉莉以实地考察和案例研究的方式总结出英国分级阅读的特点,即注重基础学段,有科学的测量标准和难度体系等。[②] 王蕾等人以英国分级阅读品牌读物"牛津阅读树"为研究对象,深层次分析图书分类的科学标准和丰富的阅读内容,横向划分为七大模块,纵向对儿童年龄、书的难度代表颜色和阅读级别体系进行详细的划分。[③]

③国内分级阅读。国内最先提出分级阅读理念的是贵州人民出版社。随后 2008 年,借鉴美国分级阅读体系,广东省成立国内第一个专业阅读研发推广机构——南方分级阅读。[④] 2009 年成立南方分级阅读评审会,制定了《中国儿童青少年分级阅读内容选择标准》以及《中国儿童青少年分级阅读水平评价标准》,[⑤]在数字化发展的大背景之下,开创了我国第一个分级阅读网站"小伙伴网"[⑥]。北京享阅教育科技有限公司研发出享阅中文分级标准,并且推出中文分级阅读平台——考拉阅读,通过用户阅读反馈数据建立改良模型。

分级阅读当时是从国外引入的,但是在我国基本国情和汉语言文化背景下有了本土化应用,在我国台湾等地有十几年的应用,而在其他地区的应用还比较少。在英语的学习上应用比较多,例如 51Talk、哒哒英语等都推出与分级阅读相关的平台。在笔者看来,英语方面应用比较多的原因,一部分原因是中国文化源远流长,博大精深,汉语看重的是语气语境,这就很难依分级来推荐;而英语阅读可以依据单词量、句子的长短等标准来衡量文本的难度值。所以分级的理念引入后,需要根据国内的语言特色和学生的认知特点来规划设计。湖州顶赞网络科技有限公司 2019 年开发了关于分级阅读的系统,即带可视化分析功能的英语阅读教学管理软件 V1.0,借鉴美国蓝思系统,引入英文原著,在国内对系统进行本土化推广、创新。

人工智能(artificial intelligence,AI)技术在教育领域的应用范围越来越广。考拉阅读结合人工智能和语言学研究成果,开发了一套量化中文分级阅读标准,用以测量中文文本的阅读值难度,建立了全球最大的底层中文分级标准研究语料库,于 2017 年成为全球领先的中文文本理解分级系统,并对三十多万学生进行阅读能力的测试采集,这些信息采集是在教育部基础教育质量监测中心的支持下进行的,也进一步体现了国家层面的重视。

---

①　王晔.英美两国儿童分级阅读对我国的启示.现代情报,2013(12):95-98.
②　金莉莉.英国儿童分级图书的特色及启示.编辑之友,2019(7):106-112.
③　王蕾,毛莉.英国分级阅读品牌读物"牛津阅读树"文本探究.出版发行研究,2019(7):88-91.
④　史云,任洪昌.从 YA 文学看我国青少年分级阅读.出版广角,2018(9):23-25.
⑤　吴亮芳,李建红.分级阅读推广的尴尬与出路.出版发行研究,2010(10):15-18.
⑥　陈邦,汪全莉.儿童中文分级阅读的思考与建议.图书馆理论与实践,2019(3):25-29.

5.4.4　界面导航设计

界面的意思是物体间的接触面。在设计中,界面是人与媒体互动的媒介,是设计者赋予物体的新面孔,好的界面设计能够给用户带来好的阅读体验。界面的设计是产品的灵魂,它决定了整体艺术感和便捷性。优秀合理的界面设计能够吸引儿童的注意力,阅读效果事半功倍。李雨琦在儿童生理发展和心理发展特性基础之上,概括了儿童数字读物界面设计的风格,即平面几何型、卡通童趣型、手绘插画型,并通过市场调研深层次了解界面设计的应用。[①] 数字阅读平台的设计是跨平台设计,针对不同平台的特性和系统,改变界面设计模板。贺兆达等人介绍了迭代式跨平台设计,提出了"通用"界面设计,为界面设计提供了具体的可操作性建议。[②] 优秀的界面设计能够充分调动读者的主观能动性,提高各个模块的协调性,调动读者的多种感官。数字化的社会是视觉文化的社会,数字化阅读平台界面设计者是平台的协调者。平台界面的设计应该种类多样化,方式多样化,交互多层次,内容多维度,应合理利用"通感",达到最好的阅读效果。界面的设计优化不是为了设计而设计,更不是为了交互而硬套,是为了更好地呈现内容,丰富读者的阅读体验。薛峰讨论了视觉与嗅觉、触觉、听觉和味觉的配合和联系,提出应做到设计和阅读主体的沟通交流。[③] 郑方奇等人从用户的角度提出界面设计的准则,注重用户体验,将感知示能理论引入数字阅读平台用户界面的评价中,显示出界面设计合理性,[④]符合读者认知结构和阅读习惯。

微信读书软件界面比较简洁。用户登录账号后,除了能把喜欢的书加入书架外,还能看到朋友的兴趣、朋友赞过的书,可与朋友共同读书。在个人信息中,能记录自己的阅读进度和书单,具有自己的"资料库"。此外运用了一定的商业模式,还有一定的实时新闻,扩大了读者阅读面。

再如 QQ 阅读,其对文本图书做了更加详细的分类,同时,根据点击量和阅读次数,划分了不同的榜单。和视频播放器等软件类似,该平台还进行了频道分类,有男生、女生、听书等类别,读者可更好地进行分类阅读。

严晨等在结合实例的基础上,总结出数字出版物艺术设计的 3C 原则,即简洁(concision)、一致性(coherence)、对比度(contrast)[⑤],为多媒体艺术设计师提供了具有操作意义的建议。每个界面的设计和转换界面的设计应该具有一致性,以上介绍的界面的设计和转换的设计都比较简单易懂,资源搜索界面、用户阅读界面等符合儿童的阅读习惯。

① 李雨琦.基于儿童数字读物界面设计应用研究.湖南师范大学,2014.

② 贺兆达,季铁,袁翔.跨平台数字阅读的"通用"界面模式设计探索.包装工程,2013(18):54-57.

③ 薛峰.联觉体验视阈下的数字阅读界面设计方法探析.出版发行研究,2019(9):83-86.

④ 郑方奇,赵宇翔,朱庆华.用户体验视角下数字阅读平台人机交互界面的比较研究.图书馆杂志,2015(7):50-58.

⑤ 严晨,杨智坤.数字出版物界面设计中的 3C 原则.科技与出版,2010(5):47-48.

6 儿童数字媒体制作软件及应用

多媒体技术为儿童读本提供了丰富的声音、图像、动画等表现形式,数字化讲故事作为儿童数字媒体的一种重要形式,由于其艺术性、情节性和多媒体的有效结合,实现了读本的真实性、可读性,提升了儿童的理解力,越来越受到青睐。本章从常用的数字媒体制作软件着手,分析各种软件的操作使用和具体案例应用,从实践操作的角度介绍儿童数字媒体的开发,有利于我们设计和开发儿童数字媒体读物,开展儿童数字媒体制作与儿童数字化教育实践。

6.1 PowerPoint 数字化讲故事

6.1.1 数字化讲故事概述

数字化讲故事可以将现代化多媒体表现形式(例如声音、视频、动画等)与故事原本的艺术性和情节性结合起来,更好地呈现故事的真实性。不同媒体与软件的应用,也能够让儿童更有画面感,本章简要简述数字化讲故事,并且结合实例说明数字化的应用在儿童阅读方面的意义。

(1)数字化讲故事的起源与发展

数字化讲故事的形式起源于 20 世纪 80 年代,在美国的艺术领域较为兴盛,其鼓励普通人也参与艺术创作。20 世纪 90 年代,达纳·阿奇利(Dana Atchley)和乔·兰伯特(Joe Lambert)以及尼娜·马伦(Nina Mullen)还创建了数字媒体中心(后更名为数字故事中心),兰伯特提出数字故事七要素:观点、诘问、情绪、亲自讲故事、配乐的力量、精简和掌握步调[①]。在我国,上海师范大学的黎加厚教授首次引入数字化讲故事,开启了我国数字化讲故事的研究。

后来美国很多大学都开设了"教师与学生如何进行数字化讲故事的制作"的课程,促进讲故事在现代化课程中的应用。国内数字故事发展到教育领域,融合了新的教育方式,有了

---

① Lambert J. Digital Story Telling Cookbook. Berkeley:Digital Diner Press,2010:36-37.

全新的教学方法。张淑萍等人提出了数字故事的四个关键因素,即知识与技能的获得、合作、交流和数字化素养,阐述了新型教学法的特点。[①] 也有学者将数字故事的理念与学科知识结合在一起进行研究,例如张杰芳认为可以在初中生物教学中选取恰当的主题,结合音频、视频等多媒体要素编制可视化数字故事。[②] 这也说明数字化讲故事不仅仅可用于低龄阶段的学生,更可以制作智慧 PPT 课件,在教学中将知识具体化、可视化。数字故事在国内外的教学中产生了深刻的影响,对数字故事的理念、内容和效果的研究为主要的教学研究提供了基础。魏戈等人对数字故事进行了国际视野的比较,通过实验比较了我国和芬兰的数字故事教学,分析了发展差异根源,提出了相应的建议措施。[③]

(2)数字化讲故事的定义

Mclellan 认为数字化讲故事是运用不同媒体与软件更好地传播故事的艺术与技巧。[④] Lambert 认为数字故事是利用可视化数字技术将信息、设备、语言故事有效结合,在教与学中加入故事,融合图片、音频、视频等,最后创作出有意义的学习故事。[⑤]

国内学者张杰芳把数字故事定义为在教学活动中编写故事,并加入文字、图像、声音和音乐等多媒体元素,创造可视化故事的过程。[⑥] 陈思宇等人提出数字故事在行动研究中能够丰富教育叙述的形式,运用多媒体元素和表现手段,构造情节、创造情景,丰富故事内容的呈现方式,重塑研究过程。[⑦] 缪蓉等人从学生的角度提出数字故事是在老师指导下学生自行设计,利用相关软件整合图片、动画等资源,呈现故事的过程。[⑧]《2011 年教育技术年会征集数字故事的方案》中提出数字故事是在教学过程中,将传统的讲故事艺术与现代信息技术结合,利用 PPT 等多媒体编辑平台,整合文字、图片、音频、视频、动画等多媒体元素,创造可视化故事的过程。

(3)数字化讲故事意义

首先,制作数字故事的过程也是教师和学生的探究性学习的过程。数字故事的制作过程可以为教师和学生提供更真实的体验,使师生更深入地了解故事发生的起因、情节,使师生对所要叙述的事情有自己的理解和思考。

其次,对学生来说,观看教师制作的数字故事,能够很好地提升学生的多媒体素养和视

① 张淑萍,范国睿.以数字故事促进学生 21 世纪技能发展——基于对芬兰"数字故事"研究的分析.开放教育研究,2015(6):53-61.

② 张杰芳.数字故事在初中生物学教学中的应用.生物学教学,2017(8):39-41.

③ 魏戈,缪蓉,Marianna Vivitsou,Veera Kallunki.数字故事的教学实践:中芬教师比较研究.现代远程教育研究,2019(1):78-86.

④ 转引自:高明建.数字化讲故事——创新的教学方式.中国信息技术教育,2008(9):89-90.

⑤ Lambert J. Digital Storytelling: Capturing Lives, Creating Community. New York: Routledge, 2013:37-40.

⑥ 张杰芳.数字故事在初中生物学教学中的应用.生物学教学,2017(8):39-41.

⑦ 陈思宇,黄甫全,曾文婕."互联网+"时代行动研究的知识建构法.中国电化教育,2017(1):71-77.

⑧ 缪蓉,赵婧宏.基于数字故事的学生认知活动研究.中国电化教育,2017(12):7-13.

觉体验,使学生了解信息技术,培养他们的信息思维。学生参与制作数字故事的过程也是学习、体验、认知的过程,在这过程中让学生自行设计和使用各种信息技术软件,整合各种形式的资源,最后呈现数字故事,培养学生的口语表达和书面表达的能力以及运用信息技术的能力,有利于提升学生的感知能力和观察能力,进而提高学生的想象力,培养创新意识和创新思维,扩展学生的创作空间,引导学生尽情发挥自己的才能。

最后,从教师的角度来说,相继成立的面向教师的数字故事的资源平台,为教师的数字化教学提供了海量的高质量资源,制作和演绎数字故事的过程,是提升教师专业素养,应对新时代挑战的过程。一线教师利用 PPT 制作数字故事,优化了教学途径,能够达到很好的教学效果,有效培养学生的学科思维。有利于激发教师的专业热情,增强课堂吸引力,灵活运用各种教学方法呈现教学内容,促进学生深度思考,进一步提高教学质量。

6.1.2 PowerPoint 2016 软件介绍

(1)PowerPoint 2016 软件概况

PowerPoint 是微软 Microsoft Office 系列办公软件的重要组建之一,具有强大的演示文稿设计制作功能,可独自或联机实现丰富多样的视觉效果。支持文字、图片、视频、音频及动画等多媒体信息集成,具有内容编排、界面艺术效果设计、交互设计和内容打包发布等功能。PowerPoint 的这些功能使其成为目前应用广泛的演示文稿制作软件。因其易于编辑、修改、发布等特点而成为多媒体课件制作的首选软件。

当前 PowerPoint 有多种版本,有 PowerPoint 2003、PowerPoint 2007、PowerPoint 2010、PowerPoint 2013、PowerPoint 2016 和 PowerPoint 2019,其中 2013 和 2016 版本使用最为普遍,目前比较流行的版本是 PowerPoint 2016,它在继承了以前版本功能的同时,进行了升级和操作界面优化,功能更加强大,操作更加人性化,极大提高了演示文稿设计开发效率。推荐使用 PowerPoint 2016 版本,因其多媒体信息集成与编辑功能较以前的版本更为优秀,更适合多媒体教学课件的设计制作开发。

(2)PowerPoint 2016 软件界面

在成功安装了 Office 2016 办公软件中的 PowerPoint 组件后,就可以启动 PowerPoint 2016,启动方法有三种,分别为:在【开始】菜单中单击【Microsoft PowerPoint 2016】命令启动;通过桌面快捷图标启动;通过打开 PowerPoint 2016 文档启动。

启动 PowerPoint 2016 后,即可看到程序主界面。PowerPoint 2016 软件工作界面主要由快速访问工具栏、标题栏、功能区、幻灯片编辑区、视图窗格、备注窗格和状态栏等几个部分组成,如图 6-1 所示。下面分别进行介绍。

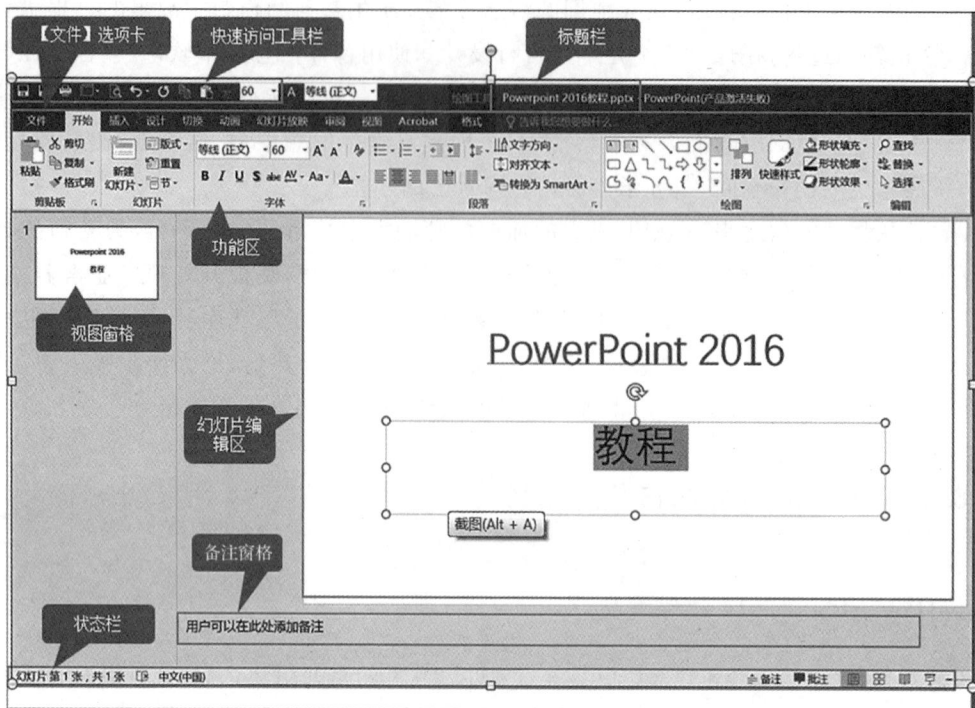

图 6-1　PowerPoint 2016 的工作界面

①快速访问工具栏:程序窗口左上角为快速访问工具栏,用于显示常用的工具。默认情况下,快速访问工具栏中有【保存】【撤销】【恢复】【从头开始】4 个快捷按钮,用户还可以根据需要进行添加。单击某个按钮即可实现相应的功能。

②标题栏:主要由标题和窗口控制按钮组成,显示当前编辑的演示文稿名称。控制按钮由【最小化】【最大化/还原】【关闭】组成,用于实现窗口的最小化最大化、还原及关闭。

③功能区:PowerPoint 2016 的功能区由多个选项卡组成,每个选项卡包含了不同的工具按钮。选项卡位于标题栏下方,由【开始】【插入】【设计】【切换】【动画】和【视图】等选项卡组成。单击各个选项卡名,即可切换到相应的选项卡。

④幻灯片编辑区:PowerPoint 窗口中间的白色区域为幻灯片编辑区,该部分是演示文稿的核心部分,主要用于显示和编辑当前显示的幻灯片。

⑤视图窗格:位于幻灯片编辑区的左侧,用于显示演示文稿的幻灯片数量及位置。视图窗格中默认显示的是【幻灯片】选项卡,它会在该窗格中以缩略图的形式显示当前演示文稿中的所有幻灯片,以便用户查看幻灯片的设计效果。选择【大纲】选项卡,系统将以大纲的形式列出当前演示文稿中的所有幻灯片。

⑥备注窗格:位于幻灯片编辑区的下方,通常用于为幻灯片添加注释说明,比如幻灯片的内容摘要等。注意,将鼠标指针停放在视图窗格或备注窗格与幻灯片编辑区之间的窗格边界线上,拖动鼠标可调整窗格的大小。

⑦状态栏:位于窗口底端,用于显示当前幻灯片的页面信息。状态栏右端为视图按钮和缩放比例按钮,用鼠标拖动状态栏右端的缩放比例滑块,可以调节幻灯片的显示比例。单击

状态栏右侧的按钮,可以使幻灯片呈现比例自动适应当前窗口的大小。

(3)PowerPoint 2016 的新功能

PowerPoint 2016 在继承了前期版本优秀功能的同时,在软件功能和用户操作体验上做了较大的改进。下面介绍 PowerPoint 2016 的一些新功能。

①TellMe 功能:在 PowerPoint 2016 功能区上有一个搜索框——操作说明搜索(见图 6-2)。在这个搜索框中输入关键词,可以快速获得想要使用的功能和想要执行的操作,还可以获取相关的帮助。用户在使用一些不太熟悉的功能时,灵活地使用新增的 TellMe 功能,可以快速地定位功能菜单,提高工作效率。

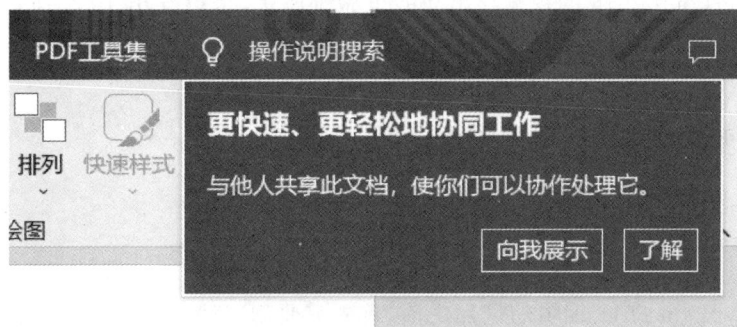

图 6-2 PowerPoint 2016 TellMe 功能

②屏幕录制功能:如果需要在幻灯片中插入计算机屏幕上的某些操作,不再需要使用第三方软件,使用 PowerPoint 2016 自带的屏幕录制功能即可,如图 6-3 所示。使用屏幕录制功能,不仅可以录制鼠标的移动轨迹,还可以录制音频,具体录制选项可以在打开的录制控制面板中选择。

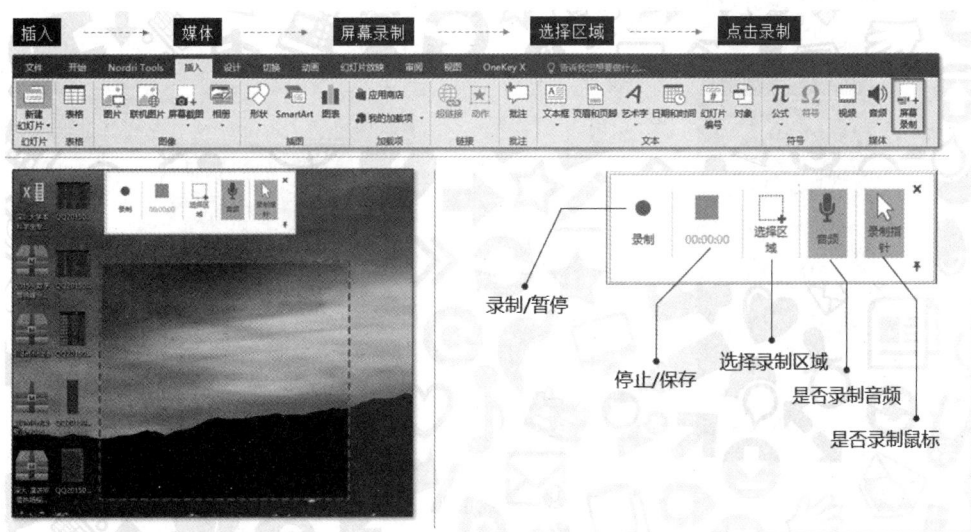

图 6-3 录制过程

③墨迹公式功能:教育、科研人员在制作 PPT 时,往往需要输入很多公式。在

PowerPoint 2016 之前的版本中，输入公式比较复杂。在 PowerPoint 2016 中，使用墨迹公式功能可以手写输入公式，输入后系统将自动识别公式，如图 6-4 所示。

图 6-4　墨迹公式功能

此外，PowerPoint 2016 的视频导出功能也做了改进，可以导出 1080 像素的高清视频，这对于使用 PowerPoint 2016 开展网络教学具有积极意义。

6.1.3　演示文稿和幻灯片基本操作

(1)新建演示文稿

使用 PowerPoint 2016 编辑幻灯片之前，首先需要创建演示文稿，除了可以新建空白文档之外，还可以通过模板、主题等方式创建演示文稿。

新建空白演示文稿是最常用的文稿创建方法。在 PowerPoint 2009 之前的版本中，PowerPoint 程序启动就能直接新建一个空白演示文稿，但从 PowerPoint 2013 版本开始，程序启动后，不会直接新建空白演示文稿，而是进入 PowerPoint 启动界面，只有用户选择【空白演示文稿】选项后（见图 6-5），程序才会新建一个名为【演示文稿 1】的空白演示文稿。

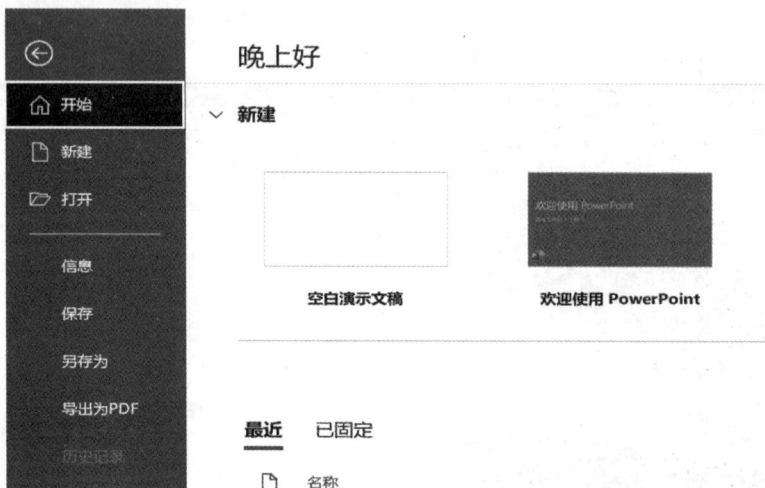

图 6-5　新建演示文稿

根据联机模板新建演示文稿可以高效制作幻灯片。启动 PowerPoint 2016 后，在启动界面右侧的搜索框中输入关键字，单击【搜索】按钮后，系统开始搜索相关的在线模板，搜索完成后,在打开的页面中会显示搜索的结果。选择需要创建的演示文稿模板,在弹出的对话框中单击【新建】按钮,系统即开始对模板进行下载,如图 6-6 所示,下载完成后,即可创建带内容的演示文稿。通过搜索在线模板创建演示文稿时,必须保证计算机正常联网,否则将不能完成模板的下载。

图 6-6　下载模板

　　PowerPoint 2016 在 PowerPoint 2013 版本的基础上新增了 10 多种主题,为用户提供了更加丰富的幻灯片主题,用户可以通过 PowerPoint 2016 提供的主题进行演示文稿的创建。

　　在 PowerPoint 2016 的启动界面右侧提供的主题中选择一种主题,在打开的对话框中会显示该主题的样式。选择需要的样式,单击【新建】按钮,系统即开始对主题进行下载(见图6-7),下载完成后,即可创建该主题的演示文稿。

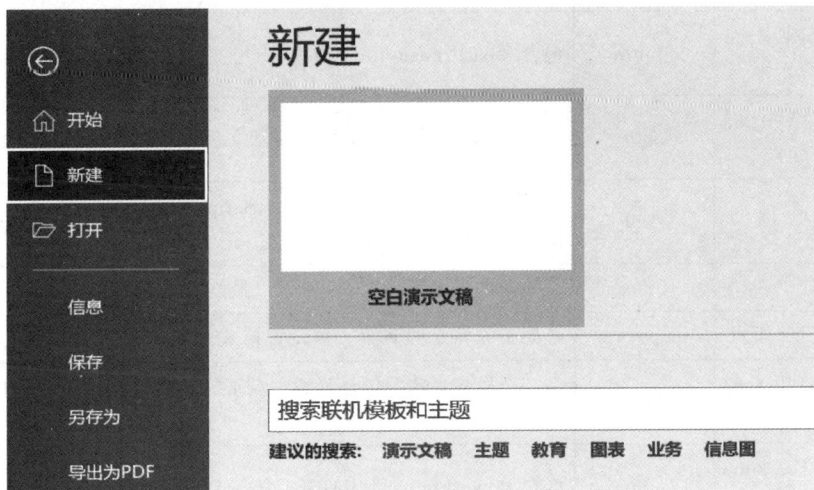

图 6-7　选择主题

(2)演示文稿的打开、保存与关闭

　　当需要对计算机中已有的演示文稿进行编辑时,需要先打开相关演示文稿,完成编辑后,还需要进行保存、关闭。

　　在计算机中找到需要打开的演示文稿,鼠标左键双击文稿,即可打开演示文稿;此外,在启动的演示文稿中,可以选中【文件】选项卡,在打开的页面左侧单击【打开】命令,在操作界面右侧单击【浏览】按钮,在弹出的【打开】对话框中选择需要打开的演示文稿,单击【打开】按钮,即可打开文档。

在 PowerPoint 2016 工作界面中选择【文件】选项卡,在打开的界面左侧选择【打开】命令,在中间选择【最近】选项,在界面右侧会显示最近打开的演示文稿,选择需要打开的演示文稿,即可打开文档。

对于制作和编辑的演示文稿,要及时进行保存,以防丢失演示文稿中的内容。如果是对计算机中已经存在的演示文稿进行保存,则可以在 PowerPoint 2016 工作界面中,单击快速访问工具栏中的【保存】按钮进行保存;如果需要将当前打开的演示文稿以其他名称保存或者新建演示文稿第一次保存,则需要通过【另存为】命令进行保存。选择【文件】选项卡的【另存为】命令,在【另存为】对话框中选择保存地址,输入文件名和选择保存类型,单击【保存】按钮,即可完成保存。

另存为演示文稿时,默认以 PowerPoint 演示文稿类型进行保存,如果要以其他类型进行保存,则需要在【保存类型】下拉列表中选择相应的保存类型。PowerPoint 2016 支持多种类型的文件,可以保存为表 6-1 中所列的文件类型。

表 6-1　PowerPoint 2016 支持的保存文件格式

文件类型	扩展名	保存的文档
PowerPoint 演示文稿	. pptx	可以保存在电脑上的 PowerPoint 2007 和更新版本中打开的演示文稿,或者可以在 PowerPoint 2008 和更高版本的 Mac 上打开的演示文档,以及在安装了 PowerPoint 的任何移动设备上打开的演示文稿
启用宏的 PowerPoint 演示文稿	. pptm	包含 Visual Basic for Applications(VBA)代码的演示文稿
PowerPoint 97—2003 演示文稿	. ppt	可在 PowerPoint 97 中打开演示文稿 Office PowerPoint 2003
PDF 文档格式	. pdf	由 Adobe 系统开发的基于 PostScript 的电子文件格式,可保留文档格式并支持文件共享
XPS 文档格式	. xps	一种新的电子纸张格式,用于以最终形式交换文档
PowerPoint 设计模板	. potx	可用于为将来的演示文稿设置格式的 PowerPoint 演示文稿模板
PowerPoint 启用宏的设计模板	. potm	是一个模板,其中包含可添加到要在演示文稿中使用的模板的预批准宏
PowerPoint 97—2003 设计模板	. pot	可在 PowerPoint 97 中打开 Office PowerPoint 2003 的模板
Office 主题	. thmx	包含颜色主题、字体主题和效果主题的定义的样式表
PowerPoint 放映	. ppsx	始终在"幻灯片放映"视图中打开的演示文稿,而不是在普通视图中打开的演示文稿
启用宏的 PowerPoint 放映	. ppsm	包含可在幻灯片放映中运行的预批准宏的幻灯片放映

文件类型	扩展名	保存的文档
PowerPoint 97—2003 显示	.pps	可在 PowerPoint 97 中打开 Office PowerPoint 2003 的幻灯片
PowerPoint 加载项	.ppam	用于存储自定义命令、Visual Basic for Applications（VBA）代码以及外接程序等专用功能的加载项
PowerPoint 97—2003 加载项	ppa	可在 PowerPoint 97 中打开 Office PowerPoint 2003 的加载项
PowerPoint XML 演示文稿	.xml	启用标准的基于 XML 的文件格式的演示文稿
MPEG-4 视频	.mp4	另存为视频的演示文稿。MP4 格式文件可在许多媒体播放器（如 Windows Media Player）上播放
Windows Media Video	.wmv	另存为视频的演示文稿。wmv 文件格式可在许多媒体播放器上播放。注意：此格式仅在 PowerPoint 2010 和较新版本中可用
GIF（图形交换格式）	.gif	用作图形的幻灯片，用于网页。该文件格式限于支持 256 颜色。因此，它对扫描的图像（如插图）更有效。GIF 还适用于线条绘图、黑白图像以及仅有几个像素的小文本。GIF 支持动画和透明背景
JPEG（联合图像专家组）FileFormat	.jpg	在网页上用作图形的幻灯片。JPEG 文件格式支持 1600 万种颜色，最适合于照片和复杂图形
PNG（可移植网络图形）格式	.png	用作图形的幻灯片，用于网页。万维网联盟（World Wide Web Consortium，W3C）已批准 PNG 以标准方式替换 GIF。PNG 不支持 GIF 格式的动画，某些较旧的浏览器不支持此文件格式
TIFF（标记图像文件格式）	.tif	用作图形的幻灯片，用于网页。TIFF 是用于在个人计算机上存储位映射图像的最佳文件格式。TIFF 图形可以是任何分辨率的图形，并且可以是黑色和白色、灰度或颜色
与设备无关的位图	.bmp	用作图形的幻灯片，用于网页。位图是由点的行和列以及计算机内存中的图形图像组成的表示形式。每个点（无论是否已填写）的值都存储在一个或多个数据位中
Windows 图元文件	.wmf	16 位图形的幻灯片（供 Microsoft Windows 3 和更高版本使用）
增强的 Windows 图元文件	.emf	32 位图形的幻灯片（用于 Microsoft Windows 95 及更高版本）
大纲/RTF	.rtf	将演示文稿大纲作为纯文本文档，可提供较小的文件，以及与其他人（可能没有相同版本的 PowerPoint 或操作系统）共享不受宏的文件的功能。备注窗格中的任何文本都不会保存为此文件格式
PowerPoint 图片演示文稿	.pptx	一个 PowerPoint 演示文稿，其中每张幻灯片都已转换为图片。将文件另存为 PowerPoint 图片演示文稿将减小文件大小。但是，某些信息将丢失
严格的 Open XML 演示文稿	.pptx	PowerPoint 演示文稿文件格式的 ISO Strict 版本中的演示文稿

续　表

文件类型	扩展名	保存的文档
OpenDocument 演示文稿	. odp	可以保存 PowerPoint 文件,以便在使用 OpenDocument 演示文稿格式的演示文稿应用程序(如 Google 文档和 OpenOffice. org 图象)中打开它们。还可以在 PowerPoint 中以 odp 格式打开演示文稿。保存和打开 odp 文件时可能会丢失一些信息
单个文件网页	. mht; . mhtml	一个包含.htm 文件和所有支持文件(如图像、声音文件、级联样式表、脚本等)的单个文件的网页。适用于通过电子邮件发送演示文稿
网页	. htm;. html	一个包含 htm 文件的文件夹和所有支持文件(如图像、声音文件、级联样式表、脚本等)的网页。适用于发布到网站上,或使用 Microsoft Office FrontPage 或其他 HTML 编辑器进行编辑

除了可以将打开的演示文稿保存到本地计算机外,还可以保存到 OneDrive(云服务)中,以方便共享和跨设备使用。对演示文稿完成编辑后,可以将其关闭,以减少所占用的系统资源。在完成保存操作后,可以通过单击工作界面右上角的关闭按钮关闭;或者,在要关闭的演示文稿中选择【文件】选项卡,在打开的界面选择【关闭】命令。

(3)幻灯片的基本操作

幻灯片是演示文稿的主体,也是制作演示文稿的主要对象,要想设计制作出优秀的课件,必须掌握一些基本操作,如新建、移动、复制和删除等。

打开 Powerpoint 2016 软件,进入工作界面。单击【开始】选项卡,在【幻灯片】命令组中单击【新建幻灯片】按钮,在弹出的版式选择下拉菜单中,选择合适的版式后,系统会自动创建一页新幻灯片,如图 6-8 所示。

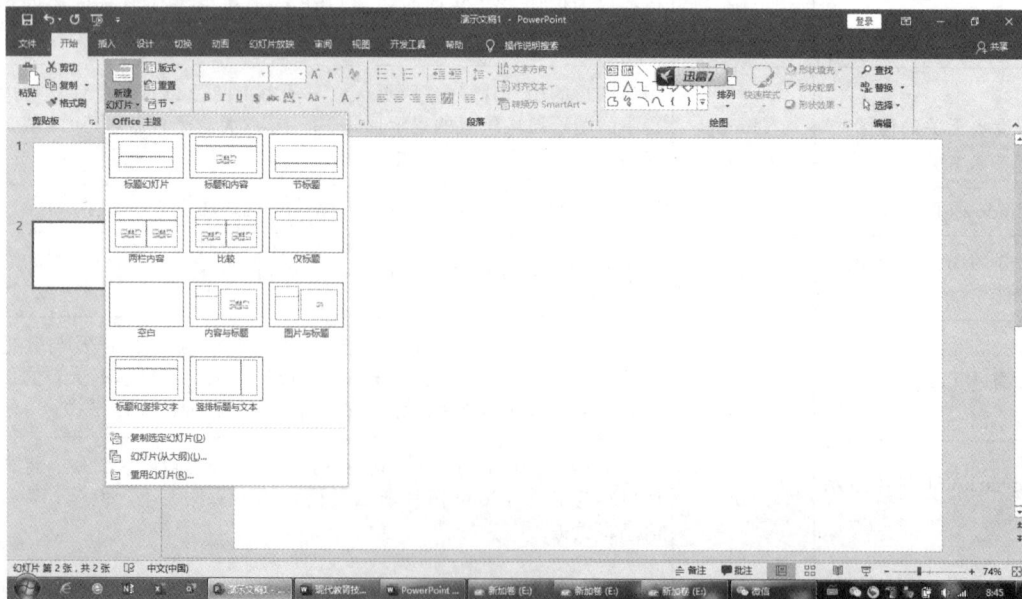

图 6-8　新建幻灯片

在幻灯片预览区中使用鼠标右键创建幻灯片,在幻灯片预览窗格区域右击鼠标,在弹出的快捷菜单中选择【新建幻灯片】选项,系统会创建一页新幻灯片,如图 6-9 所示。此时,新建的幻灯片的版式和上一张幻灯片的版式相同。

图 6-9 幻灯片复制

当幻灯片在演示文稿中的顺序需要调整时,可以通过移动幻灯片调整顺序;而对于制作结构与格式相同的幻灯片可以直接复制,然后对其内容进行修改。通常,单击选中需要调整位置的幻灯片,在不松开左键的情况下,可以拖动幻灯片。或者选中幻灯片,单击右键,在弹出的菜单中选择【剪切】命令,在合适位置,通过【粘贴】按钮也可完成幻灯片的移动。

(4)幻灯片页面与外观设置

①幻灯片大小与版式设置。在幻灯片中添加内容之前,还可以根据内容,对幻灯片的大小和版式进行相应的设置。PowerPoint 2016 中内置了标准(4∶3)和宽屏(16∶9)两种格式的幻灯。宽屏格式是 PowerPoint 2016 工作界面的默认大小。当需要修改幻灯片的大小时,可以在【设计】选项卡【自定义】组中,单击【幻灯片大小】按钮,在弹出的下拉菜单中,选择【自定义幻灯片大小】,系统弹出【幻灯片大小】对话框,根据需要填写相应尺寸及幻灯片的方向,完成自定义大小的幻灯片设置,如图 6-10 所示。

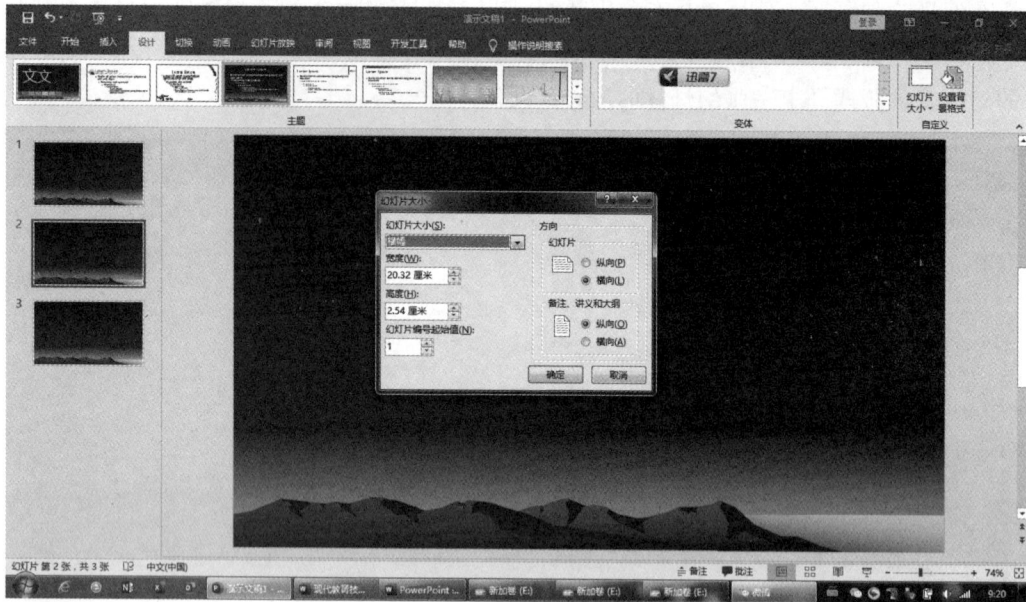

图 6-10　幻灯片大小调整

可以根据内容的需要,选择或更改幻灯片的版式。幻灯片版式包含幻灯片上显示的所有内容的格式、位置和占位符。占位符是幻灯片版式上的虚线容器,其中包含标题、正文文本、表格、图表、SmartArt 图形、图片、剪贴画、视频和声音等内容。幻灯片版式还包含幻灯片的颜色、字体、效果和背景(整体称为主题)。选择幻灯片,然后在工具栏功能区中选择【开始】选项卡【幻灯片】组中的【版式】命令,并从显示的选项中选择版式,即可完成幻灯片版式的选择与更改,如图 6-11 所示。

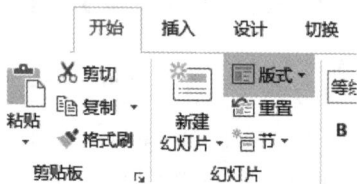

图 6-11　版式调整

②幻灯片的背景格式设置。设置幻灯片背景格式是将幻灯片默认的纯白色背景设置为其他背景,如纯色填充、渐变色填充、图片或纹理填充等,可以根据设计需求选择不同的填充效果。

选择幻灯片,在工作区空白处,单击鼠标右键,在弹出的快捷菜单中选择【设置背景格式】,在工作区的右侧会出现背景格式设置区,设置区会列出 5 种背景填充方式,如图 6-12 所示。用户可以根据设计的需要,选择一种填充方式,并且可以修改背景的透明度,设置不同的背景效果。

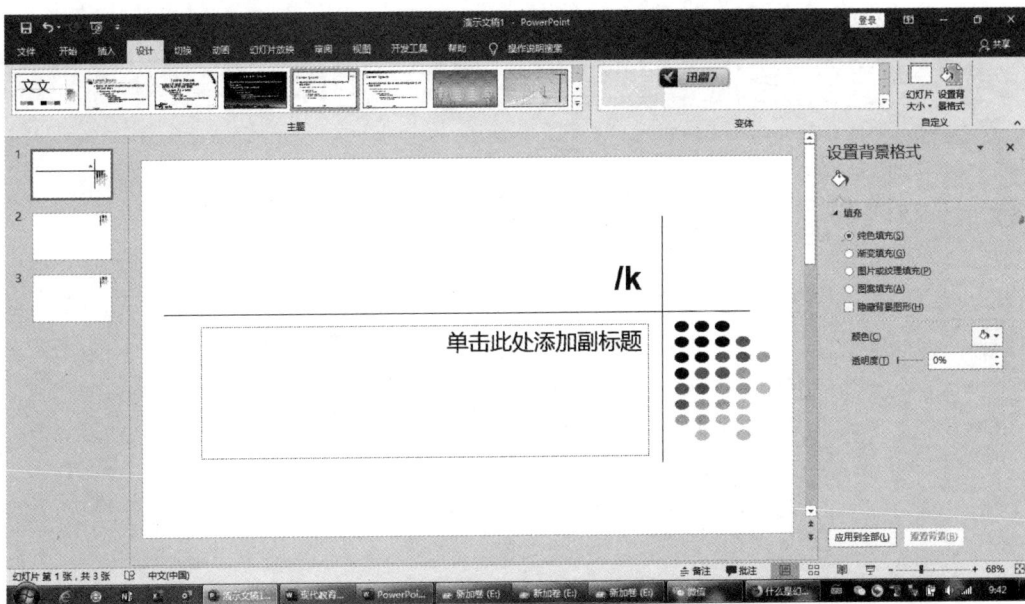

图 6-12 背景格式

6.1.4 文本操作

(1) 文本输入

文本是演示文稿最重要、最基本的元素之一，演示文稿要展现的内容以及要表达的思想，主要通过文字表达出来并让受众接受 。幻灯片中文本的基本操作主要包括文本的输入文字的字体、字号、颜色和艺术样式设计。PowerPoint 2016 中文本都必须输入文本框中，文本连同文本框作为一个整体对象元素存在。

在幻灯片中经常可以看到包含"单击此处添加标题""单击此时添加文本"等有虚线边框的文本框，这些文本框都被称为"占位符"，框内已经预设了文字的属性和样式，用户只需按照自己的需要在相应的占位符中添加内容即可。

若幻灯片中的占位符不能够满足制作需求，则可以通过在幻灯片中插入文本框的方式来输入文本，可灵活创建各种形式的文本框。PowerPoint 2016 提供了横排文字和竖排文字两种类型的文本框，如图 6-13 所示。可以根据实际需要选择不同类型的文本框。插入的新文本框，其文本的样式需要用户自己设置。

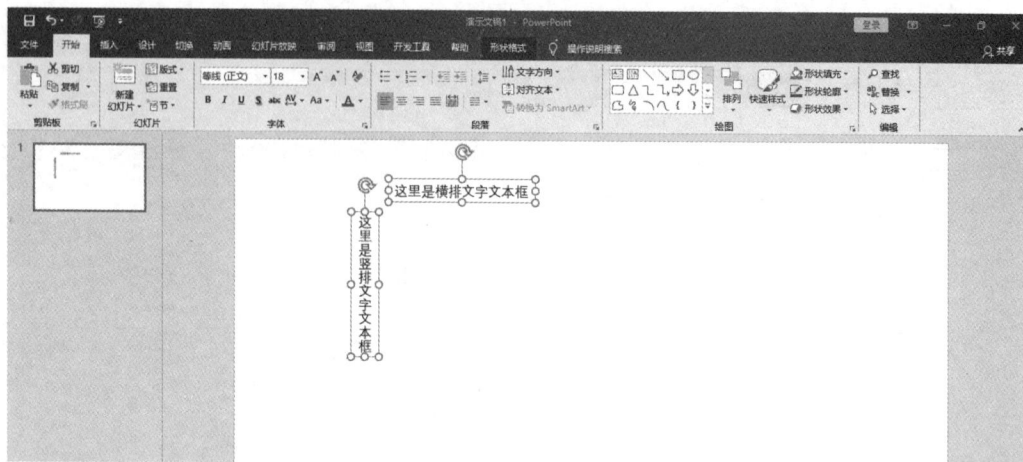

图 6-13　文本框类型

(2)文本格式设置

使用 PowerPoint 2016 的模板来编辑幻灯片时,模板自带文本的格式参数,包括文本的颜色、字体、字号以及相关参数。但是,未使用模板的演示文稿,我们在其中编辑幻灯片时,插入文本框后,需要进行格式的设置。

选中需要设置格式的文本,当文本框的边框变为实线时,表示选中;虚线则表示编辑状态。文本框的格式设置通常有以下两种方法。

①使用【开始】选项卡【字体】和【段落】组中的选项命令,如图 6-14 所示,这里给出的参数都是常用格式。

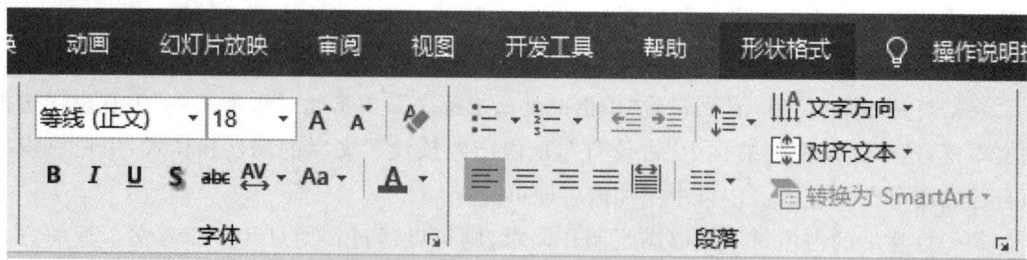

图 6-14　文本格式

②单击开始选项卡【字体】和【段落】组右下角的小箭头,打开【字体】和【段落】设置对话框,通过【字体】和【段落】设置对话框进行格式设置,还可以设置默认值,如图 6-15 所示。

图 6-15　字体段落设置

（3）查找与替换文本

在演示文稿制作完成后，若要修改文稿中的某些文字，可以通过查找来快速搜索目标。如果需要修改多处相同的文本，使用替换功能可以快速地完成。文本的查找和替换是通过【开始】选项卡【编辑】组中【查找】和【替换】按钮实现的。打开【查找】和【替换】对话框，输入查找与替换内容即可完成文本的查找与替换，如图 6-16 所示。

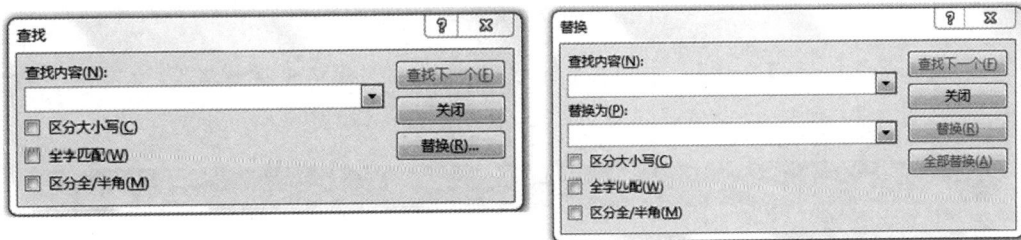

图 6-16　查找与替换

（4）文本操作案例

以文字填充图片为例，讲解幻灯片中的文字处理技术。

案例 6-1

新建幻灯片，版式选择空白版式，选择【插入】选项卡【文本】组中【文本框】命令，在幻灯片中插入文本框，在创建的文本框中输入文字"数字化讲故事"，如图 6-17 所示。选中文本框，单击【开始】选项卡，可以看到【字体】组中关于此文本的格式信息：字号为"18 号"，字体为"等线（正文）"，颜色为"黑色"等。

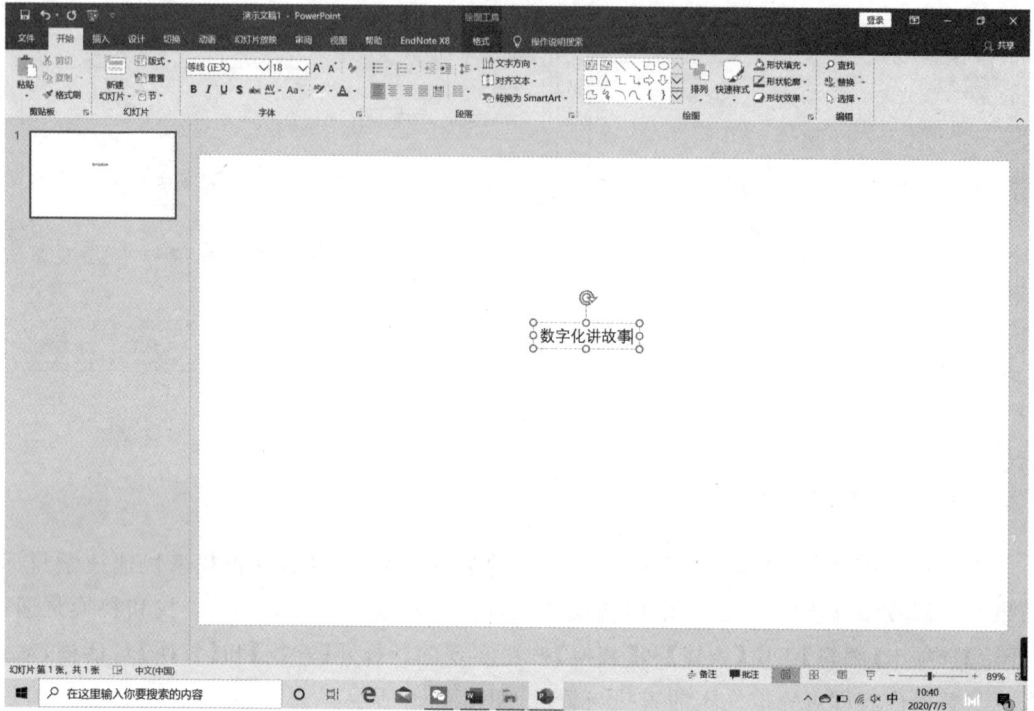

图 6-17　文本操作

利用【开始】选项卡【字体】组中相关信息的调整，改变"数字化讲故事"文本格式。将字体选择为"黑体"并加粗，字号直接填写为 150，颜色为红色，如图 6-18 所示。

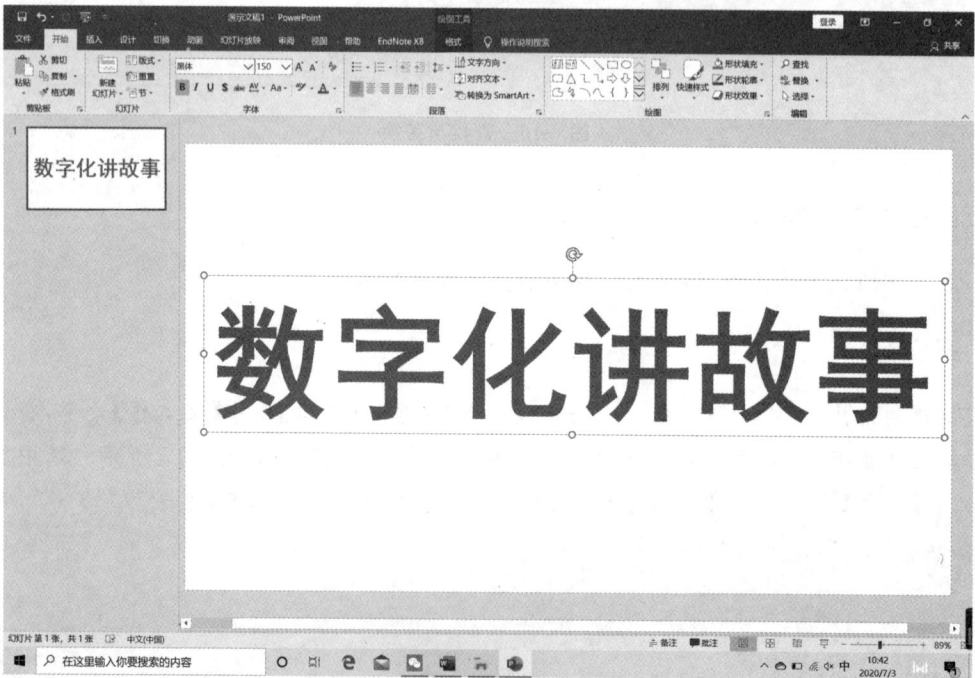

图 6-18　文本调整

在文本选中状态下,选择【形状格式】选项卡中【艺术字】组中【文本填充】命令,在弹出的下拉菜单中,选择【图片】命令,在弹出的对话框中选择事先准备好的图片,单击【确定】,完成文字的填充,效果如图 6-19 所示。

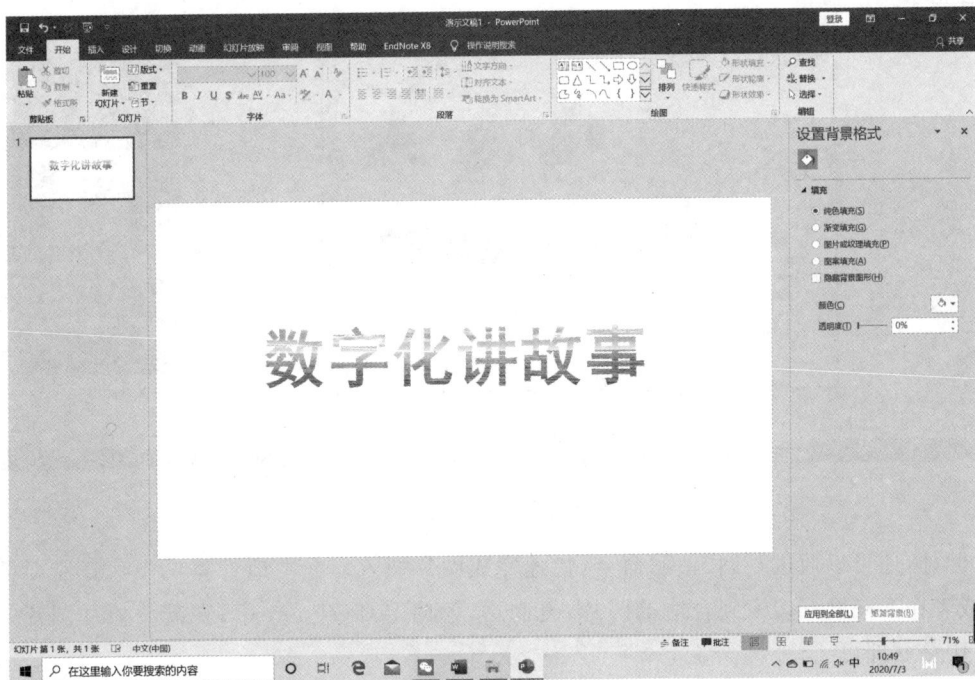

图 6-19 文字填充

6.1.5 幻灯片中插入与编辑图片、图形与 SmartArt 图形

(1)插入与编辑图片

图片对于幻灯片来说十分重要,幻灯片中使用图片可以增强演示文稿的视觉效果。在 PowerPoint 2016 中编辑幻灯片时,可以插入本地计算机中保存的图片,也可以插入联机图片和屏幕截取的图片,用户可以根据实际需求来选择图片插入方式。

鼠标选中需要插入图片的幻灯片后,单击【插入】选项卡【图像】组中的【图片】按钮,打开【插入图片】对话框,在对话框中选择需要插入的图片(见图 6-20),返回幻灯片编辑工作区,可以查看插入的图片。

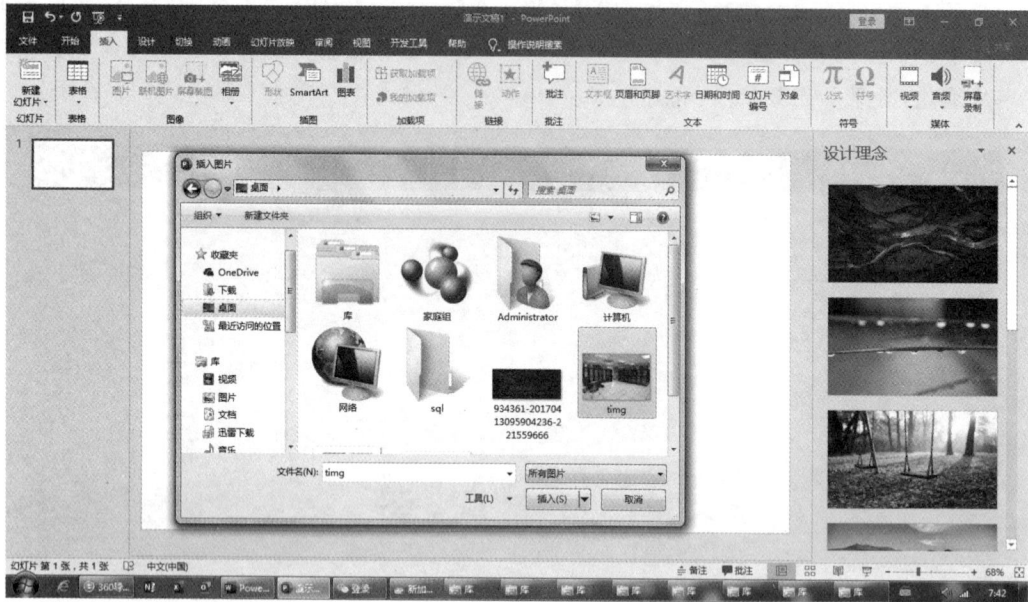

图 6-20　插入图片

此外，还可以通过复制、粘贴命令，快速完成图片插入。在本地计算机中选择需要的图片，或者在互联网上搜索到合适的图片，复制后，返回 PowerPoint 中，在需要添加图片的幻灯片中粘贴即可。

PowerPoint 2016 提供了插入屏幕截图的功能。鼠标选中需要插入图片的幻灯片后，单击【插入】选项卡【图像】中的【屏幕截图】按钮，在弹出的下拉菜单中选择【屏幕剪辑】命令，此时打开的窗口将变成半透明的形态，鼠标指针为"＋"形状，拖动鼠标指针选择需要截取的部分，鼠标截取部分呈现正常状态，完成截取后，释放鼠标，即可将截取的部分插入幻灯片中，如图 6-21 所示。

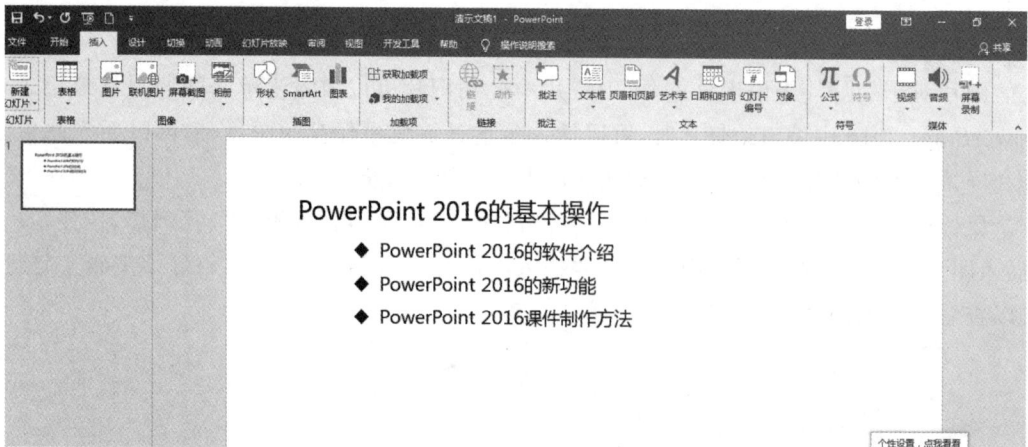

图 6-21　插入屏幕截图

对插入幻灯片中的图片，可以根据需求进行编辑、修改和设置格式来满足制作需要。如调整图片的大小和位置，剪裁图片、更改图片叠放位置、旋转图片和对齐图片，组合和调整图层顺序等,这些功能全部集成在【图片格式】选项卡下,如图 6-22 所示。

图 6-22 图片格式

用户可以使用【图片格式】选项卡【调整】组中的命令,调整图片的亮点、颜色以及艺术效果;使用【图片样式】组中的选项,调整图片的外观样式,如图片边框颜色、图片阴影效果图片版式。其中通过【图片版式】命令可以将插入的图片直接转化为 SmartArt 图形,如图 6-23 所示。关于 SmartArt 图形相关知识将在后文介绍。

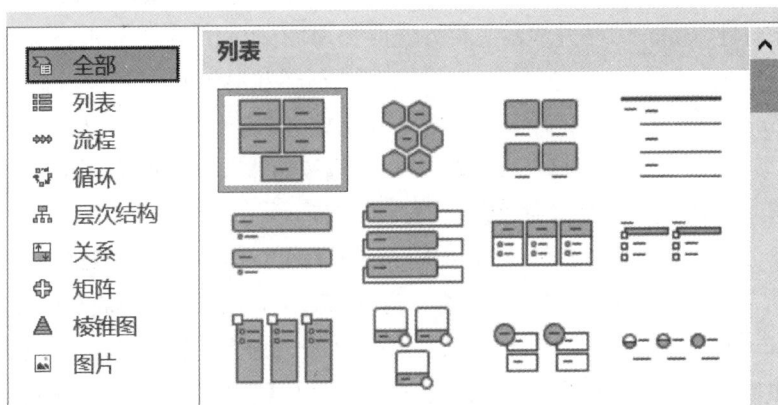

图 6-23 图片版式调整

PowerPoint 2016 为用户提供了删除背景的功能,对于幻灯片中的图片,如果只需留取图片中的一部分,且不能通过剪裁功能来实现,则可以使用删除背景功能来实现,该功能不仅可以实现背景的删除,还可以快速抠出图片中需要的部分。选中幻灯片中的图片,单击【格式】选项卡【调整】组中的【删除背景】按钮,此时图片默认被删除的部分将变成紫色,如果默认删除部分不符合要求,则需要单击【背景消除】选项卡【优化】组中的【标记要保留的区域】按钮,对删除区域进行调整,抠出符合要求的图片。

(2)插入与编辑形状

PowerPoint 2016 中提供了插入形状功能,主要有矩形、线条、箭头等 9 种类型的形状。通过该功能不仅可以在幻灯片中插入或绘制一些规则的形状,而且可以对绘制的形状进行编辑,使得幻灯片内容的排版更灵活,展示更加形象。

选中需要添加形状的幻灯片,单击【插入】选项卡【插图】组中【形状】按钮,在弹出的下拉菜单中选择需要的形状,如选择【矩形】栏中的【矩形】选项,则鼠标指针变成"＋"形状,将鼠标指针移动到幻灯片中需要绘制形状的位置,然后按住鼠标左键不放进行拖拽,拖拽到合适位置释放鼠标左键,即可完成形状的绘制。

　　幻灯片中的形状还可以根据需要进行编辑，如在形状中输入文本，调整形状的大小和位置，调整形状的叠放次序等。选中需要添加文字的形状，单击鼠标右键，在弹出的快捷菜单中选中【编辑文字】命令，此时鼠标光标定位到形状中心，可以输入文字。

　　单击选中形状，在功能区【形状格式】选项卡下【形状样式】组中，可以更改形状的填充颜色，形状轮廓颜色、粗细，形状样式等属性。

　　(3)插入与编辑 SmartArt 图表

　　PowerPoint 2016 提供了插入 SmartArt 图形的功能，通过 SmartArt 图像可以非常直观地展现层级关系、附属关系、并列关系以及循环关系等各种常见逻辑关系。

　　PowerPoint 2016 提供的 SmartArt 图形类型主要有列表、流程、循环、层次结构、关系、矩阵、棱锥图和图片，不同类型的 SmartArt 图形表示不同的关系。

　　SmartArt 的优点主要有：以视觉化的形式表现各种概念和思想，使抽象的概念形象化，复杂的问题条理化；SmartArt 与演示文稿外观匹配，具有较强的视觉冲击；SmartArt 提供的各种图示可以展现不同的内容，如列表、结构、流程、循环和层级等。

　　①插入 SmartArt 图形。下面详细介绍 SmartArt 的使用方法。插入 SmartArt 图形一般通过单击【插入】选项卡【插图】组中的【SmartArt】按钮来实现，也可以通过应用幻灯片版式中的占位符来实现。这里介绍通过【插入】选项卡插入 SmartArt 图形。

　　选中需要添加 SmartArt 图形的幻灯片，单击【插入】选项卡【插图】组中【SmartArt】按钮，弹出如图 6-24 所示对话框，对话框左窗格为 SmartArt 分类，中间窗格为 SmartArt 某一分类中的 SmartArt 图形类型，右窗格为某一 SmartArt 图形的细节图。可以根据所要表达的信息选择相应的 SmartArt 图形，如在左侧窗格中选中【层次结构】，在中间窗格中选择【组织结构图】，单击【确定】后出现所选的 SmartArt 图形，然后可依次在文本框中输入文字。

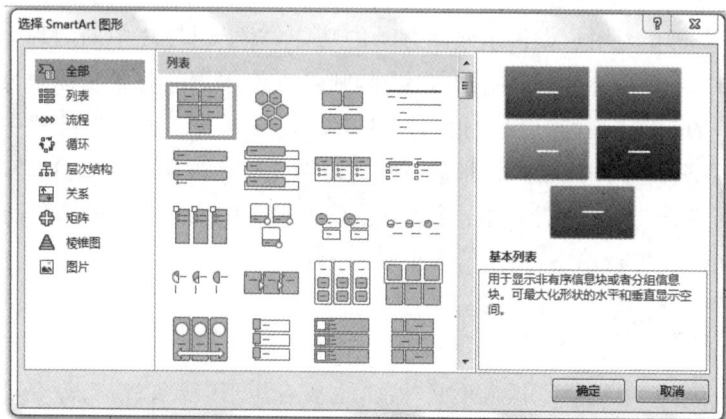

图 6-24　插入 SmartArt 图形

　　②设计 SmartArt 图形。插入幻灯片中的 SmartArt 图形仅仅是空的框架结构，需要对其进行编辑才能满足要求。编辑 SmartArt 图形主要包括颜色调整、文字添加、形状更改、结构布局调整等，这些编辑操作都是通过【SmartArt 设计】和【格式】两个选项卡来完成的。这两个选项卡只有当 SmartArt 图形被选中的时候才会出现在功能区，如图 6-25 所示。

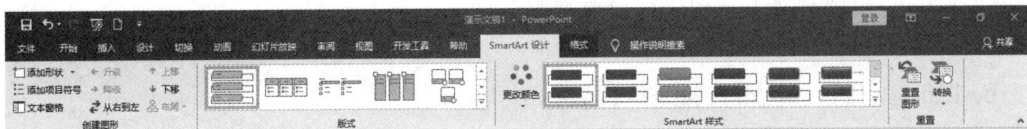

图 6-25 设计 SmartArt 格式

【SmartArt 设计】选项卡中包含【创建图形】【版式】【SmartArt 样式】【重置】四个组。

单击【创建图形】组中的【添加形状】可以添加单独的 SmartArt 形状,包括【在前面添加形状】【在后面添加形状】等,可以扩展系统默认添加的 SmartArt 图形。【文本窗格】按钮方便我们在 SmartArt 图形中插入文字,对 SmartArt 文本作为项目符号要点进行编辑。【从右到左】可以让系统默认的从左到右的箭头修改为从右到左。【布局】命令用于更改 SmartArt 形状的分支结构,仅当使用组织结构图布局时才可使用。

【版式】组中显示同一个 SmartArt 类型的更多布局效果,该组的选项随所选的 SmartArt 图形的变化而变化。

【更改颜色】命令用于更改 SmartArt 图形的颜色,【SmartArt 样式】组提供了所选 SmartArt 图形的不同颜色与效果的组合,包括二维与三维两大类。

【重置图形】命令可将编辑过的图形还原为原始状态;【转换】可以将 SmartArt 图像转换为形状或者文本。转换为形状可以将形状独立于其他形状进行编辑;转换为文本将删除所有形状,并创建项目符号列表。

③设置 SmartArt 图形格式。选中幻灯片中的 SmartArt 图形,在【SmartArt 工具】选项卡【格式】选项中修改 SmartArt 图形的格式,如图 6-26 所示。

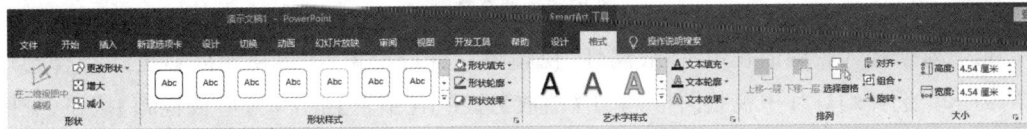

图 6-26 设置 SmartArt 图形格式

【形状】组中的【更改形状】用于更改 SmartArt 图形元素的形状,例如可以将矩形改为圆形等。通过【增大】和【减小】调整 SmartArt 图形的大小。

【形状样式】提供了设计好的样式。【形状填充】【形状轮廓】【形状效果】【艺术字样式】【排列】【大小】等选项的功能与前文介绍的插入、编辑形状操作效果相同,这里不再赘述。

④在 SmartArt 中添加和编辑文本。有两种方法可以在 SmartArt 图形中添加文本。一种是单击形状元素的文本占位符,直接输入文字;另外一种是在【文本窗格】中输入文本,单击【SmartArt 工具】栏的【设计】选项卡下的【创建图形】组中的【文本窗格】按钮,即可显示或隐藏文本窗格。如图 6-27 所示,在文本窗格中可输入文字。此外,在文本窗格对话框中单击右键,会

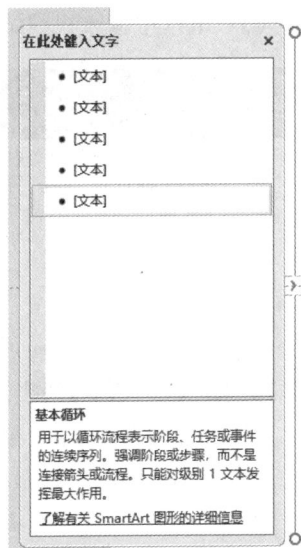

图 6-27 编辑文本

弹出快捷菜单,由此对文本结构进行修改调整。

6.1.6　幻灯片中插入视频与音频

(1)PowerPoint 2016 中插入视频

PowerPoint 2016 提供了视频功能,通过该功能,不仅可以在幻灯片中插入计算机中保存的视频,还可以在计算机连接网络的情况下,插入网络中搜索到的视频。PowerPoint 2016 支持的视频文件主要有 MPEG、AVI、MOV、WMV、MP4、MPG、ASF 和 SWF 等格式。

在演示文稿幻灯片中插入视频的方法如下,选择需要插入视频的幻灯片页面,单击【插入】选项卡【媒体】组中的【视频】按钮,在弹出的下拉菜单中选择【PC 上的视频】命令(见图 6-28),打开【插入视频文件】对话框,在地址栏中选择视频保存的位置,选择需要插入的视频文件,确定后即可将本地计算机中的视频插入幻灯片中,选择幻灯片中的视频图标,单击播放控制条中的【播放】按钮,可以对插入的视频文件进行播放。

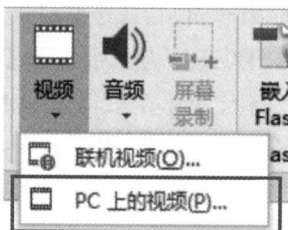

图 6-28　插入视频

可以对所插入视频的长短、播放属性、视频图标进行设置,使得视频内容更加符合幻灯片的需求。选择幻灯片中视频图标,单击【播放】选项卡【编辑】组中的【剪裁视频】按钮(见图 6-29),打开【视频剪裁】对话框,在【开始时间】数值框中输入视频开始播放的时间,在【结束时间】数值框中输入视频结束播放的时间,单击【确定】按钮,完成视频的剪裁。

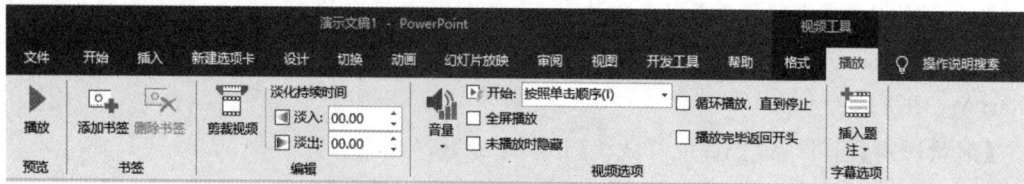

图 6-29　编辑视频

PowerPoint 2016 还可以对视频的进入效果和退出效果进行设置,在【播放】选项卡【编辑】组中的【淡入】和【淡出】数值框中输入相应的淡入淡出时间即可。

在【播放】选项卡【视频选项】组中,可以设置播放方式,常规播放设置主要有播放开始方式、是否全屏播放、未播放时隐藏、循环播放到停止、播完返回开头等,可以根据需求进行设置。

(2)PowerPoint 2016 中插入音频

在幻灯片中加入音效及旁白能够让课件增色不少,在某些场合下,更是不可缺少的。PowerPoint 2016 提供了插入音频功能,通过该功能可以在幻灯片中插入保存或者录制的音频。PowerPoint 2016 支持的音频文件主要有 ACC、AIFF、AU、MID、MP3、MP4、WAV、WMA 等格式。

在幻灯片中可插入计算机中保存的音频。选择要插入音频的幻灯片,单击【插入】选项卡的【媒体】组中的【音频】按钮,或者单击【音频】按钮下方的小三角,在下拉菜单中选择【PC上的音频】命令(见图 6-30),在弹出的【插入音频】对话框中,选择需要插入的音频文件,单击【确定】后,完成音频的插入。

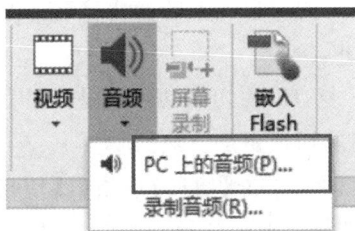

图 6-30　插入音频

PowerPoint 2016 提供了录制音频的功能,可以为演示文稿添加解说词。选择需要插入音频的幻灯片,单击【插入】选项卡的【媒体】组中的【音频】按钮,在弹出的下拉列表中选择【录制音频】命令,打开【录制声音】对话框,在【名称】文本框中输入录制的音频名称,单击红色圆点按钮,开始录制声音,录制完成后,单击方形停止按钮,暂停声音录制,单击【确定】按钮后完成录制。

对于幻灯片中插入和录制的音频,可以根据需要对其长短、属性等进行编辑。如音频文件的长短不符合要求或者只需要一段音频中的某一部分,则可以通过剪裁音频来进行调整。选择需要剪裁的音频图标,单击【播放】选项卡【编辑】组中的【剪裁音频】按钮,打开【剪裁音频】对话框,通过鼠标拖拽音频进度条上的绿色和红色游标来调整音频开始和结束的时间,单击三角形的播放按钮,对剪裁后的音频进行试听,确认达到预期效果后,单击【确定】按钮,完成剪辑,如图 6-31 所示。

图 6-31　编辑音频

在幻灯片中插入音频文件后,用户还可以通过【播放】选项卡对音频文件的音量、播放时间、方式等属性进行设置。在【音频选项】组中选中【跨幻灯片播放】复选框,可以实现在播放其他幻灯片时播放音频的效果;选中【循环播放,直到停止】复选框,可循环播放音频。

6.1.7 PowerPoint 中的动画设计

(1)设置幻灯片切换方式

动画具有视频的直观、形象、生动等特点,且比视频更加具有灵活性,可以突出重点、控制信息的流程,并提高演示文稿的趣味性。课件中的动画分两种形式:一种是幻灯片与幻灯片之间的切换,另一种是幻灯片内的对象元素的变化移动。本节将对幻灯片切换动画、幻灯片对象动画的添加与设置进行讲解。

PowerPoint 2016 提供了很多幻灯片切换动画效果,用户可以选择需要的切换动画将其添加到幻灯片中,使幻灯片之间的切换更加自然。

选择需添加切换效果的幻灯片,单击【切换】选项卡【切换到此幻灯片】组中的【切换效果】按钮,在弹出的下拉菜单中选择需要的切换动画效果,如选择【擦除】选项,即可为幻灯片添加擦除切换效果。PowerPoint 2016 提供了三种类型的切换动画,分别为细微型、华丽型和动态内容,如图 6-32 所示。

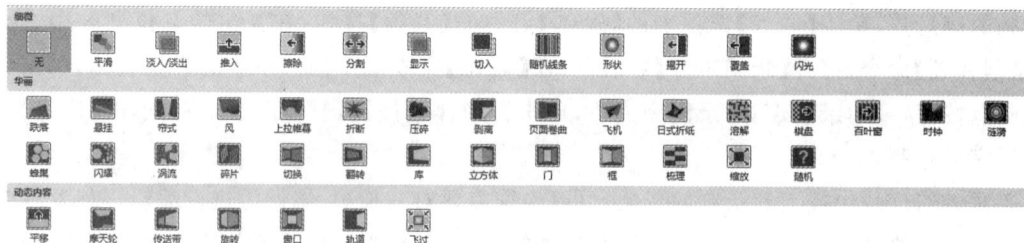

图 6-32　幻灯片切换效果

如果需要为演示文稿中的所有幻灯片添加相同的页面切换效果,可先为演示文稿的第 1 张幻灯片添加切换效果,然后单击【切换】选项卡【计时】组中的【全部应用】按钮,即可将第 1 张幻灯片的切换动画应用到演示文稿的其他幻灯片中。

勾选【切换】选项卡【计时】组中的【设置自动换片时间】复选框,在其后的数值框中输入自动换片的时间,如图 6-33 所示,那么幻灯片播放时,即可按设置时间自动切换。

图 6-33　设置时间

（2）添加自定义动画

幻灯片中的文本、形状、图片、多媒体素材等元素的动画效果设置均在【动画】选项卡中进行。PowerPoint 动画包括进入动画、强调动画、退出动画和动作路径动画 4 种基本类型，通过对这 4 种基本动画的组合，可以设计出许多种不同效果的动画。

在 PowerPoint 2016 中为幻灯片中的元素设置动画时，需要选中对象元素，单击【动画】选项卡【动画】组右侧下拉选项图标，或者单击【添加动画】命令按钮，会弹出动画效果对话框，如图 6-34 所示，弹出的对话框显示了所选对象元素可添加的动画效果，灰色图标表示对象元素不可添加此类动画效果。

在【动画】选项卡【高级动画】组中单击【动画窗格】按钮，在工作界面右侧出现动画窗格，

图 6-34　自定义动画

如图 6-35 所示。在【动画窗格】中可以看到所有元素的所有动画效果，并可以查看有关动画效果的所有信息，如动画效果的类型、动画效果直接的相对顺序、添加动画效果的对象名称及持续的时间等。

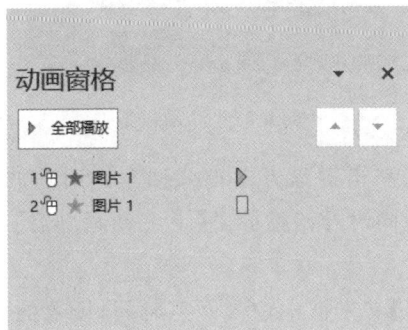

图 6-35　动画窗格

（3）动画的基本操作

①添加动画效果。PowerPoint 2016 中可以对某一个对象元素进行动画效果的应用，也可以同时对多个对象元素应用，通过【添加动画】命令按钮，可添加动画效果。此外，可以对同一个对象元素添加多个动画效果，在添加完成一个动画效果之后，再次选中这个元素，单击【添加动画】按钮，选择动画效果，完成多个动画效果的添加。此时，在添加多个动画效果的对象元素旁会显示多个数字，这些数字表示该对象已设置的动画效果的次序，如图 6-36 所示。

图 6-36　动画效果的次序

②更改动画效果。选中需要修改动画效果的对象元素,在【动画】选项卡的【动画】组中,单击下拉菜单按钮,选中新的动画效果即可完成更改。

③删除动画效果。在【动画窗格】动画效果列表中,选中需要删除的动画效果,单击右键,在弹出的快捷菜单中选择【删除】命令,即可删除该对象的动画效果。

④动画效果排序。在【动画窗格】动画效果列表中,选中需更改次序的动画效果,单击【动画窗格】上方的【向上】或【向下】按钮,即可更改动画效果出现的顺序,也可以通过鼠标左键拖动进行顺序调整。

(4)动画设置

对幻灯片中的对象元素添加好动画效果后,可以对动画效果进行进一步的设计。

在【动画】选项卡【计时】组中,可设置动画效果开始方式。【开始】下拉列表中有三个开始选项,即【单击时】【与上一动画同时】【上一动画之后】,如图 6-37 所示。

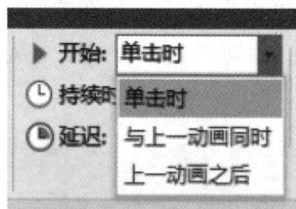

图 6-37　动画设置

【单击时】是指单击鼠标、单击键盘方向键或回车键时播放动画效果。【与上一动画同时】指当前动画与上一个动画同时开始播放。【上一动画之后】指当前动画在上一个动画结束之后立即开始播放。

在【计时】组的【持续时间】文本框中输入所需时间,设置的时间是该动画效果完成动作的持续时间。若需要进行动画开始前的延时设置,可在【延迟】文本输入框中输入相应时间,最小可设置为 0.1 秒。

在【动画】选项卡【动画】组中,单击【效果选项】按钮,会出现该动画相应的效果选项,动画效果不同,效果选项也有所不同。

除了在【动画】选项卡中进行动画效果设置外,还可以通过【动画窗格】进行设置。单击【动画窗格】中列出的动画效果,单击所选中的动画效果右侧的小箭头,会弹出动画设置菜单,如图 6-38 所示。选择【效果选项】或【计时】,在打开的对话框中有【效果】和【计时】等选项卡。

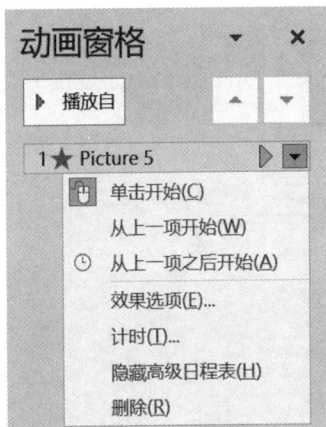

图 6-38　通过【动画窗格】设计效果

在【效果】选项卡中，如图 6-39 所示，【效果】选项卡的内容因选择的动画效果不同而不同。如果设置【平滑开始】和【平滑结束】的时间，则动画开始或结束时会出现缓慢加速和减速的效果。如果【平滑开始】和【平滑结束】的设置时间为 0 秒，则动画会匀速完成动作播放。在【增强】中可设置动画的声音及动画完成后的效果。若对象为文字，则可以对文字动画进行效果设计，如对文本发送的方式进行设计。

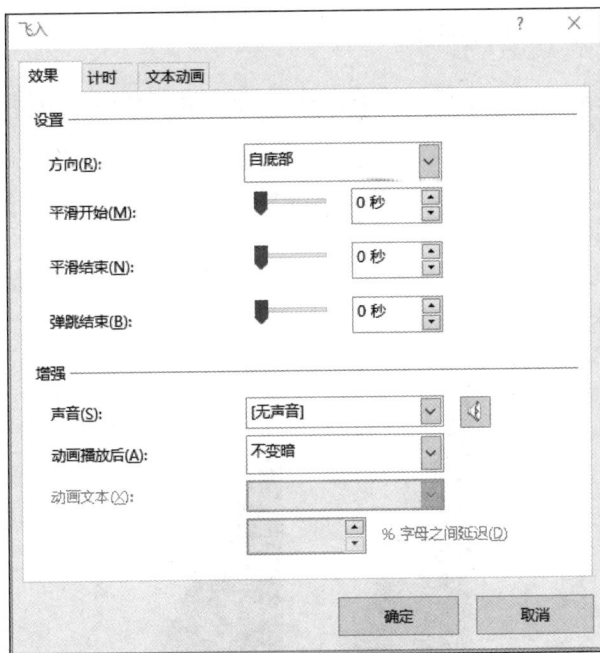

图 6-39　【效果】设置

【计时】选项卡中，如图 6-40 所示，可以进行【开始】方式、【延迟】时间、【期间】长短、【重复】次数以及触发器的设置等。

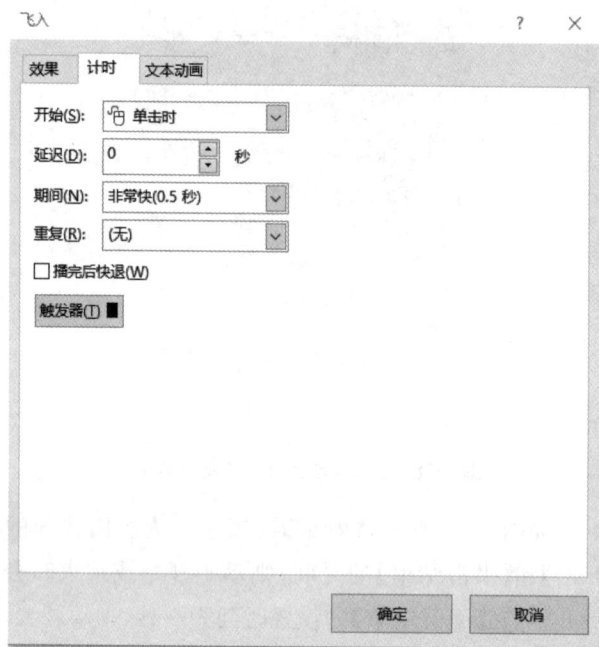

图 6-40　【计时】设置

(5)动画制作案例——形状拼合动画

形状拼合动画是教学中经常应用的动画效果,下面介绍动画的制作过程。

案例 6-2

1. 图形绘制和调整

首先,在空白幻灯片中绘制两个直角三角形,直角三角形的两条直角边的边长分别为 4.8 厘米和 2.35 厘米,如图 6-41 所示。

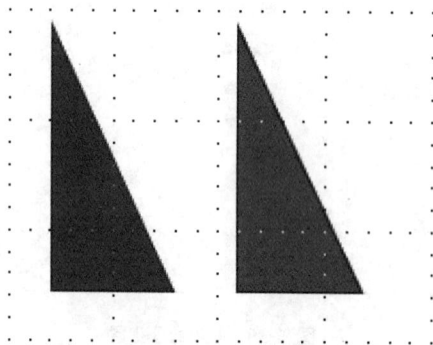

图 6-41　图形绘制

复制绘制好的直角三角形,并通过旋转角度使得 4 个三角形呈现如图 6-42 所示的状态。这里需要使用【绘图工具】下【格式】选项卡【排列】组中的【旋转】命令。打开【设置形状格式】窗格,在【旋转】里面分别填写 296°、26°、296°、26°。完成角度旋转之后,通过【格式】选项卡【排列】组中的【旋转】下的【垂直翻转】命令对第 2 个直角三角形进行垂直翻转,用同样的方法对第 4 个直角三角形进行水平翻转。

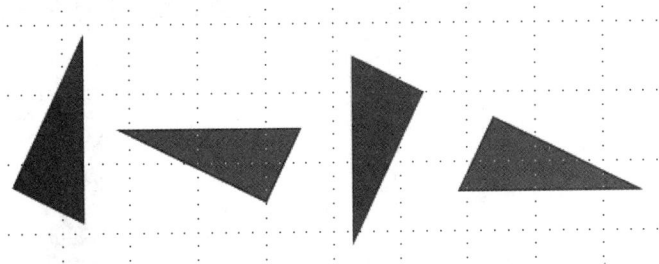

图 6-42 图形调整

通过移动 4 个直角三角形,将其拼接成正方形,并通过【格式】选项卡【绘图】组中的【形状填充】和【形状轮廓】将拼接好的正方形变成虚线框,如图 6-43 所示。

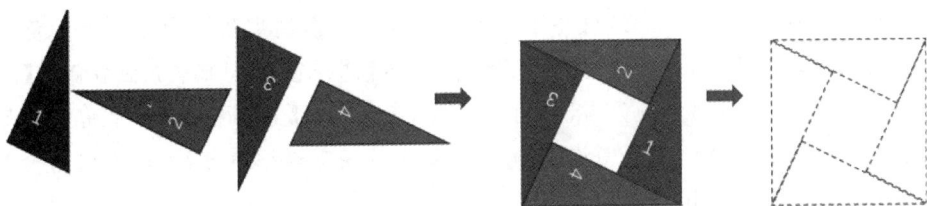

图 6-43 图形组合

2. 制作拼合动画

每个直角三角形需要设置两个动画:一个是路径动画,将三角形移动到指定的位置;另外一个是旋转动画,即陀螺旋动画,旋转动画需要严格控制旋转的角度。为了使三角形以定点为中心旋转,需要对三角形进行适当的调整,这里使用隐藏图形元素的方法实现。首先对直角三角形进行复制,复制好的三角形先水平翻转,再垂直翻转,得到如图 6-44(a)所示图形。然后通过【格式】选项卡【绘图】组中的【形状填充】和【形状轮廓】,将其中一个直角三角形的填充和边框设置为无,得到如图 6-44(b)所示图形。选中两个三角形,单击鼠标右键,选中【组合】快捷键,将两个三角形组合为一个图形,得到如图 6-44(c)所示图形。

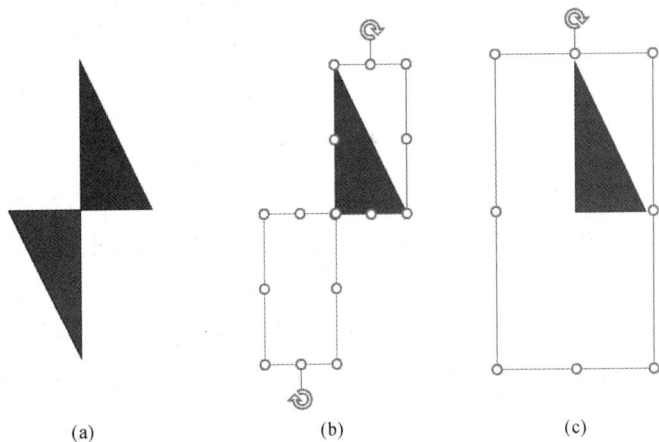

(a) (b) (c)

图 6-44 图形拼合

将制作好的组合图形复制成 4 份，并且将 4 个组合图形进行重叠，选中 4 个组合图形后，选择【格式】选项卡【排列】组中【对齐】命令下的【水平居中】和【垂直居中】完成对齐操作。

将制作好的由 4 个直角三角形围成的正方形和重叠后的 4 个组合图形放到同一张幻灯片中，如图 6-45 所示。

图 6-45　围成的正方形和重叠后的图形

为三角形组合图形添加动画，以将 4 个三角形依次移动到虚线框中。选中三角形组合图形，在【绘图工具】下【格式】选项卡【排列】组中，打开【选择窗格】，工作界面右侧的【选择窗格】列出了幻灯片中的全部对象元素，如图 6-46(a)所示。在【选择窗格】中单击三角形组合图形第 2、3、4 个组合右侧的眼睛图标，将暂时不编辑的图形组合隐藏，方便我们编辑正在操作的对象元素，如图 6-46(b)所示。

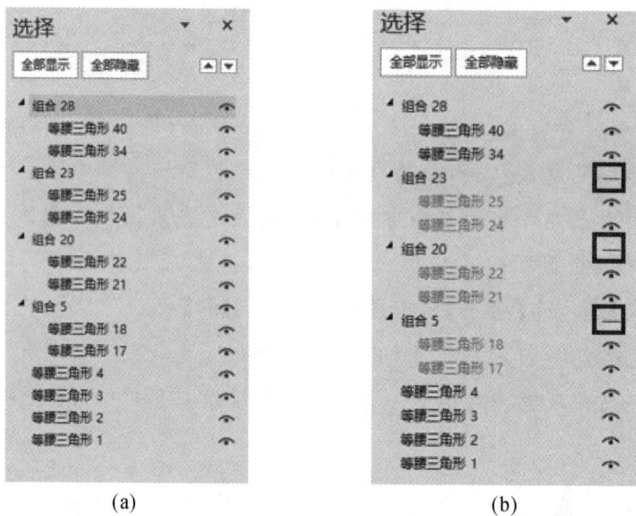

(a)　　　　　　　　　(b)

图 6-46　添加动画

为第一个三角形组合图形添加动画，每个三角形组合图形需要添加两个动画，为直线路径动画和陀螺旋动画。选中三角形组合图形，单击【动画】选项卡【高级动画】组中【添加动画】按钮，在弹出的下拉菜单中，选择【动作路径】组中的【直线】选项，完成第一个动画的添加。然后重新单击【添加动画】，在下拉菜单中选择【强调】组中的【陀螺旋】选项，完成第二个动画的添加，此时打开【高级动画】组中的【动画窗格】对话框，在【动画窗格】中可看到添加的两个动画效果，如图 6-47 所示。

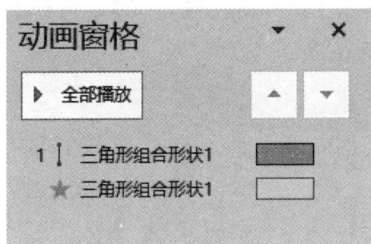

图 6-47　添加的两个动画效果

　　动画效果添加完成后,需要对动画效果进行调整,达到所需要的最终效果。首先,在【动画】选项卡【计时】组中设置【开始】方式,选择【单击时】,【陀螺旋】动画选择【与上一动画同时】,【持续时间】为 1 秒。然后,选中直线动作路径动画,在幻灯片中找到对象元素,此时在工作界面中会出现路径动作完成后的虚拟效果图,图中有两个小圆圈。右侧三角形中的圆圈表示路径动作开始的地方,左侧三角形中的圆圈表示路径动作结束的地方,如图 6-48所示。

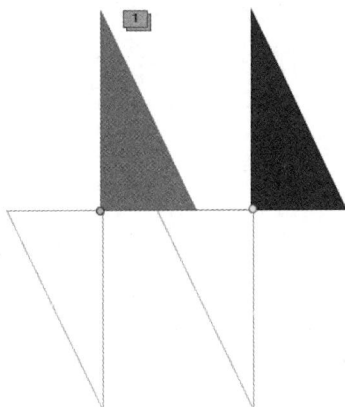

图 6-48　直线动作路径动画

　　将鼠标指针移动到左侧圆圈上,当鼠标指针变成两端箭头形状时,按下左键不放进行拖拽,将虚拟三角形拖拽到虚线组成的正方形中,如图 6-49 所示。

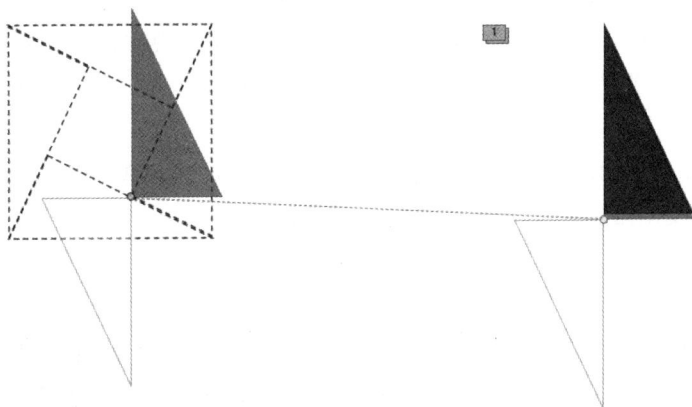

图 6-49　组合

在【动画窗格】中双击【陀螺旋】动画，弹出【动画】效果设置对话框，在【数量】文本框中填写旋转的度数及旋转方向，如图 6-50 所示。

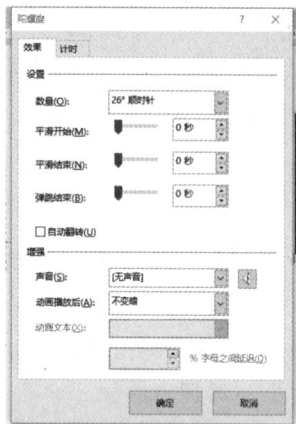

图 6-50　设置参数

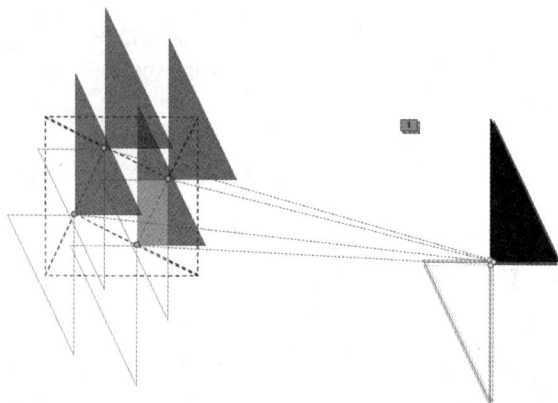

图 6-51　效果

此时完成了第一个图形组合的动画设置，其他三个动画的设置方法相同，这里不再赘述，但需要注意三角形组合陀螺旋动画旋转的度数不同，请读者自己尝试操作，完成后效果如图 6-51 所示。

6.1.8　交互式幻灯片制作

(1)交互功能

交互性是课件与其他教学媒体最大的区别。交互功能让课件除了可以使用丰富的多媒体形式展示内容外，还可以控制内容出现的顺序和形式，为不同的学习者提供不同的内容呈现方式和反馈信息。课件的交互从本质上来说有两层含义：一是指使用课件的方式，如通过按钮、菜单、热区控制课件的播放；二是指使用者能实时向课件输入信息，课件也能提供及时反馈信息，完成使用者与课件之间的信息传递。

PowerPoint 2016 为我们提供了以下几个交互功能。

①超链接，是一种内容跳转技术，使用超链接可以从课件中的任意处的内容跳转到另外内容上，因此，可以使用超链接实现对课件框架的非线性组织，以适应不同学习者和教学情境的需要。

②动作设置，作用和功能与超链接相似，但超链接只能采用单击操作，而动作设置还可采用【鼠标经过】操作。

③触发器，本质上是一个开关，在 PowerPoint 中，可以利用触发器自定义动画播放条件，从而构建判断、选择等信息反馈机制。

④VBA，是 Visual Basic for Application 的缩写，它以 VB 语言为基础，修改运行在 Microsoft Office 上的应用程序。利用 VBA 可以让 PowerPoint 具备程序设计和开发功能，VBA 增强了 PowerPoint 的交互功能，使得开发交互式课件成为可能。

下面将以案例的形式，讲解利用触发器与 VBA 制作交互式课件的方法。

(2)利用触发器制作交互式课件

触发器是 PowerPoint 实现交互的重要工具，所谓触发器实际就是一个触发条件，利用触发器可控制幻灯片中的动画播放、视频和声音。

在 PowerPoint 中，图片、图形、文本、视频、音频等各种元素都可以作为触发器。这里以制作选择题为例，介绍触发器的使用方法。

在幻灯片中设计好选择题的题干和选项，以及判断对错的结果反馈信息，如图 6-52 所示。

选择题：请问杭州是哪个省份的省会？

A. 江苏省　　　　　　B. 浙江省

C. 福建省　　　　　　D. 安徽省

您答对了！　　　　　您答错了！

图 6-52　演示

为"您答对了！"和"您答错了！"两个反馈信息添加进入和退出动画效果。单击【动画】选项卡【高级动画】组中【添加动画】按钮，分别为这两个反馈信息添加进入动画，选择【出现】动画效果。完成后，为"您答对了！"添加触发器，选中动画效果，单击下拉菜单箭头，选中【计时】，弹出【计时】设计对话框，如图 6-53 所示。单击触发器按钮，选中【单击下列对象时启动动画效果】，在下拉列表框中选中【文本框 3：B. 浙江省】选项，单击【确定】，完成触发器的设置。

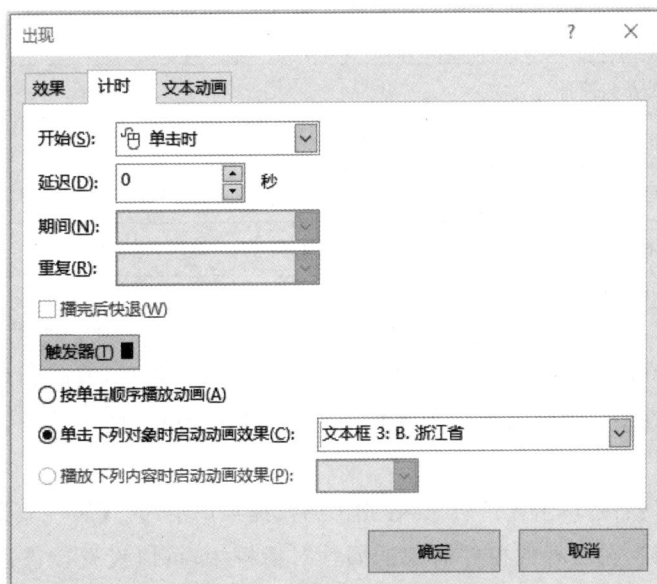

图 6-53　为"您答对了！"添加触发器

为"您答错了！"添加效果，首先将"您答错了！"复制三份，分别对应三个错误的答案。然后分别给复制好的三个"您答错了！"添加动画触发器，每个触发器选择不同的选项。

(3)基于控件的交互型课件设计

除了使用触发器实现交互外，还可以使用 PowerPoint 中的 ActiveX 控件并结合相应的 VBA 编程来实现。PowerPoint 中的 VBA 可以实现很多复杂的交互，本小节介绍使用基本的 VBA 语言和相关控件开发简单交互型课件的方法。

①控件介绍。PowerPoint 2016 中的常用控件集都集中在【开发工具】选项卡中。单击【开发工具】选项卡，在【控件】组中会出现常用的控件，如图 6-54 所示。

图 6-54 控件介绍

每一种控件都有专门的名称，如表 6-2 所示。

表 6-2 控件名称

控件类型	控件名称
复选框控件	CheckBox
文本框控件	TextBox
命令按钮控件	CommandButton
单选按钮控件	OptionButton
列表框控件	ListBox
组合框控件	ComboBox
滚动条控件	ScrollBar
标签控件	Label
图像控件	Image

控件的添加：在【开发工具】选项卡【控件】组中选中某种控件，此时幻灯片中，鼠标指针会变成"＋"，然后在幻灯片中需要添加控件的地方，按住鼠标左键不放进行拖拽，可以调整控件边框的大小。

控件属性设置：右键单击控件对象，在弹出的快捷菜单中选择【属性表】命令，或单击【控件】组中【属性】按钮，在出现的控件对象的属性对话框中，可以设置控件的各种属性，如图 6-55所示，常用的有 Font(字体)、AutoSize(控件对象大小自动调节)、Caption(控件对象的显示标题)，可根据需要进行设置。

②编写 VBA 代码。当双击某种控件时，在出现的代码编辑窗口中会出现如图 6-56 所示的程序代码语句（VBA 语言）。

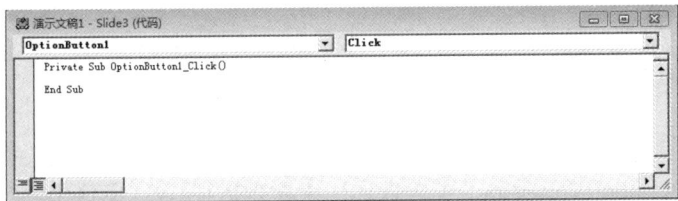

图 6-56 VBA 代码

在程序代码语句

Private Sub OptionButton1_Click()

End Sub

中间的空行处，可以根据需要设置相应的程序（采用 VBA 语言），在事件/过程类型中，最常用的是 Click（鼠标单击对象）事件/过程，其次是在如填空之类的控件对象中使用的 LostFocus（填入文本，鼠标移出对象）事件/过程，还有如 Keypress（键按下）等事件/过程。在代码编辑窗口上部左侧的对象列表框下拉菜单中可选择控件对象，也可以在右侧的（事件/过程）列表框下拉菜单中选择事件/过程。

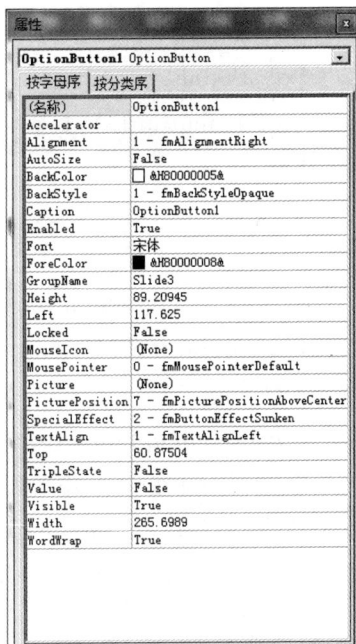

图 6-55 控件属性

案例 6-3：用 VBA 实现交互式课堂练习

课堂教学中，一节课免不了要穿插一些课堂练习，课堂交互式练习有单选题、多选题、是非题和填空题等，可采用控件并设置相应 VBA 代码来实现。现以下述课堂交互练习为例来说明其制作方法。

单选题：

文学家韩愈所处的时代是：

A.唐朝　B.元朝　C.秦朝　D.清朝

正确答案是：A。

添加单选按钮并设置属性。本例中单项选择题所用到的控件为【单选按钮】，添加方法是：选择【视图】菜单→【工具栏】→【控件工具箱】→【单选按钮】，依次在题目下方的位置上拖绘出 4 个单选按钮，调整好位置。先选中第一个按钮，单击右键，在出现的菜单栏中选择【属性】，出现属性面板框。在属性框中选择【Caption】项，将其右边框中的内容改为"A."，如要改变字体及字的大小，可以选择属性表中的【Font】（字体）属性，单击右边的按钮，设置字体。依次添加其余 3 个单选按钮，进行相应的属性设置。在单选按钮中写入对应的 VBA 代码：分别双击 4 个单选按钮，进入代码编辑窗口，根据答案正确与否，为各个按钮分别输入相应的 VBA 代码。

单选按钮 A，正确。

命令设置如下：

Private Sub optionbutton1_Click()

If optionbutton1. Value＝True Then MsgBox "选择正确！恭喜你！"，vbOKOnly

End Sub

单选按钮 B、C、D，错误。

命令设置如下：

Private Sub optionbutton2_Click()

If optionbutton2. Value＝True Then MsgBox "选择错误！请再想想！"，vbOKOnly

End Sub

Private Sub optionbutton3_Click()

If optionbutton3. Value＝True Then MsgBox "选择错误！请再想想！"，vbOKOnly

End SubPrivate Sub optionbutton4_Click()

If optionbutton4. Value＝True Then MsgBox "选择错误！请再想想！"，vbOKOnly

End Sub

本案例中用到了 MsgBox 函数，其作用是显示一个消息框，如在本例中显示"选择正确！恭喜你！"或"选择错误！请再想想！"的信息，后面的 vbOKOnly 是 MsgBox 的一个参数，它用来显示消息框上的【确定】按钮。此外，还用到了"If... Then..."这样的条件判断语句，作用是当该单选按钮被选中时（即条件为 True 时），显示消息框。上述的案例，只介绍了单选按钮控件，读者可以尝试用其他一些控件，如复选框控件（CheckBox）、文本框控件（TextBox）、命令按钮（CommandButton）控件等，在 PowerPoint 中进行多选题、是非题和填空题的交互设计。当然其他很多控件也是很有用的，需要教师通过实际操作加以熟悉和掌握，并将它们运用到教学实践中。通过以上两种方法的介绍，不难发现，运用 PowerPoint 中的 ActiveX 控件及 VBA 可以较好地实现课件的交互功能，满足一线教师在课堂上灵活使用 PowerPoint 来制作交互型课件的要求。当然，在实际运用中，有一部分教师对控件和 VBA 编程可能会产生一定的畏难心理，本书介绍的是一些简单的操作，学习掌握并不困难。希望一线教师能巧妙运用 PowerPoint 中的触发器实现课堂教学中的及时反馈与交互，让 PowerPoint 这一常用软件在教学中发挥更大的作用，优化课堂教学效果。

6.2　数字图像素材制作

6.2.1　图形图像素材的编辑

(1)Photoshop 的工作界面

众所周知，Photoshop 是一款专业的、功能齐全的图片处理软件，具有强大的修饰功能。

但是其有一个缺点就是占用的内存比较大，下载也比较耗时。本节以 Photoshop 软件为例来讲解图片的处理编辑过程。

Photoshop 的工作界面上有标题栏、菜单栏、属性栏、工具栏、控制面板、工作区、状态栏等，如图 6-57 所示。在进行绘图之前，熟悉 Photoshop 的工作界面有利于我们更快、更有效地进行各类操作。

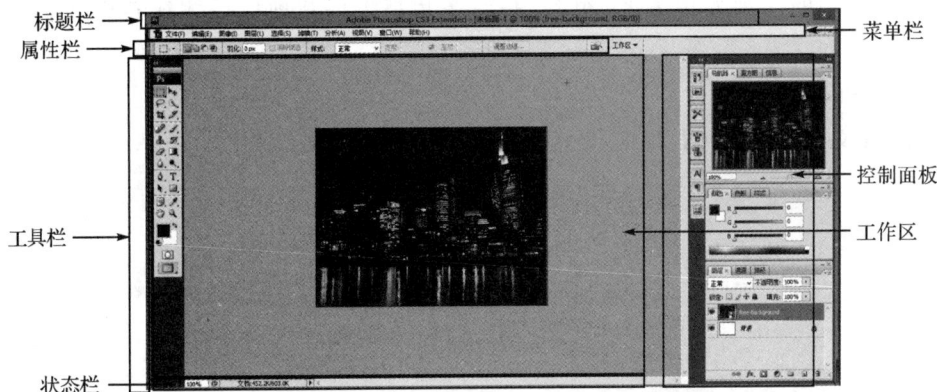

图 6-57　Photoshop CS3 工作界面

①标题栏：会显示文档名称、文件格式、颜色模式和文件缩放比例等信息。如果文档中包含多个图层，则标题栏中还会显示当前选中的图层。

②菜单栏：包含各种可执行的命令。Photoshop CS3 的菜单栏共包含 10 个菜单，分别为文件、编辑、图像、图层、选择、滤镜、分析、视图、窗口和帮助。

③属性栏：包含不同的参数，用于设置当前工具的属性，具体参数会随着所选工具的不同而不同。

④工具栏：存放着 Photoshop 的全部工具，用户可以单击选择不同的工具进行操作和编辑。

⑤控制面板：配合用户在 Photoshop 中进行的操作，可进行参数设置和调整。

⑥工作区：即图像的显示区域，可在此编辑和修改图像。

⑦状态栏：显示文档大小、文档尺寸和文档缩放比例等信息。

(2)Photoshop 的工具

工具栏位于 Photoshop 工作界面的左侧，但可以根据需要随意拖动。工具栏列出了 Photoshop 的工具，右键单击或左键常按其右下角小三角形图标，就可以打开该工具的隐藏工具组列表，如图 6-58 所示。

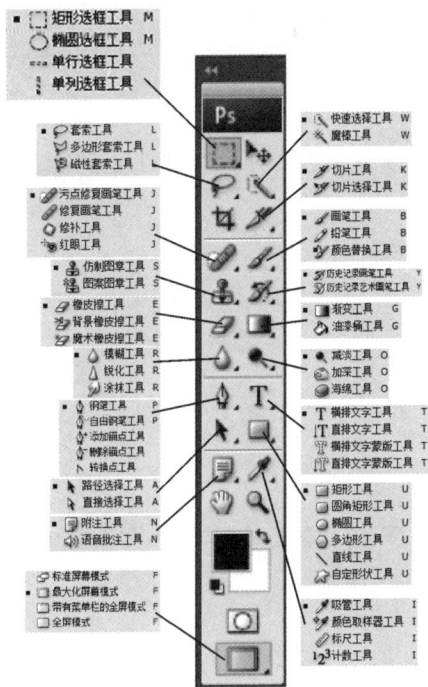

图 6-58　Photoshop CS3 的工具

6.2.2　Photoshop 图像处理

(1)图片裁剪

裁剪是常用的一种处理方式,很多图片、照片都需要裁剪以后才能符合我们的使用要求。

①打开 Photoshop 软件。

②单击【文件】→【打开】,找到"圣诞树.jpg",如图 6-59 所示。

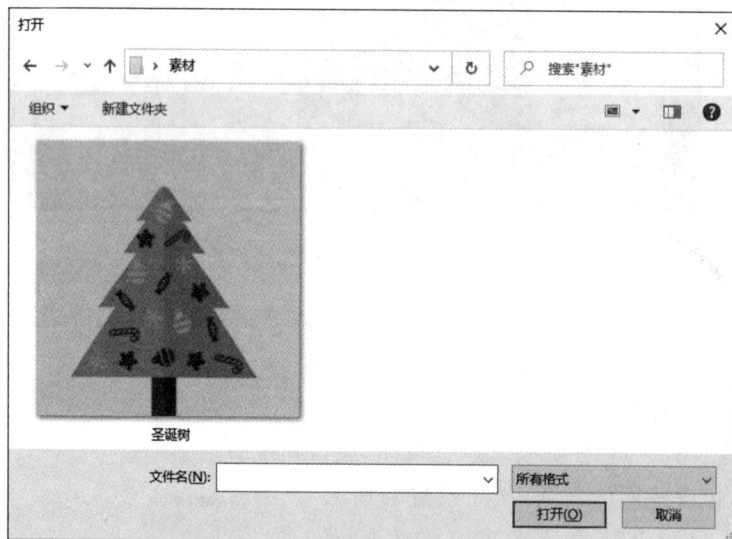

图 6-59　打开图片

③在左边工具箱中找到裁剪工具 ，如图 6-60 所示。

图 6-60　裁剪工具

④ 按住鼠标左键不放,在图片上拖拽选定区域,选定后也可以重新调整大小,如图6-61、图 6-62 所示。

图 6-61　裁剪过程　　　　　　　图 6-62　调整大小

⑤除了简单调整大小外，还可以通过裁剪工具栏（见图 6-63）对剪裁参考线、是否屏蔽等进行设置。

图 6-63　剪裁工具栏

⑥按 Enter 回车键完成裁剪。

(2)水印

在 Photoshop 中去水印需用到一个工具——仿制图章工具。仿制图章工具主要用于复制取样的图像，使用非常方便。仿制图章工具以取样的点为中心，按涂抹的范围复制全部或者部分到一个新的图像中。仿制图章工具的本质就是在原有图层上覆盖一层，它最大的优点就是能选取附近相似的图像，保留其纹理，使得覆盖效果很自然。这里，以去除图片"大海.jpg"（见图 6-64）中的时间为例进行讲解。

图 6-64　大海图片

①启动 Photoshop 软件，打开图片"大海.jpg"，如图 6-65 所示。

图 6-65　打开"大海.jpg"图片

②单击工具栏中【仿制图章工具】(见图 6-66),此时在操作界面会出现一个小圆。

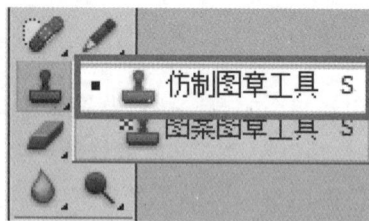

图 6-66　仿制图章工具

③在拾取样本获取图像之前,先在仿制图章工具栏(见图 6-67)中进行笔触大小样式、不透明度等设置,如图 6-68、图 6-69 所示。

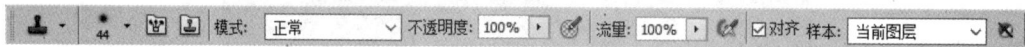

图 6-67　仿制图章工具栏

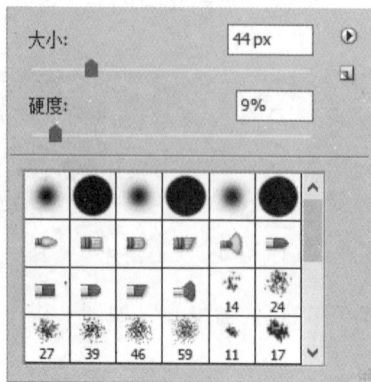

图 6-68　笔触设置

图 6-69　不透明度设置

笔触不宜过大也不宜过小,要根据覆盖的区域决定,硬度也应视情况而定。

不透明度 100% 为可见,不透明度为 0 则不可见。如果要完全覆盖,则不透明度为 100%。

在这里,选择笔触大小为 54,硬度为硬力圆 100%。

④按住 Alt 键(此时会出现带十字的圆)并按住鼠标左键,在需要覆盖的区域附近单击定点选样。由于 Photoshop 中以图层模式操作,所以一定要在图像所在图层拾取。如果选样成功,则小圆圈中会出现拾取的图像。此时,拾取的图像将保存在剪切板中。

⑤在图像缺陷处单击就可以覆盖,为了保证覆盖完美,可多次取样复制。图 6-70 是最终效果。

图 6-70　去水印后

⑥保存图片:单击【文件】→【存储为】,选择存储位置及文件类型,单击【确定】。

(3)抠图

"抠图"作为图片处理中最常见的操作之一,它能将图片中有用的部分精确地提取出来。

在 Photoshop 中用于抠图的工具较多,简单抠图只需要魔棒、橡皮擦工具即可实现,稍复杂的则用套索工具亦可实现,但如果是如扣头发丝等需精确抠选的,则需要借助通道工具等实现。下面,通过几个例子来介绍抠图的技巧。

案例 6-4

从图中抠出礼物(见图 6-71),主要用到的工具是魔术橡皮擦工具 。

图 6-71　礼物图片

橡皮擦工具，顾名思义就是能擦除图像。橡皮擦工具有三种，这里主要简单介绍"魔术橡皮擦工具"。如果图片的背景色单一，那么用这个工具清除背景是最方便的。魔术橡皮擦工具的功能就是擦掉相近或者相连的内容。

①启动 Photoshop 软件，选择【文件】→【打开】→礼物.jpg，如图 6-72 所示。

图 6-72　打开图片

②单击左边工具栏中的【魔术橡皮擦工具】。在使用之前，有两处需要注意：一是不透明度，在前面已经讲解过；另一个是容差，根据魔术橡皮擦的功能可知选取的区域范围大小和能够选取颜色的色差有关，如图 6-73 所示。而容差越大，选取的颜色允许的色差范围越大。

图 6-73　魔术橡皮擦工具设置

③在图片的背景区域单击,图片的背景就被擦除了,如图 6-74 所示。

图 6-74　去除背景后

④保存图片:单击【文件】→【存储为】,选择存储位置及文件类型,单击【确定】。关于文件类型,需要注意:若想保存一张透明背景图片,则存储为 GIF 或 PNG 格式;若想保留图层信息,则存储为 PSD 格式。

案例 6-5

从图中抠出小女孩(见图 6-75),主要用到的工具是魔棒工具🪄。

魔棒工具的作用是:选取颜色相近的区域。所以,用魔棒工具抠图是有前提条件的,如果图片的背景颜色与主体颜色差距较大,那么用魔棒工具抠取图片既方便快捷又精准;否则,魔棒工具就不太适合。它的用法和魔术橡皮擦工具类似。

图 6-75　女孩图片

①启动 Photoshop 软件,选择【文件】→【打开】→女孩.jpg,如图 6-76 所示。

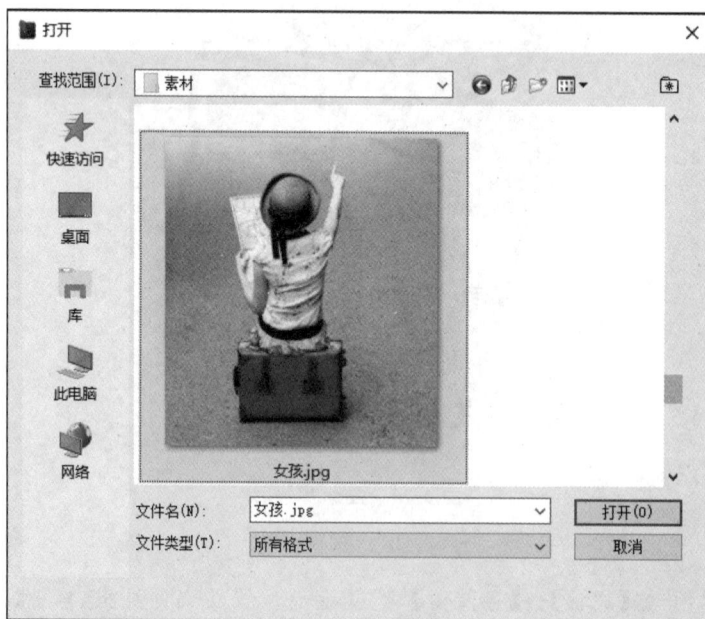

图 6-76　打开图片

②单击左边工具栏中的【魔棒工具】,对魔棒工具的属性进行设置。如图 6-77 所示,在①标记处,有四种选取方式,一般选择第二种:添加到选区。原因是在用魔棒选取颜色时,

经常不能一次选中,而这个操作可以多次添加选区。在②处有关于"容差"的设置。容差越大,选取的颜色允许的色差范围越大。勾选③处的两个复选框。

图 6-77　魔棒工具设置

③用魔棒工具点击女孩以外的其他地方,此时会出现蚂蚁线。被蚂蚁线包围的部分是选中的部分,其他地方是没选中的部分。如果想添加多个选区而又忘了选中【添加到选区】样式,那么只要在按住 Shift 键的同时用魔棒工具加选即可(按住 Alt 键减选),图 6-78 是选取过程。

图 6-78　选取过程

④根据图片实际情况，可以更改容差范围大小，进行加选或减选，图 6-79 是最终选取效果。需要注意的是在选取过程中可适当放大图片，以免漏选。

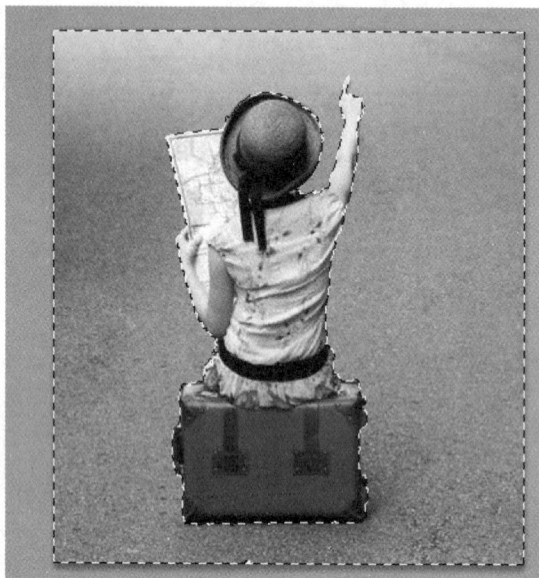

图 6-79　选取的最终效果

⑤除了女孩以外的其他部分都已选取，但我们需要的恰恰是选取的部分。单击菜单栏中的【选择】→【反向】（见图 6-80），就可选取女孩部分（见图 6-81）。

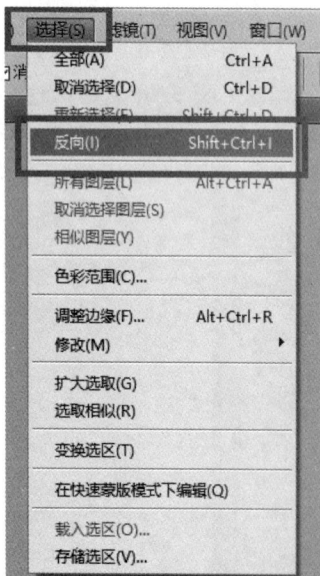

图 6-80　反向选择

图 6-81　选取女孩

⑥将女孩移动到目标图片，即去掉水印的"大海.psd"文件中。单击工具栏中的移动工具 ，将鼠标移至选区中，按住鼠标左键移动女孩图片（见图 6-82），直到进入目标图片之中。当鼠标呈现"＋"形状时松手，说明已经顺利移到了目标图片中。

图 6-82　移动到目标图片

⑦调整女孩图片大小(在下文中会重点讲解,这里不做说明),如图 6-83 所示。

图 6-83　调整大小

⑧保存为"女孩.psd"(最好保存为 PSD 文件,方便后面操作)。

案例 6-6

从图中抠出轮船(见图 6-84),主要用到的工具是磁性套索工具 。

图 6-84　船图片

套索工具分为以下三类：

①套索工具 ⃝：可以自由绘制一个区域；

②多边形套索工具 ⎆：用直线来绘制区域，形成一个多边形；

③磁性套索工具 ⎆：沿着图像的边缘绘制区域，能大致跟踪图像的边缘。

本例中，我们选用第三种。

①启动 Photoshop 软件，选择【文件】→【打开】→轮船.jpg，如图 6-85 所示。

图 6-85　打开图片

②单击左边工具栏中的【磁性套索工具】，对其属性进行设置。

羽化：羽化原理是令选区内外衔接的部分虚化。图 6-86 为羽化值为 0 的选区，图 6-87 为羽化值为 30 的选区。

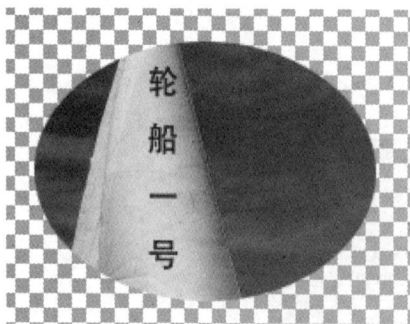

图 6-86　羽化值 0

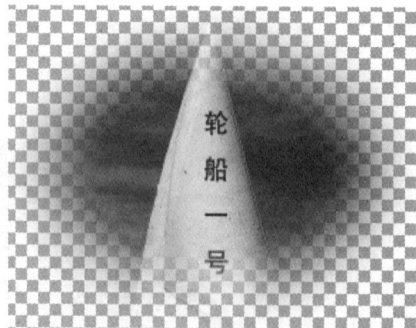

图 6-87　羽化值 30

频率：频率越大，吸附得越密集；这里设置羽化值为 0px，频率为 11，如图 6-88 所示。

图 6-88　磁性套索属性设置

　　③用磁性套索工具在需要选择的图像区域单击,移动鼠标软件,套索工具就会自动吸附识别你想要的选区。在这过程中,可以在任意位置单击定位,值得注意的是,首尾定位点必须相连。一旦找不到首定位点,可在旁边双击重新定位。图 6-89 是选取过程中的图片,图6-90 是最终结果。

图 6-89　磁性套索过程

图 6-90　最终结果

　　④将轮船移动到目标图片,即去掉水印的"女孩.psd"文件中。

　　⑤保存为"旅行.psd",如图 6-91 所示。

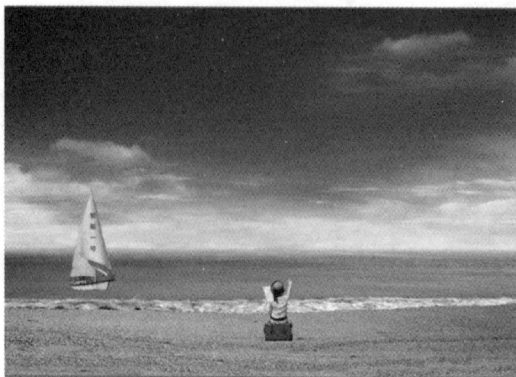

图 6-91   "旅行.psd"图片

通过前面三种抠图技巧,基本将"旅行.psd"这个作品完成了,根据需要再添加一些文字和特效。

(4)图片变换

如果想修改图片的大小,改到自己想要的尺寸,该怎么操作呢? 图片变换方式分为两种,一种是改变图片的大小,另一种是改变图片方向。

在 Photoshop 软件中图像大小调整分为三类:整个图像大小调整、画布大小调整和图像中某个对象大小调整。以下对这三种图像大小调整进行详细讲解。

①启动 Photoshop 软件,选择【文件】→【打开】,打开文件"旅行.psd",如图 6-92 所示。

图 6-92   打开"旅行.psd"文件

②修改画布大小:改变的是图像背景的大小,对图像没有任何影响。选中背景图层,单击【图像】菜单栏的【画布大小】,弹出【画布大小】对话框,设置画布大小、当前图像画布的扩展方向及扩展部分颜色。图 6-93 是对画布大小的相关参数设置,参数设置好后按【确定】,图 6-94 是画布大小调整后的效果。

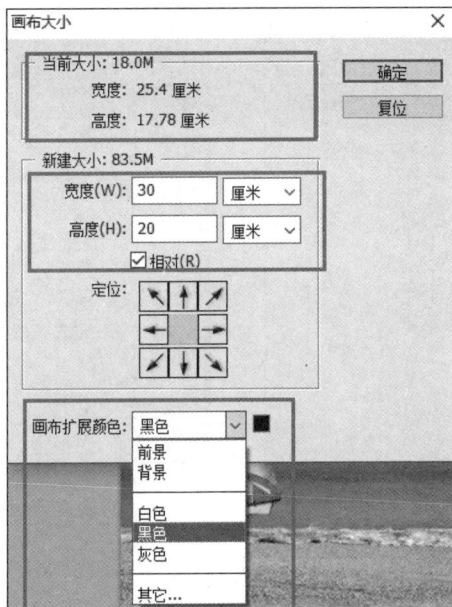

图 6-93　画布大小设置

图 6-94　画布大小调整后的效果

③整个图像大小调整：能实现整个文件的大小调整，所有图层都包含其中。选择【图像】菜单栏→【图像大小】，弹出【图像大小】对话框，设置图像高度和宽度。如果不勾选【重定图像像素】，则只能修改文档大小，像素大小不会改变，如图 6-95 所示，在宽度高度修改后，整个文档的分辨率会改变。分辨率越低，图像清晰度越低。要注意的是，如果想要宽度和高度等比例缩放，则需要选择【约束比例】选项。这里我们勾选【重定图像像素】，将宽度设置为 80厘米，此时高度会自动修改，如图 6-96 所示。

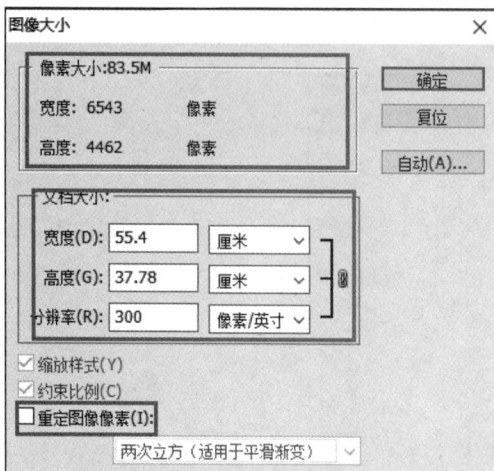

图 6-95　不勾选重定图像像素

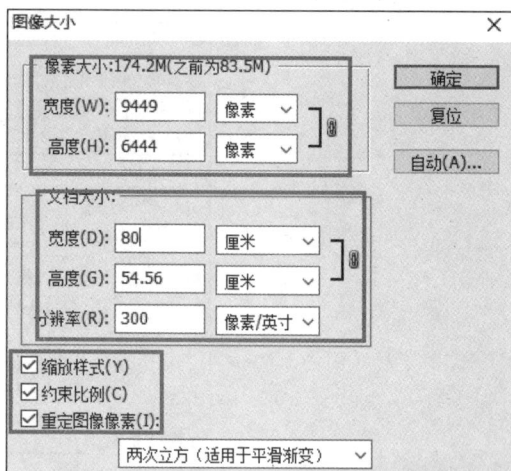

图 6-96　本例图像大小设置

④调整图像中某个对象的大小：若需要改变大小的对象是单独一个图层的，则只需选择当前图层即可；若需要改变大小的对象与其他对象在同一个图层，则需要先选取该对象。选中"轮船"图层，单击【编辑】菜单栏，选择【自由变换】（或者按 Ctrl＋T 键），单击右键，选择下拉列表中的【水平翻转】，如图 6-97 所示，按回车键确定。自由变换不仅可以通过拖拽调整图像大小，还可以进行旋转、扭曲等操作，不规则改变图像。轮船水平翻转后的效果如图 6-98 所示。

图 6-97　自由变换

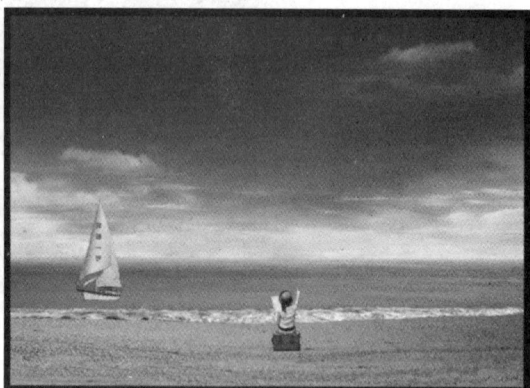

图 6-98　轮船水平翻转后的效果

Photoshop 的自由变换功能可以对图像进行很多操作。笔者这里只举水平翻转这个例子。

⑤将文件存储为"图像调整.psd"。

(6)艺术效果

除了颜色调整，在 Photoshop 中还可以对图片进行艺术效果设置。

①启动 Photoshop 软件，打开文件"卡通插图.jpg"，如图 6-99 所示。

图 6-99　卡通插图

②单击【滤镜】菜单栏→【模糊】→【高斯模糊】(见图 6-100)，弹出【高斯模糊】对话框，在此对话框中进行相关设置(见图 6-101)。添加艺术效果后的图片如图 6-102 所示。

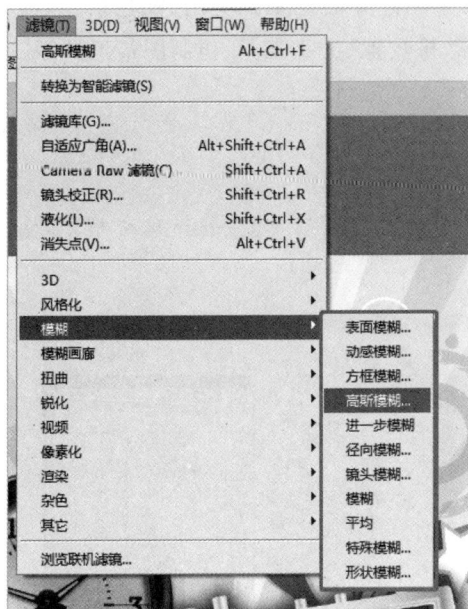

图 6-100　高斯模糊

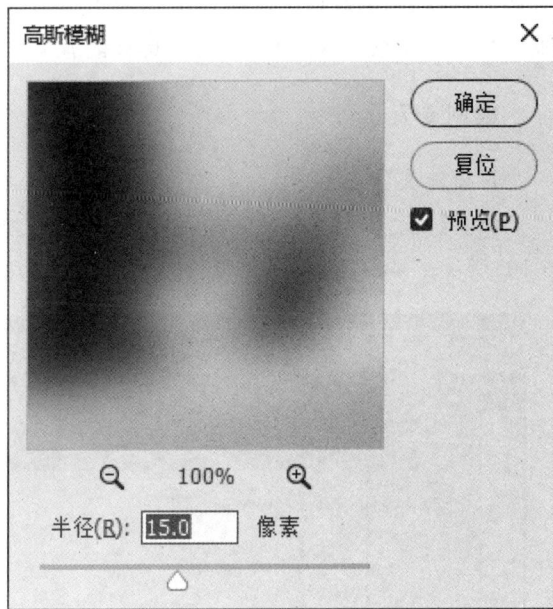

图 6-101　【高斯模糊】效果设置

图 6-102　最终效果

在 Photoshop 中可添加的艺术效果比在 PPT 中可添加设置的效果更加丰富。不仅如此，在 Photoshop 中通过滤镜功能，不仅能添加艺术效果，还可以添加风格化、渲染等其他滤镜效果，如图 6-103 所示。

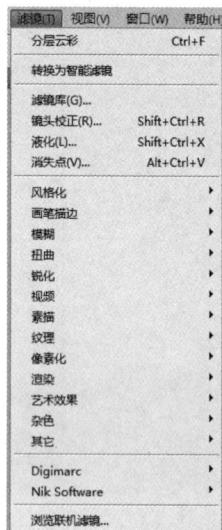

图 6-103　滤镜

6.2.3　课件界面图像处理案例

在设计课件界面之前，必须确定课件的主题，本次案例的主题是人工智能，因此要围绕这个主题搜寻需要的素材。多媒体课件界面应主题突出、配色恰当，能吸引学生的注意力，主要应用的工具有裁剪工具、魔棒、橡皮擦、文字工具、仿制图章工具等。

案例 6-7

1. 新建文件

执行【文件】→【新建】命令，打开新建对话框设置参数，单击【确定】按钮新建文档，如图 6-104所示。将图层命名为"背景"，如图 6-105 所示。

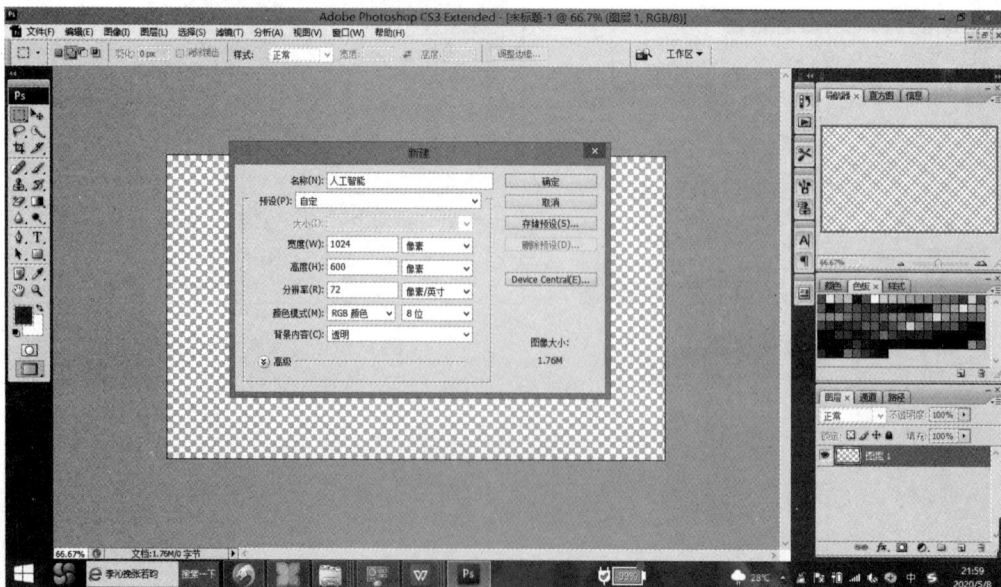

图 6-104　新建文档

图 6-105　图层命名

2. 添加背景图像

执行【文件】→【置入】命令,选择桌面的"日出.jpg"文件,单击【置入】。用鼠标将图片调整到合适的大小铺满背景,并单击属性栏中的 ✓ ,如图 6-106 所示。

图 6-106　置入背景图像

3. 对背景图像进行裁剪

选择 🔲 工具对背景图像进行裁剪,如图 6-107 所示。

图 6-107　裁剪图像

4. 去除背景图像中的杂物

选择仿制图章工具 ![印章图标]，这时会弹出一个对话框，要求将图层栅格化，单击【确定】，如图 6-108 所示。所谓图层栅格化就是把矢量图转化成位图，因矢量图和位图的处理方法不同，要使用位图的处理方法就必须进行栅格化。图像去除杂物后的效果如图 6-109 所示。

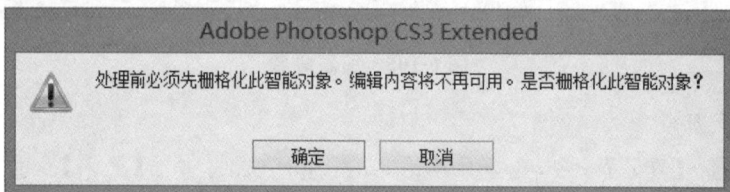

图 6-108　图层栅格化

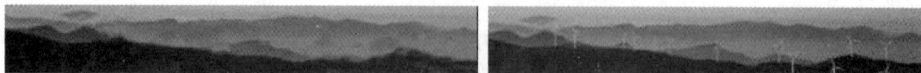

图 6-109　图像去除杂物

5. 处理机器人素材

打开"机器人.jpg"文件，并使用魔术橡皮擦工具去除它的背景（见图 6-110）。或者采用魔棒工具，选中机器人之后单击选择菜单中的【反向】，然后删除选区，如图 6-111 所示。注意，删除操作，也只能针对位图进行，因此要将图层转化为智能对象之后栅格化，最后进行存储。

图 6-110　魔术橡皮擦去背景

图 6-111　魔棒去背景

6.把机器人置入背景图像

新建图层,命名为"机器人",执行【文件】→【置入】命令,打开"机器人.psd"文件,单击【置入】,并对其大小、位置进行调整,最后单击属性栏上的 ✓ ,效果如图 6-112 所示。

图 6-112　图像置入

7.创建文字

使用文字工具 T 进行文字编辑。在编辑之前确定文字的大小、颜色等属性(见图 6-113),在输入文字之后系统会自动新建一个文字图层来放置文字。

图 6-113　文字属性设置

　　用编辑菜单栏中的【自由变换】命令,调整文字的大小和角度,并用移动工具 ⊕ 将其移动到恰当的位置,用同样的方式输入另一个字符,如图 6-114 所示。

图 6-114　文字自由变换

8.设置文字和机器人的图层样式

　　选中一个图层,单击下方 fx 图标,选择多种不同的图层样式应用到图层中(见图 6-115),以此达到想要的效果(见图 6-116)。

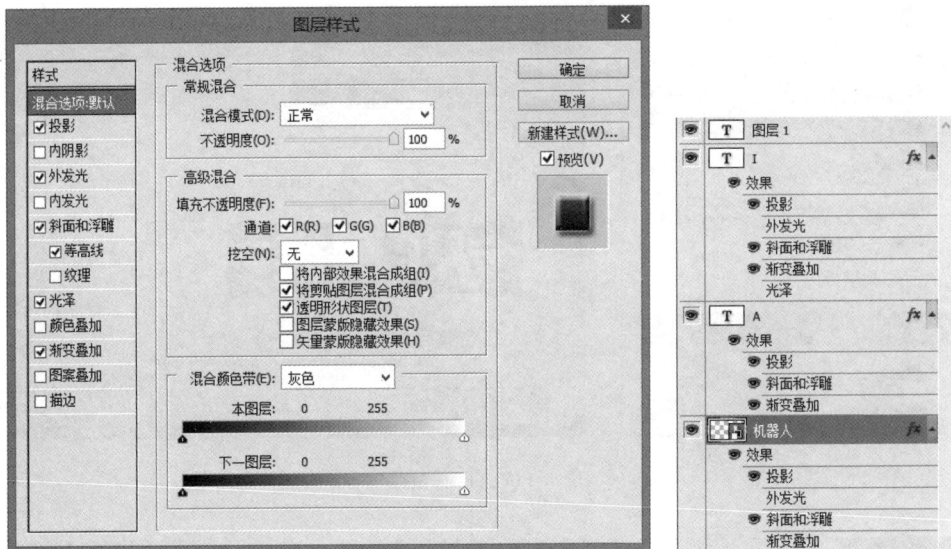

图 6-115　图层样式

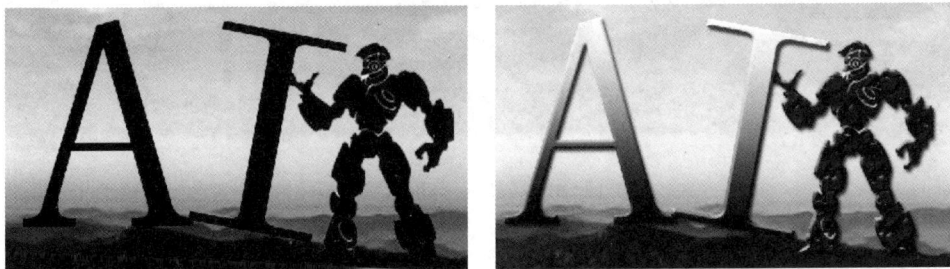

图 6-116　图层样式使用效果

9.处理图标素材

打开"人工智能.jpg"文件。要对这个图标进行抠图,会发现不管是使用磁性套索工具、魔术橡皮擦还是魔棒,都很难快速将图标中的小字完整地抠出,因此这里介绍一种新的方法。

①打开"人工智能.jpg"文件,执行【选择】菜单栏中的【色彩范围】命令,会弹出色彩范围的设置窗口,如图 6-117 所示。最上面的选项用于选取颜色,点开之后会出现很多颜色选项,选择所需要的那部分图像的颜色。这里选择高光(白色),单击【确定】,则所有的白色色彩范围都被选中,包括其中的小字(见图 6-118)。

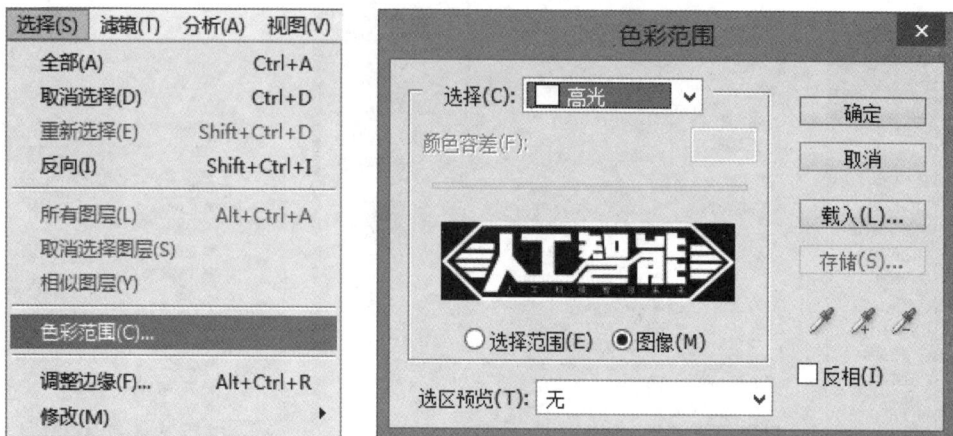

图 6-117　色彩范围

图 6-118　色彩范围选区

②对选区执行【编辑】→【拷贝】的命令，然后在背景图像中执行【编辑】→【粘贴】的命令，将图标拷贝到界面中，如图 6-119 所示。可以通过缩放工具 看最终的效果，如图 6-120 所示。

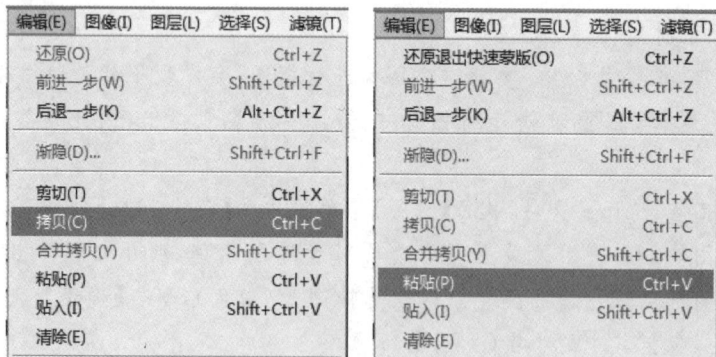

图 6-119　选区的拷贝与粘贴

图 6-120　粘贴后的效果

10.作品展示

通过使用一些简单的工具和指令,完成了多媒体课件界面的设计制作,如图 6-121 所示。

图 6-121　课件界面效果

6.3　数字声音制作

声音是一种重要的多媒体素材资源类型。多媒体计算机主要通过声卡来处理声音,声卡的主要功能是将话筒或线性输入的声音信号经过 A/D 转换变成数字音频信号进行数据处理,然后将信号经过 D/A 转换变成模拟信号,送往混音器中对其放大,最后通过输出驱动还原发声。在进行多媒体声音信息采集和处理的时候,需要对声卡进行正确设置。

6.3.1　声卡的基本设置

(1)音量控制窗口及调整

双击 Windows 桌面右下方任务栏中的喇叭指示器打开音量控制窗口(见图 6-122)。音量控制窗口的界面可能会因 Windows 版本的不同和声卡的不同稍有不同。

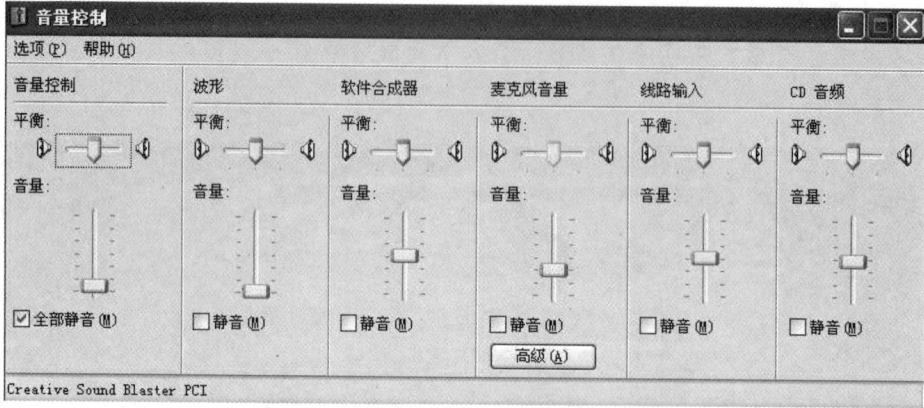

图 6-122 音量控制窗口

其中最左边一栏是对所有音量的控制,其余各栏分别是波形、软件合成器、麦克风音量、线路输入、音频等。该窗口中沿垂直方向滑动的滑块可控制各种设备的音量大小;沿水平方向滑动的滑块可控制滑块左右声道音量大小平衡。如果想关闭某种声音,则可以在相应设备的【静音】复选框中单击打勾。

(2)录音控制

音量控制工具的另一个作用是控制录音音量的大小和音源。在音量控制窗口中选择【选项】→【属性】命令,打开【属性】对话框,如图 6-123 所示。在【调节音量】选项中选择【录音】,在音量控制器列表中选择音频设备,可以同时选择几种录音设备。如果采用某种录音音源,则必须在相应设备的【选择】复选框中单击打勾。

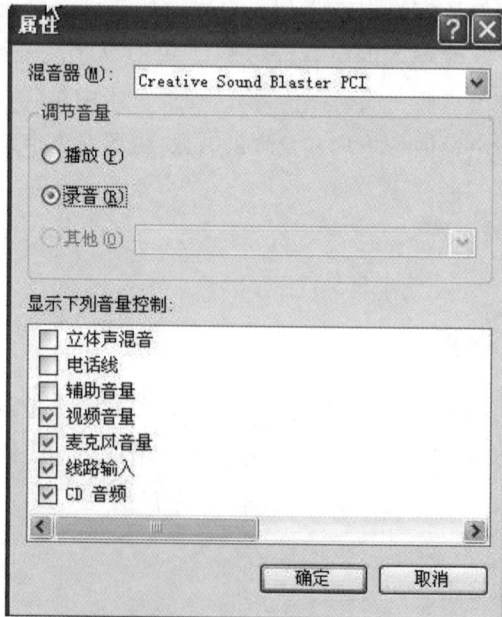

图 6-123 录音属性设置窗口

常用录音设备有 CD、线路、麦克风等设备,如图 6-124 所示。

录制 CD 唱盘上的声音时,应把 CD 唱盘放入光驱,在录音控制窗口中调整"CD 音频"的音量,并勾选"CD 音频"栏的【选择】复选框。

录制来自录音机、随身听等有源设备的声音时,应先用一根音频线把音源设备的输出端与计算机声卡的线路输入端相连,然后在录音控制窗口中调整"线路输入"的音量,并选中"线路输入"栏里的【选择】复选框。

用麦克风录制语音时,应把麦克风与声卡上的 MIC 端相连,然后在录音控制窗口中调整麦克风音量,并选中"麦克风音量"栏里的【选择】复选框。

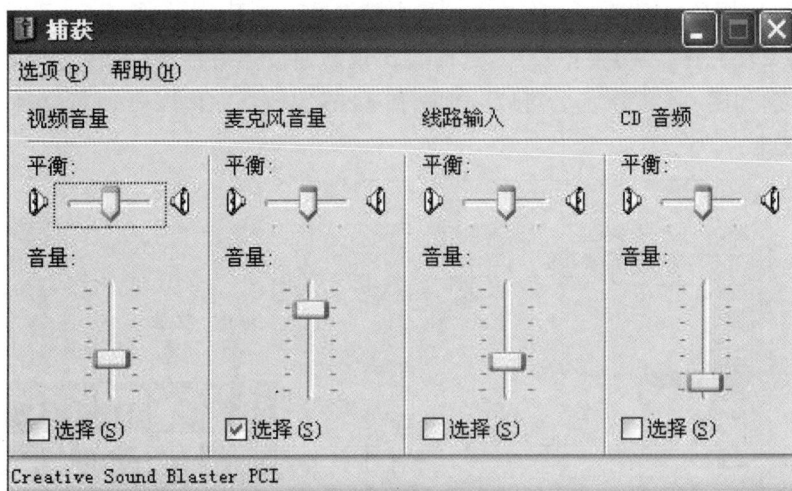

图 6-124　录音控制窗口

6.3.2　Cool Edit Pro 2.0 录音与编辑

(1)Cool Edit Pro 2.0 工作界面

Cool Edit Pro 是一款功能强大的专业数字多轨音频编辑软件,也是一个在国内具有广泛用户群和较高人气值的一个录音软件。它的优势在于集合了单轨录音和多轨录音两种模式,不仅能高质量地完成录音、编辑和合成等多种任务,还能进行降噪、扩音、淡入、淡出等特殊处理。支持多种音频文件格式,常用的包括 WAV、MP3、RAW、CEL、CDA、VOC、VOX、SMP、WMA、ASF、PCM、RAW 等。制成的音频文件,可以保存为 WAV、VOC、MP3、RM 等格式文件。

打开 Cool Edit Pro 2.0,它有两个操作界面,一个是多轨操作界面,另一个是波形编辑界面。它的工作界面内容非常丰富,其中包括菜单栏、工具栏、波形显示区、缩放工具等。

波形显示区下方是播放控制栏、缩放工具、当前播放位置、时间显示区。波形显示区是工作界面的主体,是 Cool Edit Pro 编辑声音的主要工作区,它显示了声音文件的波形,单声道声音只有一个波形,双声道声音会在波形显示区中显示上下两个波形。对于双声道声音,当移动鼠标到波形显示区上边缘时,鼠标旁会出现英文字母 L,此时鼠标操作只对左声道的波形起作用;当移动鼠标到波形显示区下边缘时,鼠标旁会出现英文字母 R,此时鼠标操作只对右声道波形起作用。在波形上单击并拖动鼠标可以选定当前工作的区域,双击可以选定当前显示在波形显示区内的波形。波形上竖直的虚点黄线与在波形显示区上下边缘的两个黄色三角形连接,主要功能是指示当前选择点、播放点或插入点的位置。

(2)Cool Edit Pro 录制声音

录音时,首先需要确定录制何种音源,并将声卡与设备连接,调试好录音电平,然后在 Cool Edit Pro 应用程序窗口中开始录音。基本操作过程如下:

①选择【文件】→【新建】菜单命令,这时会出现新建波形对话框,选择适当的采样率、声道和采样精度,如图 6-125 所示。可以分别选择 44100 赫兹、立体声、16 位,这种设置能够达到 CD 音质效果。

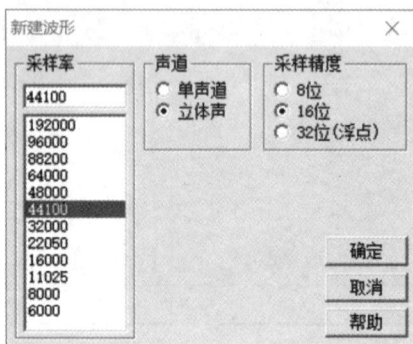

图 6-125　Cool Edit Pro 录音参数设置对话框　　　图 6-126　播放控制栏

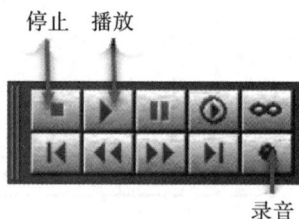

②单击播放控制栏上的红色【录音】按钮(见图 6-126),开始录音。

③完成录音后,单击播放控制栏上的【停止】按钮(见图 6-126)。

此时,Cool Edit Pro 中的波形显示区将出现刚录制文件的波形图,如图 6-127 所示。可单击播放控制栏上的【播放】按钮进行播放。最后,选择【文件】→【另存为】菜单命令,选择一种声音文件格式对录制的声音进行存储。

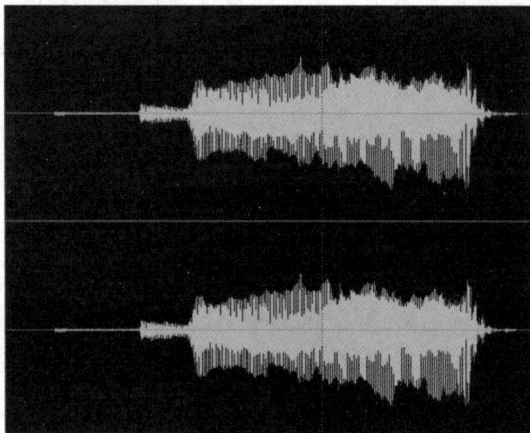

图 6-127　Cool Edit Pro 录制的声音波形

（3）Cool Edit Pro 声音编辑

①声音的复制、剪切和粘贴。用 Cool Edit Pro 编辑声音的方法，与文字处理软件中编辑文本相似。首先，选择编辑对象或范围，在波形上按下鼠标左键向右或向左滑动，如果要选择整个波形，则在波形界面上双击鼠标即可。然后，单击鼠标右键，选择复制或剪切或粘贴等操作即可，如图 6-128 所示。

图 6-128　声音的复制、剪切和粘贴

②声音音量调整。选取整个声音波形，选择【效果波形振幅渐变】菜单命令，会弹出对话框，如图 6-129 所示。在【恒量改变】选项卡中，拖动渐变滑块，即可改变当前波形或被选中波形的振幅大小，也就是可放大或缩小声音音量。在默认条件下，大于 100％时为放大声音音量，小于 100％时为缩小声音音量。

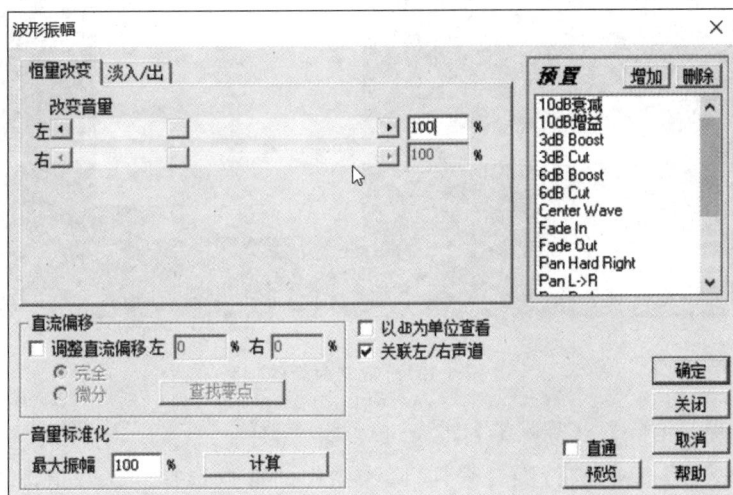

图 6-129　调整音量操作对话框

该对话框中各选项作用如下：【以 dB 为单位查看】复选框取消，则音量调整的数值就会变成以百分比为单位。【直流偏移】选项组可以用来进行直流偏差的调整。通常录音时会有一定的直流偏差,这就意味着波形的水平中线和波形显示区纵坐标 0 值并不一致,而有一点偏差。要调整这个偏差,则勾选该复选框,把调整的数值设为 0%。【预置】栏,对于常见的调整参数可以在这里进行直接选择。当然这些常见的参数可以通过【增加】【删除】进行添加和删除管理。声音的渐变效果可通过在【预置】栏中选择 Fade In(淡入)或 Fade Out(淡出)选项实现。

③声音的降噪处理。降噪是至关重要的一步,做得好有利于进一步美化声音,做不好就会导致声音失真,彻底破坏原声。

在 Cool Edit Pro 中打开声音文件,单击播放控制栏的波形水平放大按钮可放大波形,如图 6-130 所示,以找出一段适合用来噪声采样的波形。

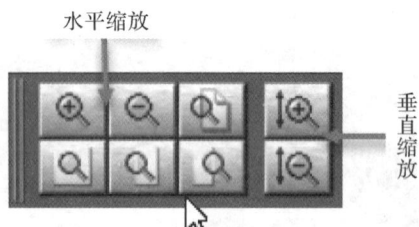

图 6-130　波形放大按钮

按住鼠标左键拖动,直至高亮区完全覆盖所选的那一段波形。

右击高亮区选【复制为新的】,如图 6-131 所示。将此段波形抽离出来。

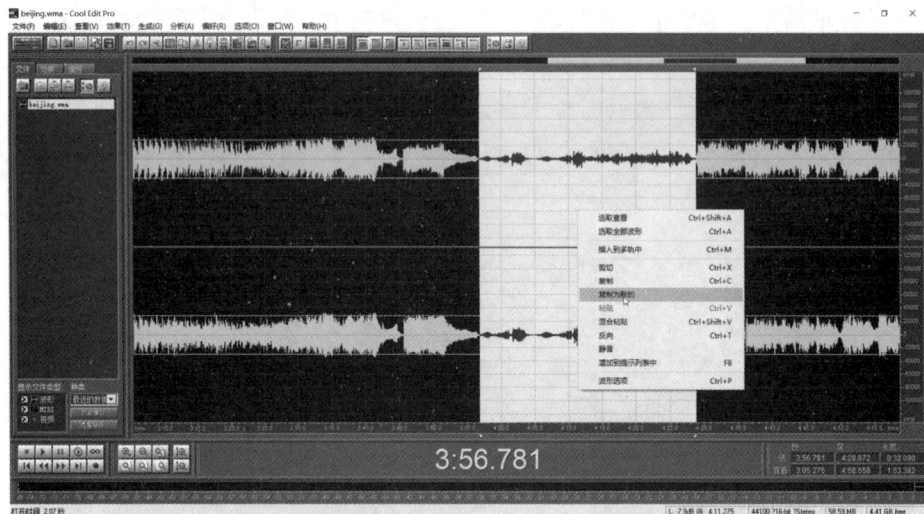

图 6-131　复制为新的

单击【效果噪音消除】→【降噪器】,准备进行噪声采样。

单击【噪音采样】按钮,进行噪音采样,降噪器中的参数选择默认数值即可,如图 6-132 所示。如随便变动参数,有可能会导致明显失真。

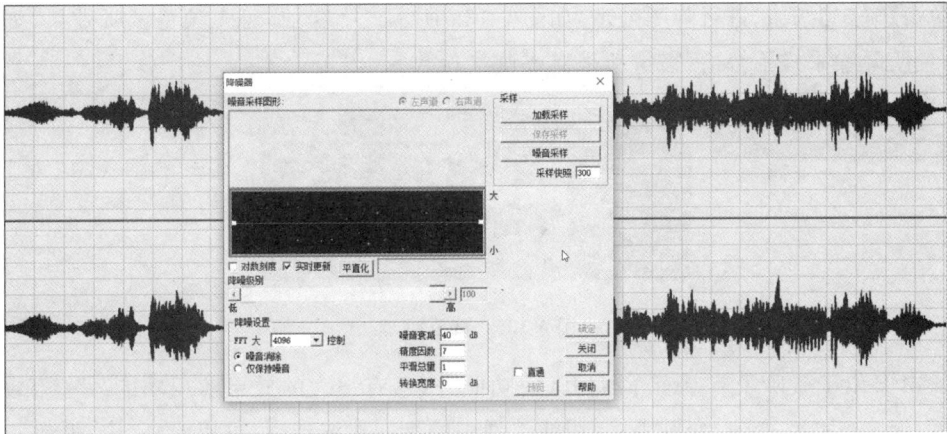

图 6-132　降噪器参数设置

单击【保存采样】按钮，保存采样结果，如图 6-133 所示。

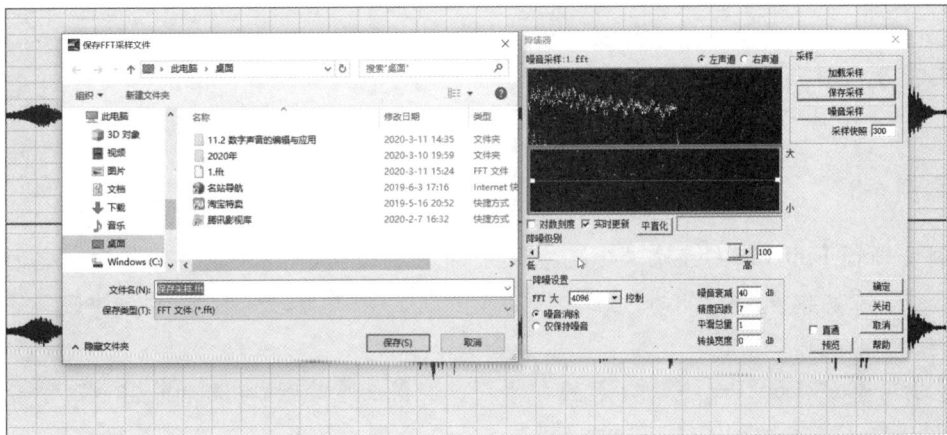

图 6-133　保存采样结果

回到处于波形编辑界面的声音文件，打开降噪器，单击【加载采样】按钮，加载之前保存的噪声采样文件，如图 6-134 所示。

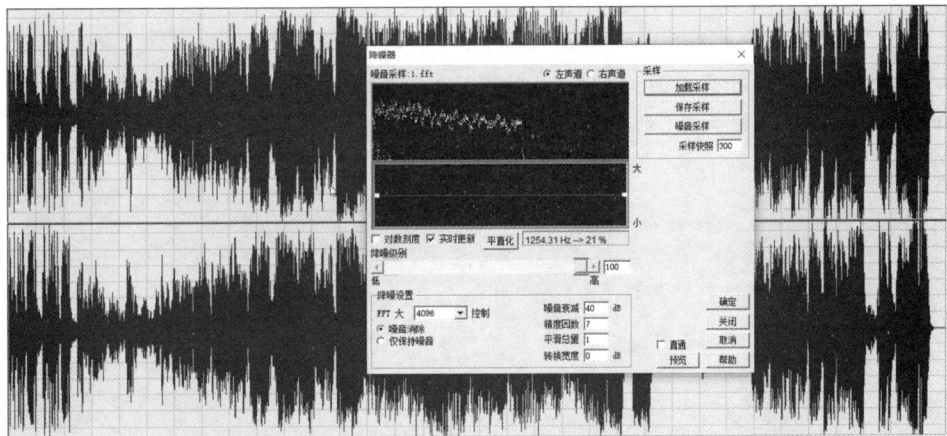

图 6-134　加载采样

单击【确定】按钮,进行降噪处理,如图6-135所示。降噪前,可先预览试听效果,如失真太大,说明降噪采样不合适,需重新采样或调整参数。

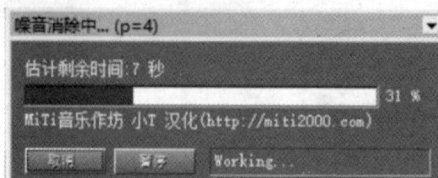

图 6-135　降噪处理

Cool Edit Pro除了有上面介绍的常用功能外,还有强大的效果实现功能。常用效果包括延迟、混响、回声、变速、变调等,利用滤波器中的不同滤波选项,可以对高、中、低等不同频率的声音进行滤除处理,实现声音的音质优化。如果再利用相应的声音插件,处理效果将进一步改善,声音插件能够调节声音的高音和低音部分,使声音更加清晰或厚重,也可对声音进行修饰和美化,使声音更有张力。

6.3.3　声音编辑案例

案例 6-8

利用 Cool Edit Pro 的多轨道功能,可进行多音轨编辑,将不同的声音按照一定的要求进行合成。在制作多媒体课件时,往往需要对背景音乐、教师的解说词、学生的回答等多种音频进行综合处理。

①打开 Cool Edit Pro,进入多轨操作界面。在第三音轨层,单击音轨前面的录音图标 **R** ,单击播放控制栏的录音键,不要出声,先录下一段空白的噪音文件,不需要很长,录制完后双击进入单轨模式,打开降噪器,选择【噪音】,并单击【保存采样】,然后单击【关闭】,回到多轨模式下,删除此轨已录制的声音。

②在多轨模式下,如果在文件列表中已经打开了配乐文件,则可以选中相应的文件,按住鼠标左键将其拖曳到相应音轨中;若文件列表中没有,则将鼠标定位在相应音轨中的空白处,右击,在弹出的快捷菜单中选择【插入】→【音频文件】,在弹出的对话框中选中要导入的文件,各音轨里声音文件在时间刻度中的相对位置可以通过按住鼠标的右键拖曳调整。本案例中,采用右键单击第一轨,插入一个音频文件的方式,如图6-136所示。注意,这个音频文件就是文件。

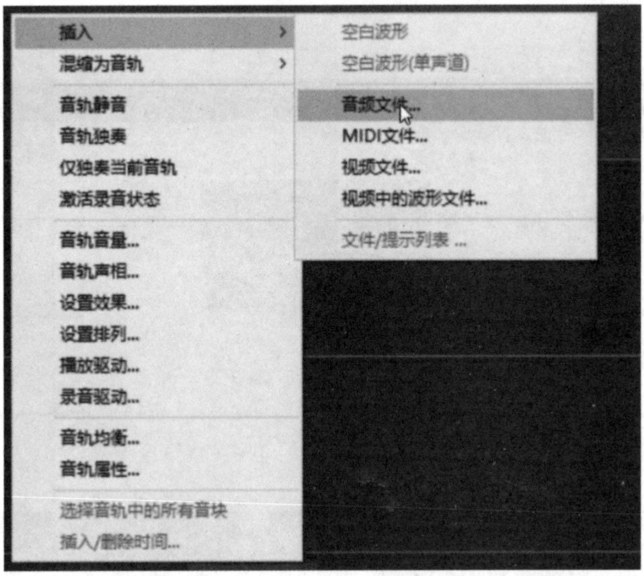

图 6-136 插入一个音频文件

③在第二音轨层中，首先单击音轨前面的录音图标 **S**，然后单击播放控制栏的红色录音键就可以开始录制教师上课的解说词了。

④录制完成之后，单击音轨前面的独奏图标 **R** 可试听刚才录制的声音，如果感觉声音效果不够理想，则可以进行声音润色处理。右键单击刚才录制声音所在的轨道，单击编辑波形进入单轨模式，如图 6-137 所示。

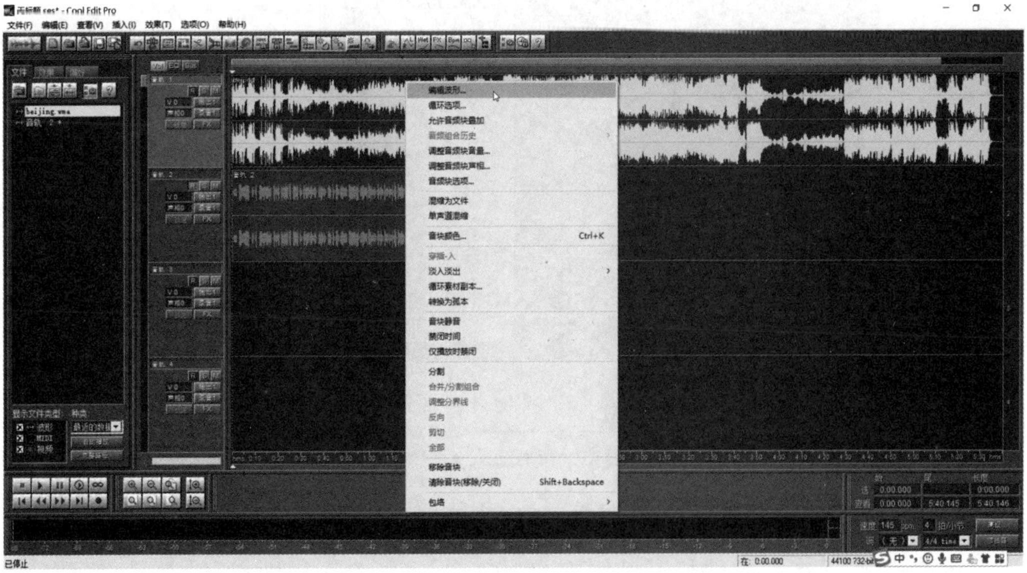

图 6-137 进入编辑波形模式

⑤对录制的声音进行降噪处理，如图 6-138 所示。打开降噪器，由于在开始录音时已经进行过环境的噪音采样，此时只需单击【确定】，降噪器就会自动消除所录制声音中的环境噪

音,也可以打开【预览】拖动直线来进行调整,直到你满意为止。

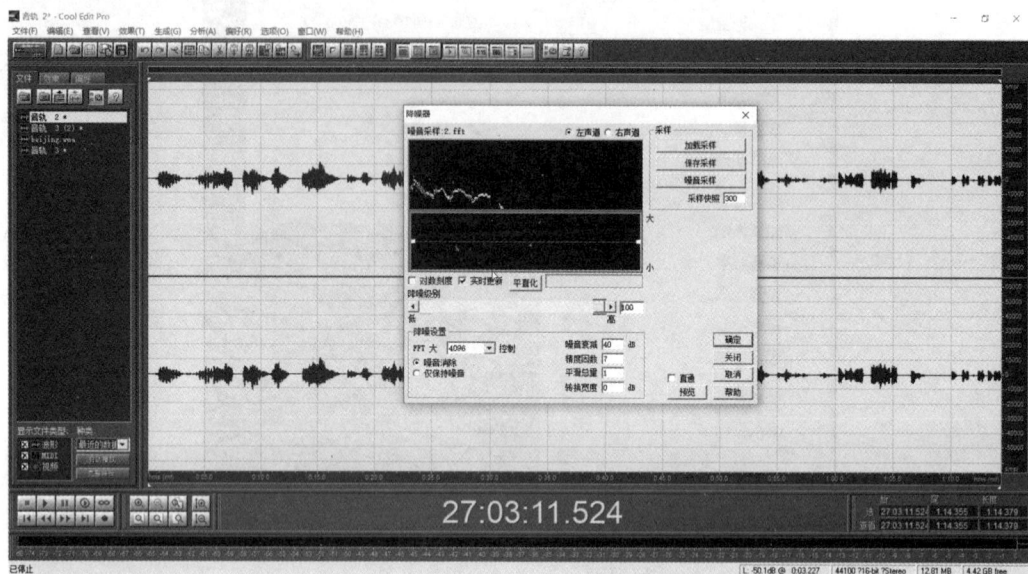

图 6-138　对录制的声音进行降噪处理

⑥声音压限,可利用 DirectX/waveC4 插件处理。压限就是对声音进行处理使其更加均衡,保持一致连贯,音量不会忽大忽小,如图 6-139 所示。

图 6-139　waveC4 压限处理

⑦混响处理。DirectX/Utlrafunkfx 中的 ReverbR3 可给声音加上混响效果,如图 6-140 所示。

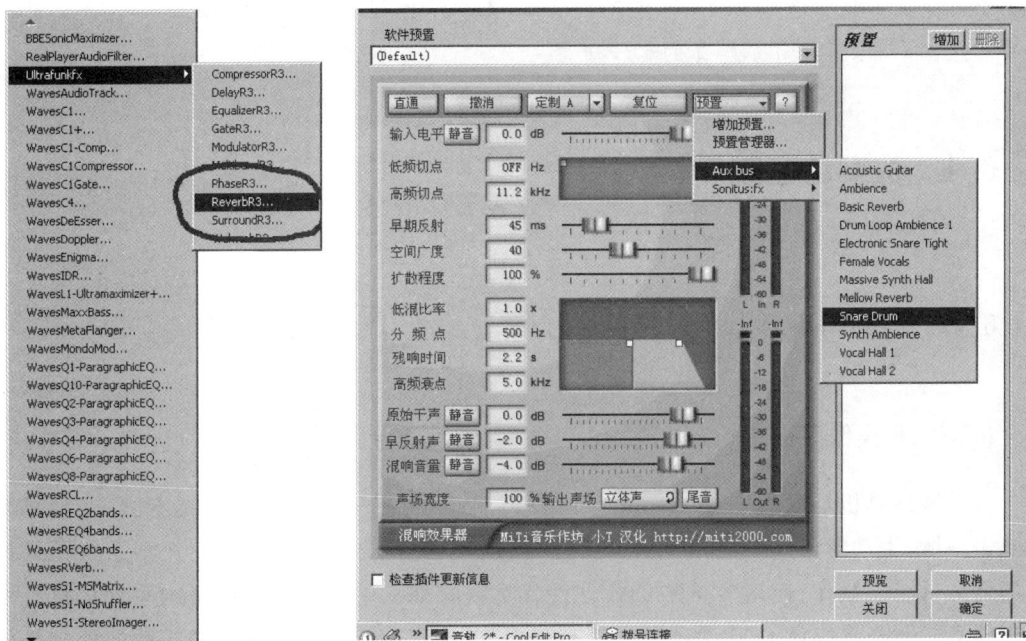

图 6-140　混响处理

⑧调整录制声音的音量。回到多轨模式,如果觉得录制的声音音量偏小,那么右击,在弹出的操作菜单中单击【调整音频块音量】,直到两轨的声音令你满意为止。

⑨如果对所有音轨声音合成后的效果满意,在空音轨中右击,在弹出的快捷菜单中选【混缩为音轨】→【全部波形】,如图 6-141 所示。再双击该音轨,进入单轨模式,选择菜单中的【文件】→【另存为】,选择.mp3 或者.wma 等格式,输入文件名,单击【保存】,系统就会生成合成后的新的声音文件。

图 6-141　声音合成

制作完成的声音合成文件,既有背景音乐,又有解说词,可以作为多媒体课件集成软件的声音媒体素材,可提升多媒体的制作质量。

6.4　数字动画制作

6.4.1　Flash 课件制作基础

(1)Flash 操作面板基础知识

多媒体计算机辅助教学(computer assisted instruction,CAI)课件集文本、声音、视频、动画于一体,生动形象,在吸引学生注意力和创设教学情境方面,具有其他教学手段不可比拟的优势,设计、制作、使用多媒体 CAI 课件就是新时期大中小学教师必备的一种信息技术应用能力。制作多媒体 CAI 课件的软件有很多,其中 Flash 是比较常用的一款课件制作软件。本章内容基于 Flash CS6 版,简单介绍 Flash 软件的使用方法。

Flash CS6 操作面板主要由菜单栏、工具箱、时间轴面板、工作区面板、场景和舞台、属性面板、浮动面板等组成,如图 6-142 所示。

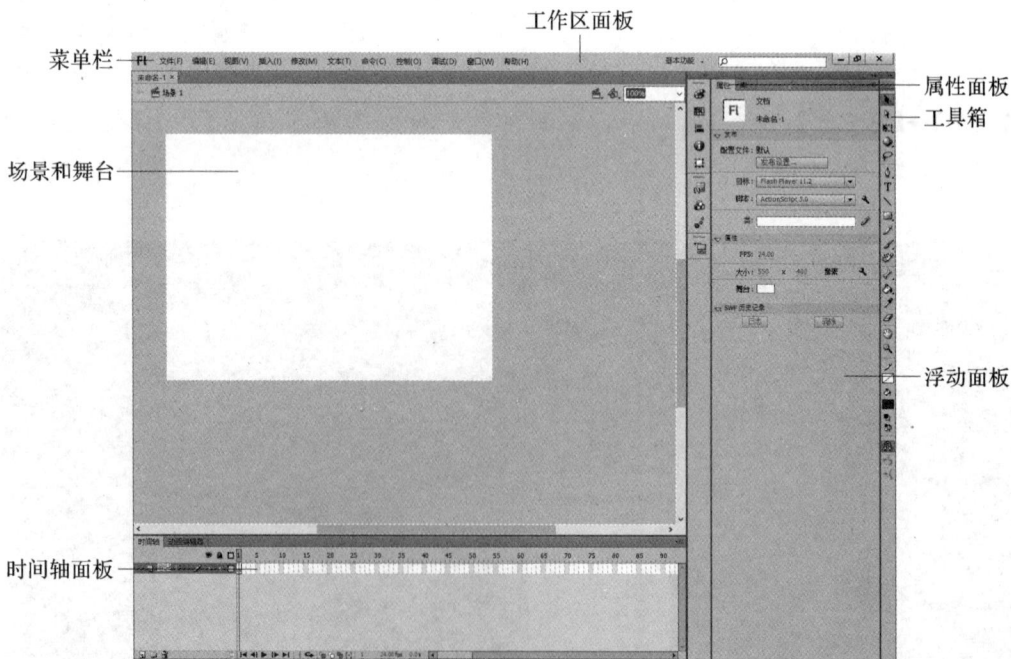

图 6-142　Flash CS6 操作界面

①菜单栏。菜单栏是 Flash CS6 的重要组成部分,绝大部分的功能可以在菜单栏中找到。常用菜单有"文件""编辑""视图""插入""控制"等。

②工具箱。Flash CS6 的工具箱内包含编辑和图形绘制的多种常用工具（见图 6-143），熟练地使用这些工具，可以提高制作速度，达到事半功倍的效果。选择【窗口】→【工具】命令，可以调出工具箱，根据需要可调整其大小和位置。图 6-143 所示为工具箱内的区域划分、工具名称及工具的作用。

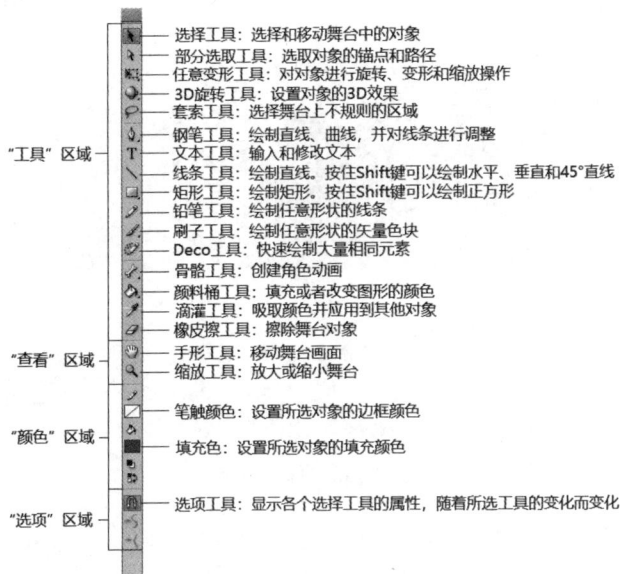

图 6-143　Flash CS6 工具箱

③时间轴面板。时间轴是制作 Flash 动画时常用的重要面板，用于组织和控制动画内容在一定时间内播放，使用它可以编辑图层和帧。时间轴可以显示 Flash 动画中图形和其他元素的播放顺序，因此动画的播放是由时间轴来控制的，如图 6-144 所示。

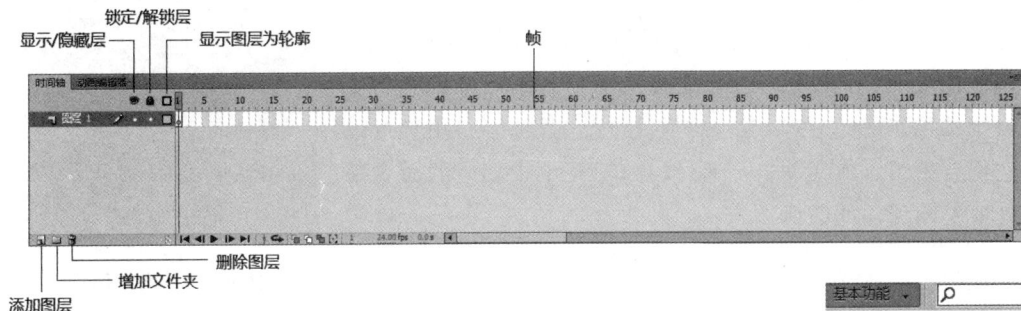

图 6-144　时间轴面板

④工作区面板，位于 Flash 主窗口的右上角，其主要功能是进行工作区的选择、管理与设置，可根据需要切换操作界面中不同的面板组合，也可以自定义工作区，如图 6-145 所示。

⑤场景和舞台。戏剧作品中某一幕的环境，由角色、剧情和背景构成，通常一部影视剧需要多个场景，并且每个场景中的角色可能并不相同。Flash 中的场景是指动画角色活动的区域，可以根据需要选择不

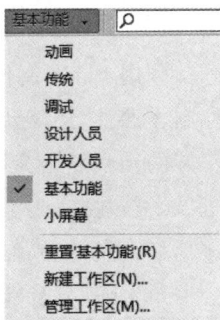

**图 6-145　切换
Flash CS6 工作区**

同的场景及不同的显示比例,通过多个场景可以将多个动画片段像多幕剧一样组织起来,如图 6-146 所示。

图 6-146　场景组织

⑥属性面板。属性面板中显示了文档或当前对象的属性,如图 6-147 所示。文档的属性包括文档名称、舞台尺寸、背景色、帧频、播放器类型和脚本版本等信息。当选定单个对象时,如文本、形状、位图、组、帧等,属性面板可以显示其相应的信息和设置。

⑦浮动面板。浮动面板主要用于帮助用户查看、组织和编辑各类对象,通过面板上的各个选项可设置元件、实例、颜色、类型、帧等对象的属性。但计算机显示器可视面积有限,为使工作区的位置变化和显示更加灵活,Flash CS6 提供了多种自定义工作区的方式,这些面板被设计为浮动的,用户可以对它们自由组合或拖动。可通过【窗口】菜单中相应的命令来打开或关闭所需的面板。

(2)Flash 文档操作

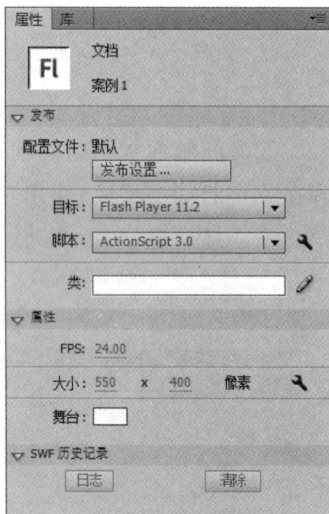

图 6-147　属性面板

利用 Flash 制作课件需要对文档进行操作,包括新建文档、保存文档等。利用 Flash 软件制作课件,还需要设置文档属性,如动画的画面大小、背景颜色、播放速度等,并且要将制作好的动画导出为可脱离 Flash 编辑环境而单独播放的动画文件。

①新建文档。制作 Flash 课件,首先要新建一个 Flash 文档,然后设置文档的相关属性,包括舞台尺寸和背景颜色等。

单击【开始】→【所有程序】→ Adobe → Adobe Flash Professional CS6,打开 Flash CS6。按图 6-148 所示操作,新建一个 Flash 文档。

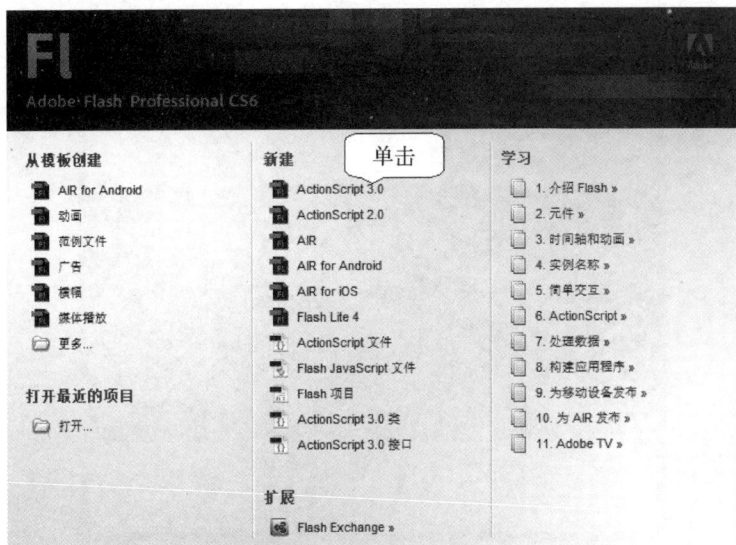

图 6-148 新建 Flash 文档

打开属性面板,按图 6-149 所示操作,设置动画的画面大小和背景颜色。

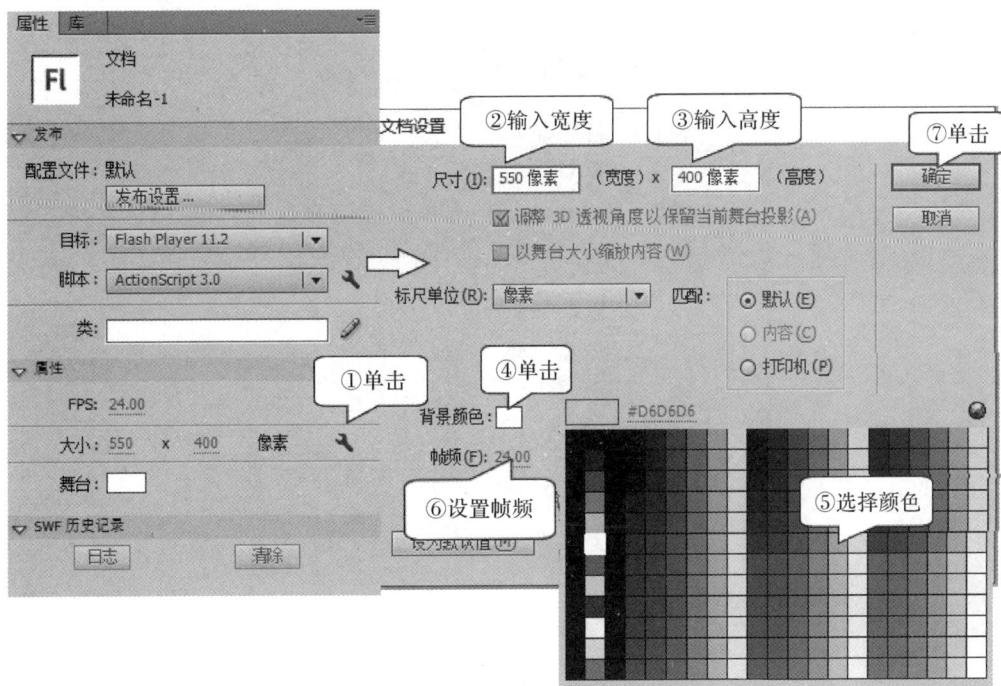

图 6-149 设置文档属性

②导出课件。在 Flash 中制作完课件后,只有将其导出为可脱离 Flash 编辑环境而独立播放的文件,才能用于教学。Flash 可将作品导出为多种格式的文件,如 SWF、EXE、MOV、AVI、GIF、JPG 等,可以根据需要,选择一种格式来导出作品。

a. 测试文件。选择【控制】→【测试影片】→【在 Flash Professinal 中】命令,测试课件,效果如图 6-150 所示。

图 6-150　课件测试

b. 发布动画。选择【文件】→【发布设置】命令，弹出【发布设置】对话框，按图 6-151 所示操作，设置发布属性并发布成能独立运行的 SWF 格式文件。

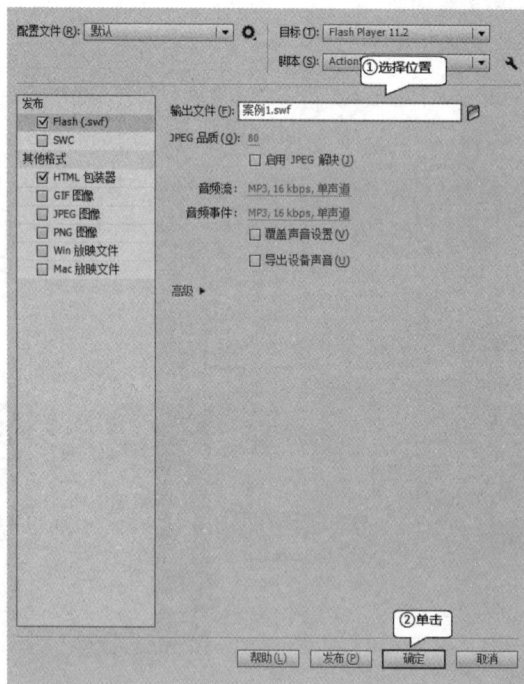

图 6-151　发布设置

c. 查看文件。Flash 文档（源文件）经过测试或导出后，会自动生成 SWF 格式的动画文件（见图 6-152），该文件可以脱离 Flash 编辑环境而使用播放器进行播放。

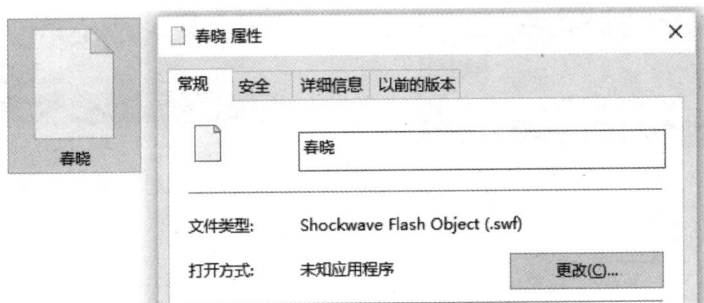

图 6-152　生成 SWF 格式文件

6.4.2　Flash 基本操作

在使用 Flash 制作课件过程中,需要经常对图层、帧、元件等进行操作,因此掌握这些概念和基本操作方法是制作 Flash 课件的基础。

(1)图层

图层是时间轴面板重要的组成部分,通过图层可以制作结构复杂的课件。在制作过程中,可以根据需要对图层进行重命名、删除、锁定和隐藏等操作。

①新建、选中和删除图层。

新建一个 Flash 文档时,只有一个图层,但在制作内容丰富的课件时,通常需要多个图层,这就涉及图层的新建、选中和删除操作。

a. 添加图层。启动 Flash 软件,按图 6-153 所示操作,新建一个图层。

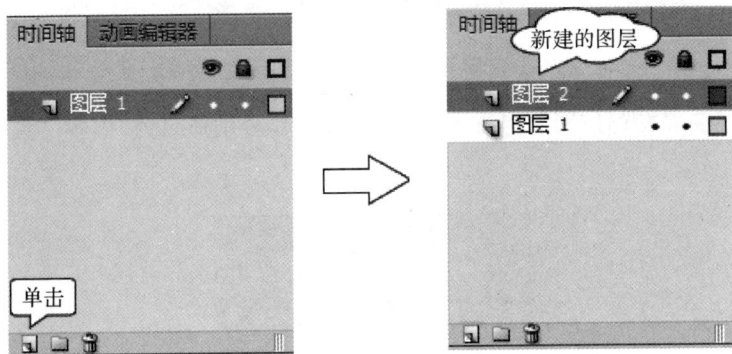

图 6-153　新建图层

b. 选中并删除图层。按图 6-154 所示操作,选中并删除"图层 1"。

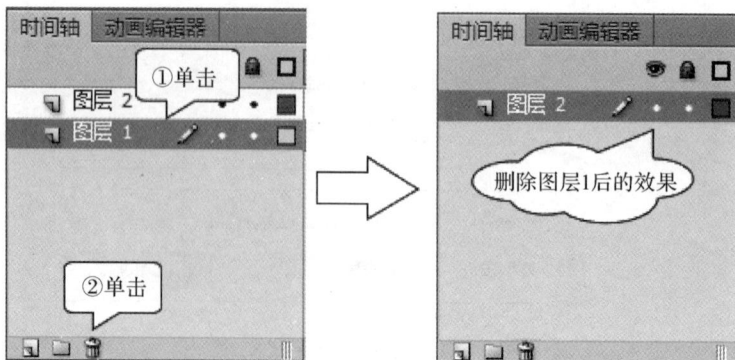

图 6-154　删除图层

②重命名和移动图层。

在制作课件时,对图层进行合理命名是非常重要的,这样可方便以后对课件进行修改,也能让课件源文件的结构更有可读性。有时为了表现舞台对象的层次关系,还需要适当调整图层的上下次序。

a.重命名图层。启动 Flash 软件,按图 6-155 所示操作,将"图层 1"重命名为"背景"。

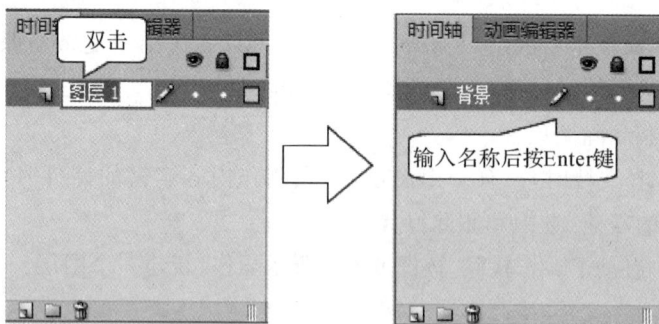

图 6-155　重命名图层

b.新建图层。在"背景"图层上方再添加 3 个图层,分别命名为"内容""说明""标题",如图 6-156 所示。

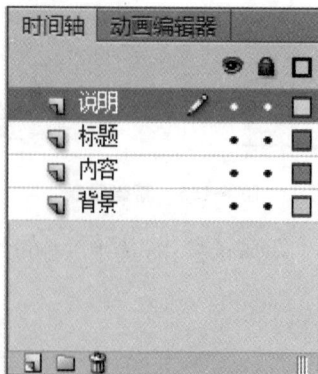

图 6-156　新建图层

c.移动图层。按图 6-157 所示操作,将"说明"图层移到"标题"图层的下方。

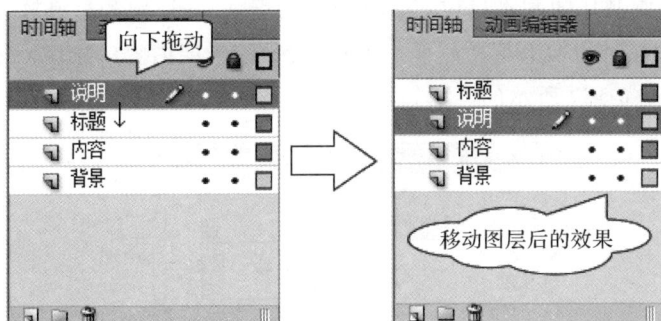

图 6-157 移动图层

③锁定和隐藏图层。

当课件中的图层较多时,在舞台上选择对象时经常会由于误操作而影响其他图层的内容,这时可对某些图层进行锁定或者隐藏。

a.锁定图层。启动 Flash 软件,按图 6-158 所示操作,锁定"标题"图层。

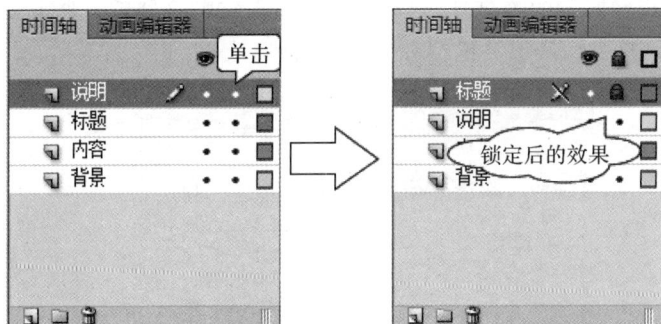

图 6-158 锁定图层

b.隐藏图层。按图 6-159 所示操作,隐藏"标题"图层。

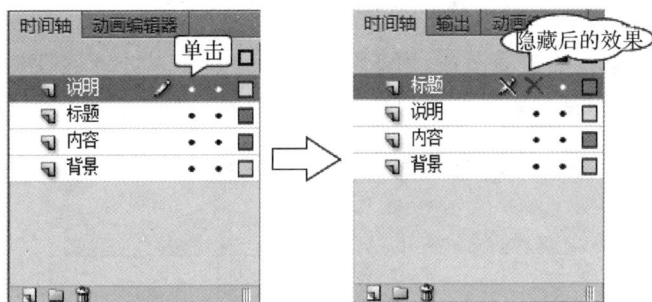

图 6-159 隐藏图层

(2)帧

Flash 课件播放的过程,其实就是一幅幅画面按次序展示的过程,这一幅幅单个的画面被称作"帧"。在制作过程中,可以根据需要对帧进行添加、删除、移动等操作。

①认识帧。

帧是 Flash 动画制作的基本单位,包括空帧、关键帧、普通帧和过渡帧。

a. 空帧。空帧在时间轴上就是一个个方格,表示该图层内容的结束,该图层在舞台上也没有内容,观察如图 6-160 所示的界面,认识空帧。

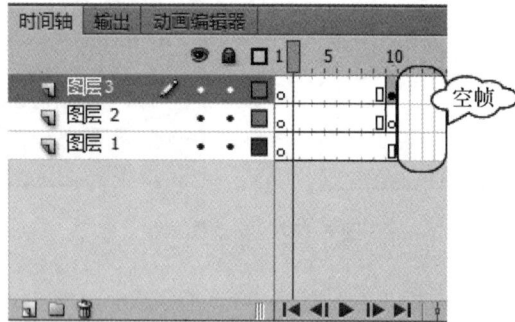

图 6-160　认识空帧

b. 关键帧。关键帧是制作课件时非常重要的帧,是用来定义动画变化、状态更改的帧。Flash 会根据用户正确定义的关键帧,自动完成两个关键帧之间的一些制定的过渡效果。观察如图 6-161 所示的界面,认识关键帧和空白关键帧。

图 6-161　认识关键帧和空白关键帧

c. 普通帧。普通帧也称为静态帧,用于延长前面一帧的状态。在关键帧后面的普通帧为灰色,在空白关键帧后面的普通帧为白色,观察如图 6-162 所示的界面,认识普通帧。

图 6-162　认识普通帧

d. 过渡帧。在两个关键帧之间,Flash 自动完成渐变过渡画面的帧叫作过渡帧。Flash 可处理两种类型的渐变:运动渐变和形状渐变。

②操作帧。

在新建的 Flash 文档中,只有一个图层,这个图层中只有一个空白关键帧。在制作课件过程中,可以根据需要插入普通帧和关键帧。

a. 插入帧。按图 6-163 所示操作,分别插入关键帧和普通帧。

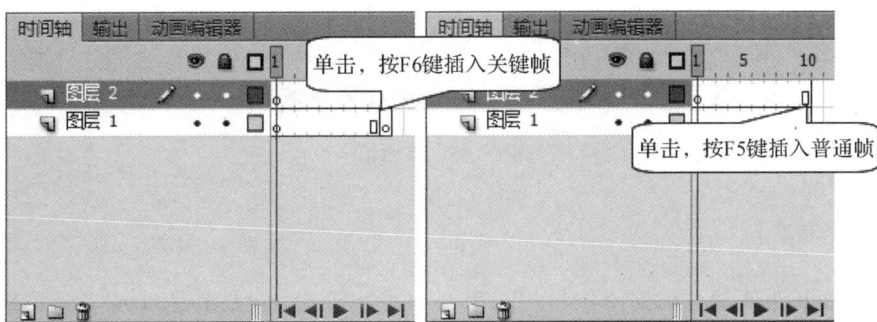

图 6-163　插入帧

b. 选择帧。在对帧的操作过程中,经常需要选择一个或多个帧,以完成对帧的删除、复制和移动等操作。按图 6-164 所示操作,可以选择时间轴上的一个帧或多个帧。

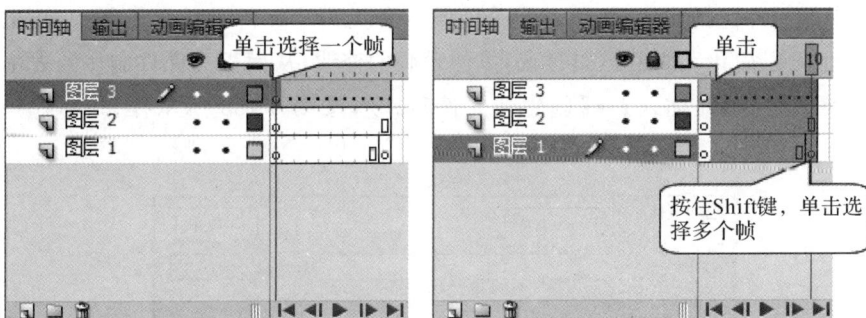

图 6-164　选择帧

c. 删除帧。对于不需要的帧,应当删除。如果删除的是普通帧,则相应图层在时间轴上的显示时间将被截短;如果删除的是关键帧,则关键帧在舞台上的对象也将一并被删除。

d. 移动帧。要移动普通帧或者关键帧,可先选中该帧,拖动鼠标到目标位置之后松开即可,操作方法如图 6-165 所示。

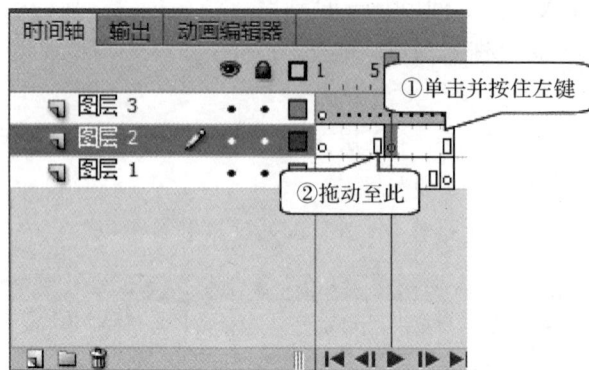

图 6-165　移动帧

(3)元件和实例

制作 Flash 课件常会用到图像、按钮、声音和视频等素材,大多是以元件形式存储在文档中的,Flash 的库是专门管理这些素材的工具,库面板中显示了文档中的各种元件。可以在库面板中对这些素材进行增删、分类和命名等操作。将这些元件拖到舞台上后就称之为"实例"。

①元件。

Flash 中的元件包括图形、按钮和影片剪辑 3 种类型。元件是独立的对象,可以重复使用。使用元件可以简化动画的编辑过程,方便动画的修改,从而提高课件制作的效率。

a.新建元件。选择【插入】→【创建新元件】命令,按图 6-166 所示操作,新建一个图形元件。

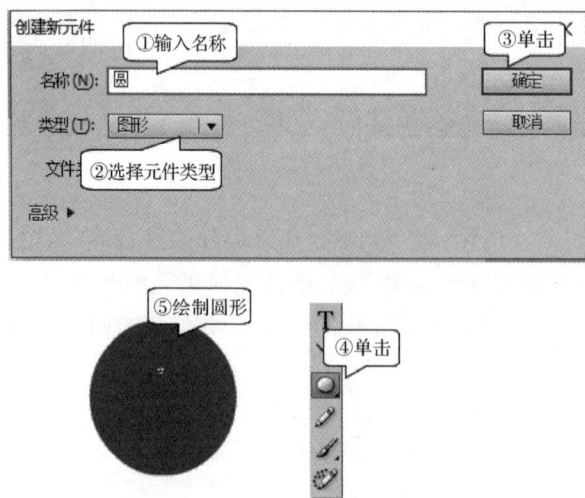

图 6-166　新建元件

b.转换元件。在场景的舞台中绘制一个"球体",按图 6-167 所示操作,将其转换为元件。

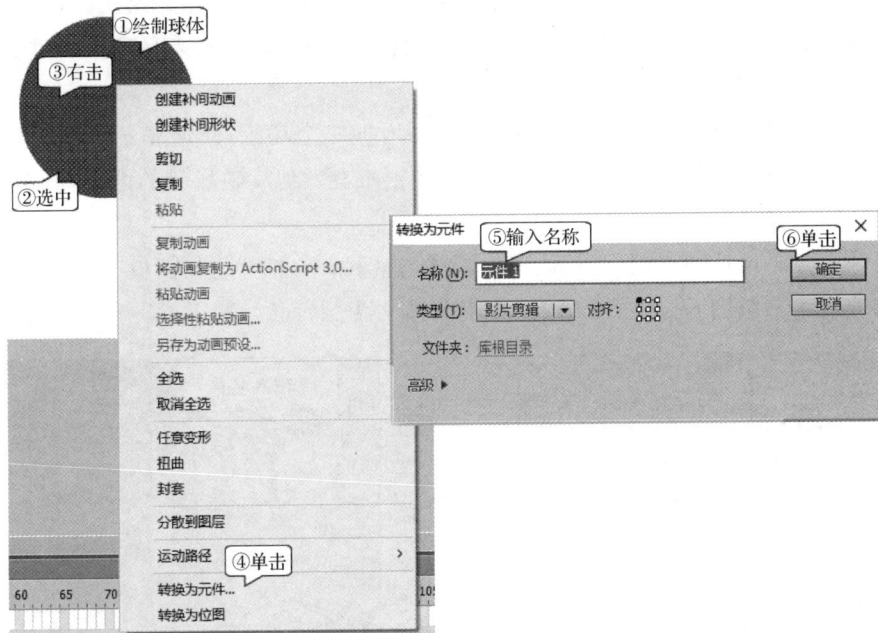

图 6-167　转换为元件

c.编辑元件。按图 6-168 所示操作,编辑库面板中已经制作好的元件。

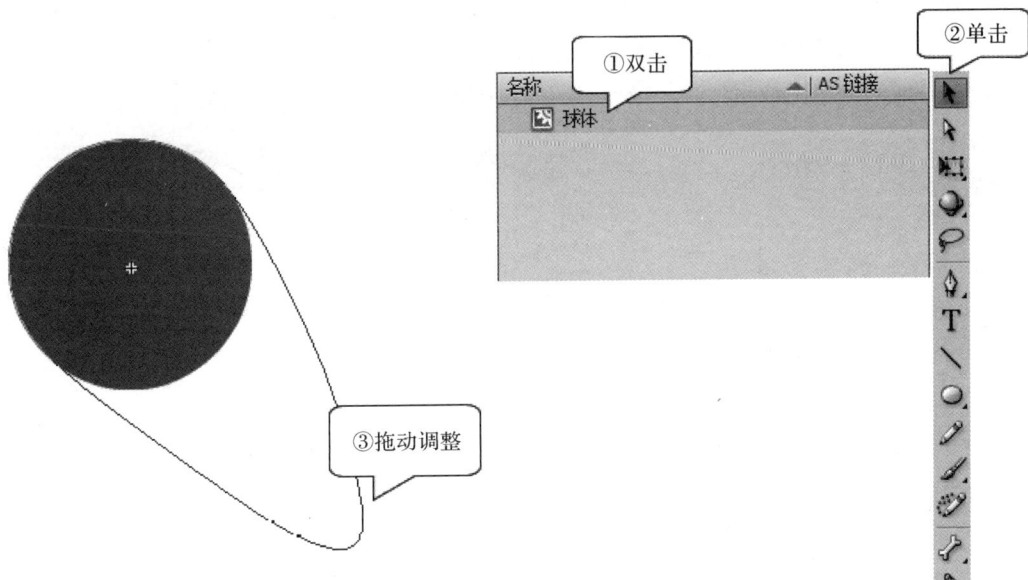

图 6-168　编辑元件

②实例。

创建好的元件可以从库面板中找到,使用时可以打开库面板,将元件拖入场景,拖入场景中的元件对象称为实例。

创建实例:打开库面板,在舞台上创建一个实例。

调整实例:调整舞台上一个实例的透明度。

　　一个课件可由一个场景组成,也可由多个场景组成;每个场景都是独立的,可以通过交互设置实现在不通场景之间的跳转。在 Flash 课件中可以用多场景来呈现上课过程中不同的阶段和环节。

　　重命名场景:场景的默认名称为"场景 1",每增加一个场景,新增场景将被自动命名为"场景 2""场景 3"……,这种默认的场景命名方式很难有效地反映场景的内容,所以,必要时要对场景进行重命名。

　　a.打开面板。选择【窗口】→【其他面板】→【场景】命令,打开场景面板。

　　b.修改名称。按图 6-169 所示操作,将场景改名为"封面"。

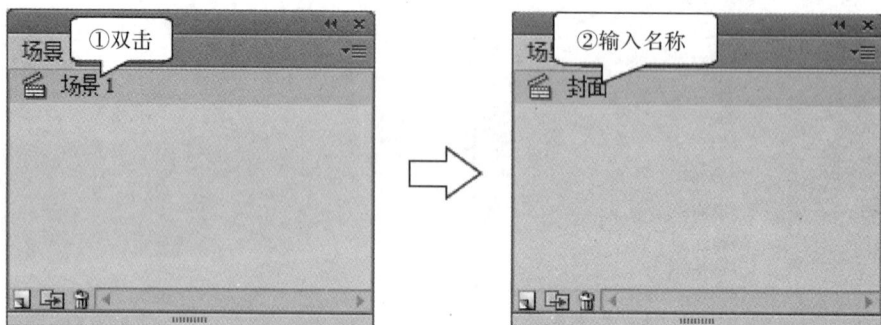

图 6-169　修改场景名称

　　增加与删除场景:新建的 Flash 课件只有一个场景,在制作结构复杂的课件时,可以根据需要添加或删除场景,以使课件结构更清晰。

　　a.添加场景。按图 6-170 所示操作,添加一个新场景并重命名为"内容"。

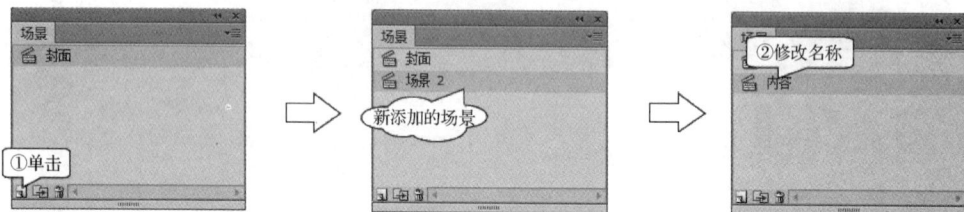

图 6-170　添加场景

　　b.删除场景。按图 6-171 所示操作,删除一个多余的场景。

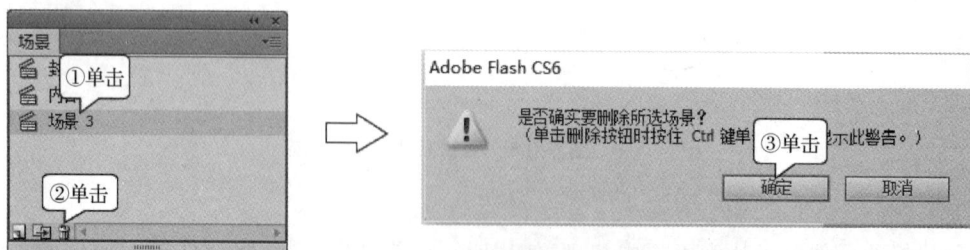

图 6-171　删除场景

　　复制与移动场景:有时两个场景的内容非常相似,则可以利用复制场景的方法新建一个内容相近的场景。而场景的顺序决定了 Flash 动画的播放顺序,如果要调整动画中场景的播放顺序,就必须调整场景面板中各场景的上下顺序。

a.复制场景。按图 6-172 所示操作,复制一个新场景并重新命名为"导入"。

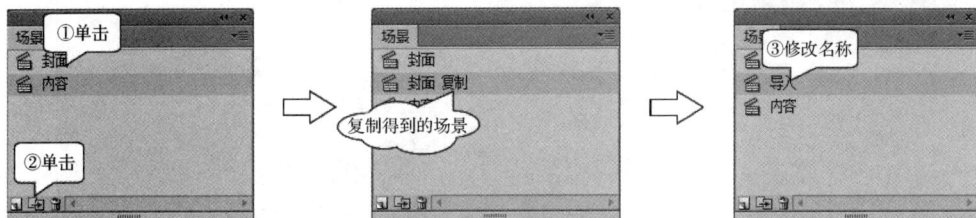

图 6-172　复制场景

b.移动场景。按图 6-173 所示操作,移动场景。

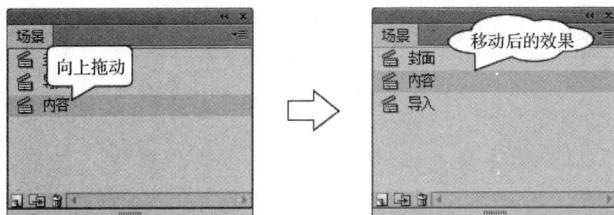

图 6-173　移动场景

6.4.3　Flash 课件素材添加及对象操作

(1)添加文字或图形

①添加静态文字。在 Flash 中,利用文字工具,可以很方便地添加文字,添加文字既可以采用键盘输入的方式,也可以采用复制粘贴的方式,然后利用属性面板设置文本类型与字体、大小、填充颜色等相关属性,还可以使用文字滤镜,进一步对文字效果进行美化。

案例 6-9

《春晓》是一首家喻户晓的古诗,是小学语文教学内容之一。本实例主要制作语文课件封面的文字(见图 6-174),讲解在 Flash 中添加与美化文字的方法。

图 6-174　课件"春晓"

　　制作此类课件,可以先选择文本工具,然后在适当的位置输入文字,最后选中要修饰的文字进行美化。

　　1.打开文件

　　运行 Flash 软件,打开"春晓(背景).fla"文件,如图 6-175 所示。

图 6-175　打开文件

　　2.输入标题

　　按图 6-176 所示操作,输入标题文字。

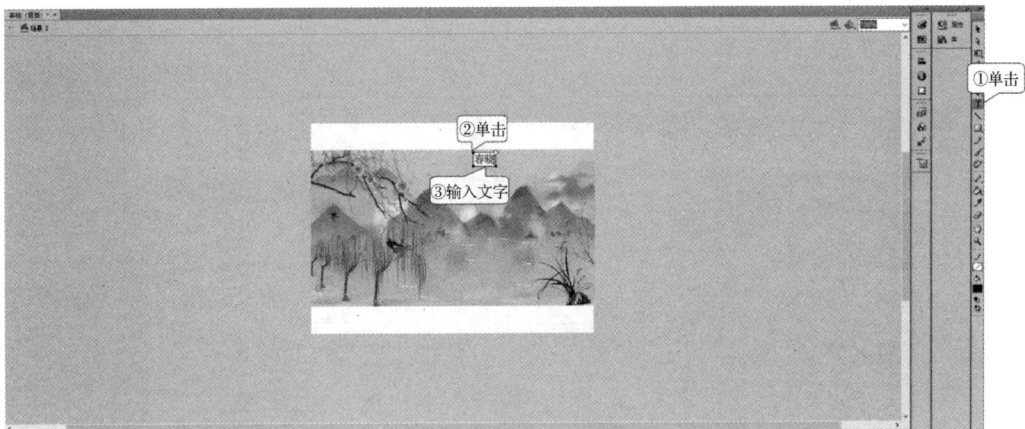

图 6-176　输入标题文字

3. 设置大小

按图 6-177 所示操作,设置标题文字大小为 80 点,字体为"华文新魏"。

图 6-177　设置标题文字大小与字体

4. 添加作者

参照课件效果,选择【文本】工具,在标题下方输入作者名,如图 6-178 所示。

图 6-178　作者名文字效果

5.添加古诗

选择【文本】工具,在标题下方输入《春晓》古诗文字,如图 6-179 所示。

图 6-179　添加古诗

6.设置古诗文字格式

利用选择工具,选中古诗文字,按图 6-180 所示操作,设置古诗的文字格式,并适当调整其位置。

图 6-180　设置古诗文字格式

7.设置古诗段落格式

保持古诗文字的选中状态,按图 6-181 所示操作,设置古诗的段落格式,并适当调整其位置。

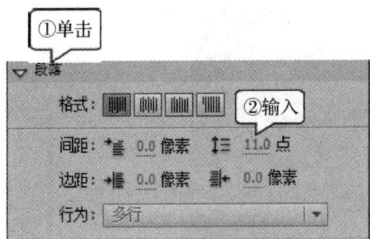

图 6-181　设置古诗段落格式

8. 测试并保存课件

测试课件,将文件以"春晓. fla"为名保存。

②添加框架文本。在课件中,当需要显示的文本内容较多时,可以使用文本布局框架 (text layout framework,TLF)向课件中添加文本,从而限定文本的显示区域;还可以通过滚动条等组件,进一步加强对文本的控制。TLF 不仅能够进行多种形式的文本布局,还能对文本属性进行精细控制。

案例 6-10

本案例主要实现向透明玻璃杯中滴入有色液体的效果(见图 6-182),介绍在课件中绘制简单图形的方法。

图 6-182　绘制图形效果图

1. 绘制容器

按图 6-183 所示操作,设置矩形属性,并在舞台上绘制一个容器。

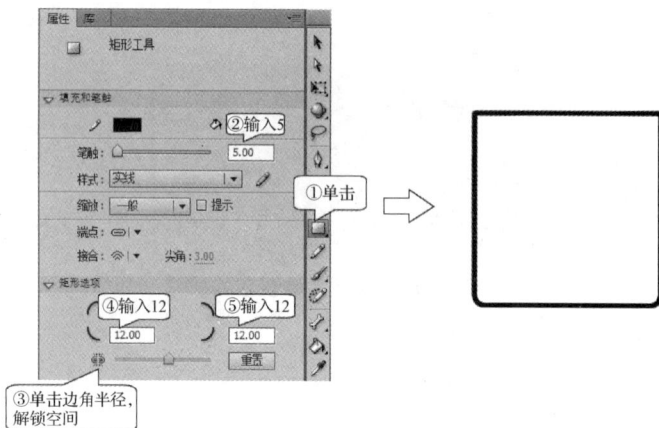

图 6-183　绘制容器

2.绘制水面

按图 6-184 所示操作,在容器内绘制一个椭圆作为水面。

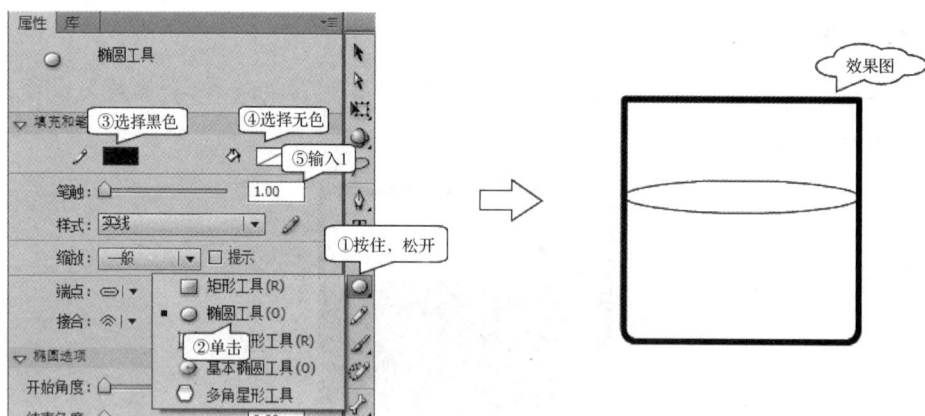

图 6-184　绘制水面

3.绘制有色液体

按图 6-185 所示操作,在容器内的水面上绘制一个椭圆作为滴入水中的有色液体。

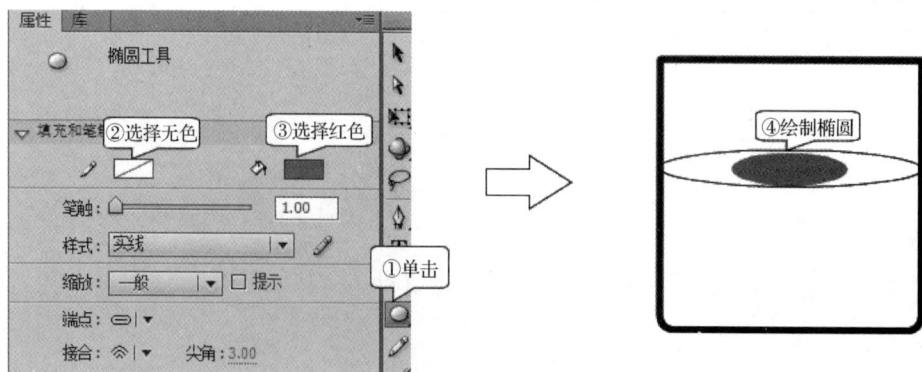

图 6-185　绘制有色液体

4.填充颜色

单击工具箱中的【颜料桶】工具，按图 6-186 所示操作，为容器中有水的区域填充颜色。

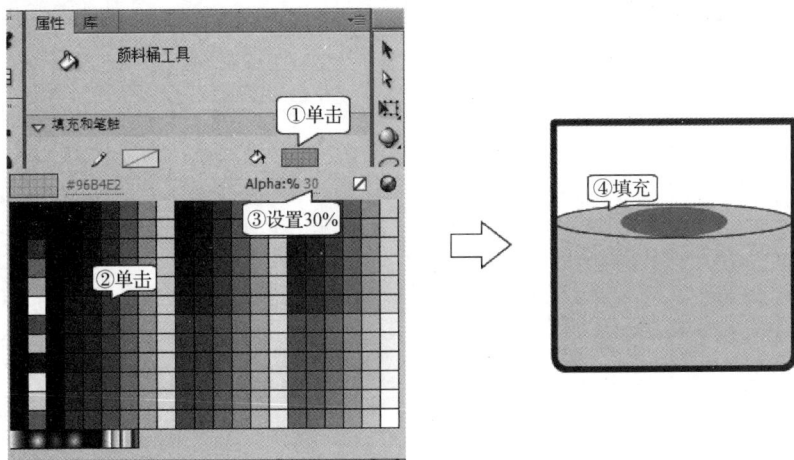

图 6-186　填充颜色

④编辑美化图形。在 Flash 中，可利用工具箱中的工具对绘制好的图形进行编辑，如【选择】工具可选择图形和改变对象的形状，还可以巧妙利用【墨水瓶】工具、【颜料桶】工具、【滴管】工具等改变图形的颜色，从而进一步美化图形，如图 6-187 所示。

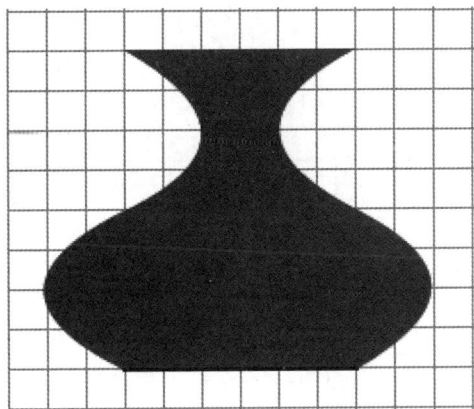

图 6-187　花瓶效果

案例 6-11

1.显示网格

选择【视图】→【网格】→【显示网格】命令，并将显示比例调整为 200％，如图 6-188 所示。

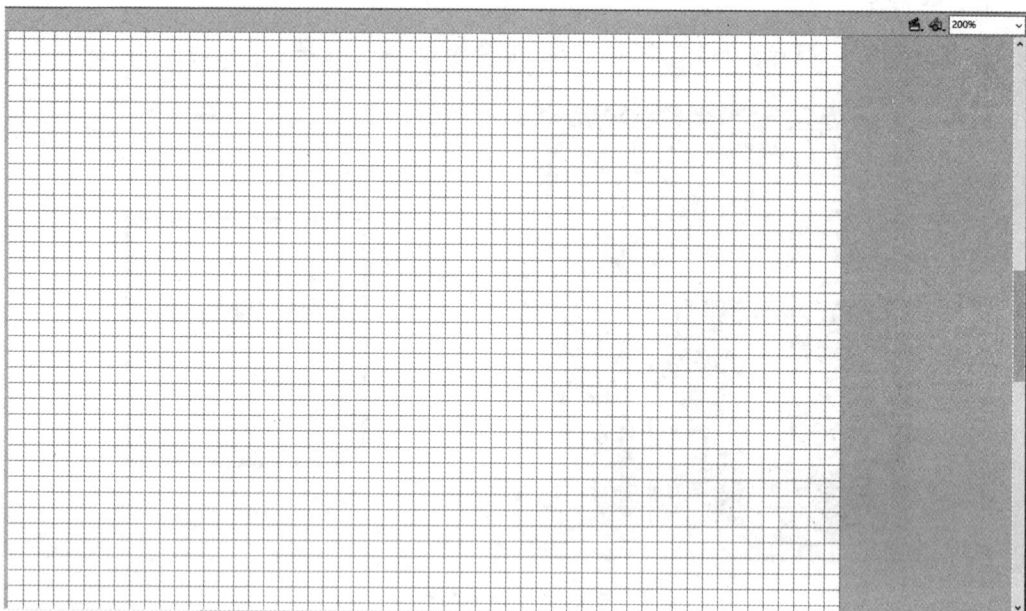

图 6-188　显示网格

2.绘制花瓶形状

选中矩形工具,绘制如图 6-189(a)所示的两个黑色线条矩形,并利用网格计算变形量,使用选择工具依次对 4 条边进行变形,变形后的效果如图 6-189(c)所示。

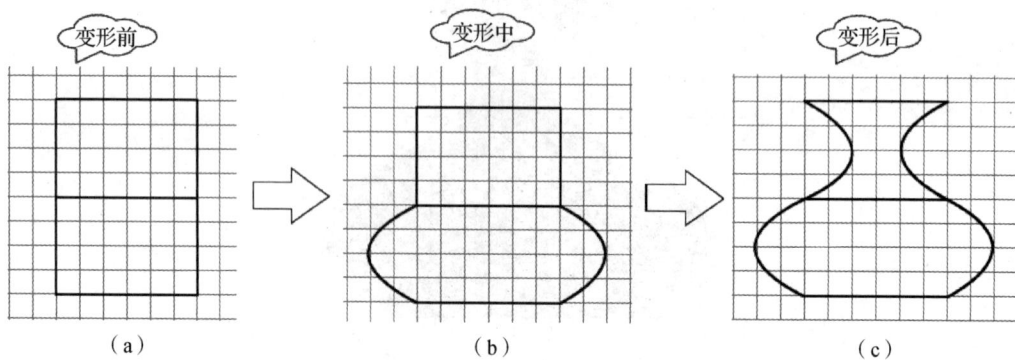

变形前　　　　　　变形中　　　　　　变形后

　　(a)　　　　　　　　(b)　　　　　　　　(c)

图 6-189　绘制花瓶图形

3.删除多余线条

利用选择工具,选中图形中间的多余线条,按 Delete 键删除。

4.填充颜色

按图 6-190 所示操作,将花瓶填充为蓝色。

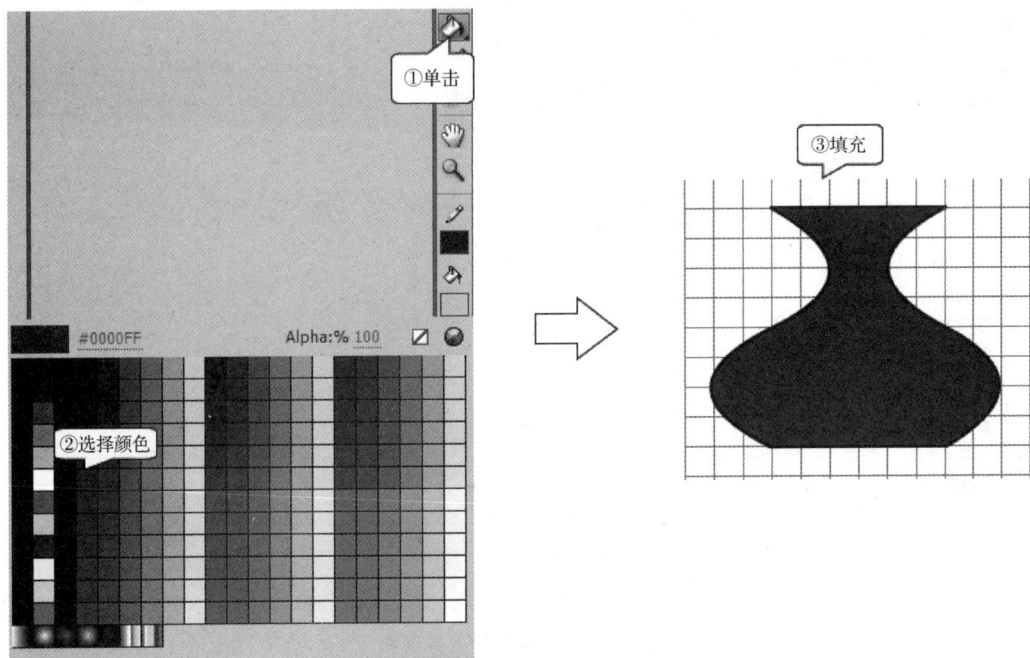

图 6-190　填充花瓶图形

5.去除线条

利用墨水瓶工具,去除图形边框。

(2)添加图像、音频、视频

①添加图像。Flash 可识别多种格式的图像文件,要使用外部的图像文件,首先应将图像文件导入,导入后的图像被放置在场景中,同时存入库面板中,如图 6-191 所示。

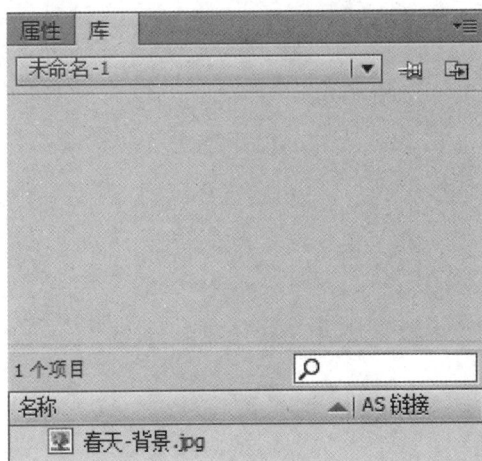

图 6-191　导入图像

a.导入背景图像:选择【文件】→【导入】→【导入到库】命令,按图 6-192 所示操作,将图像导入库面板。

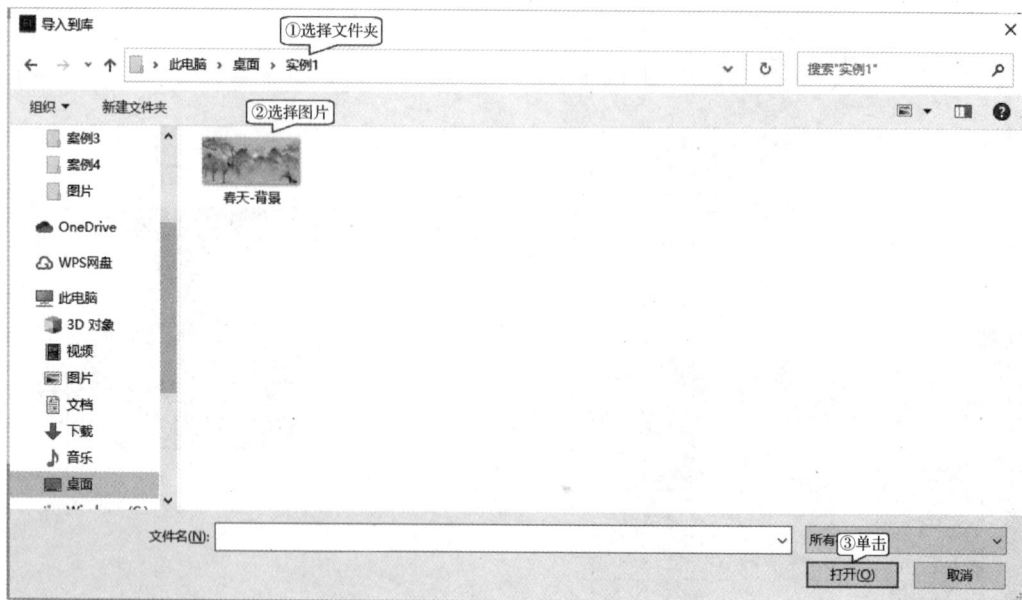

图 6-192　将图像导入库面板

　　b. 编辑图像：将图像导入库面板，在从库面板中拖到舞台上后，还需要进行简单的调整和设置，如大小、位置、透明度等，以使图像更美观。

案例 6-12

　　本案例制作"认识长颈鹿"的课件（见图 6-193），介绍图像编辑和美化方法。制作该课件，可以先输入并设置好标题和内容文字，然后导入一些所需要的图像。将这些图像拖到舞台上时，根据需求，可以进行适当的修饰和美化。

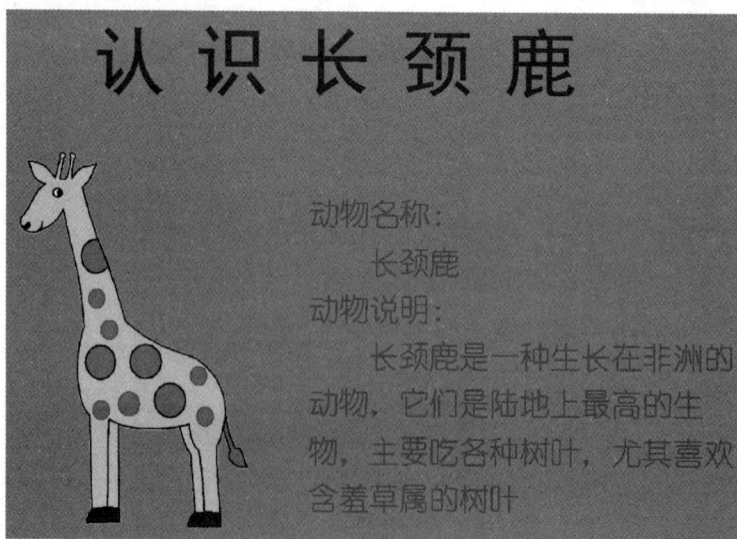

图 6-193　"认识长颈鹿"课件

1.输入标题并设置格式

新建 Flash 文档,将背景颜色设置为♯A2A2A2,输入标题文字"认识长颈鹿",读者可按照自身需求设置标题文字的大小、字体、颜色和字符间距等。

2.输入正文

在舞台上输入正文内容,并设置文字格式为"幼圆""18 号""♯CC0066 红色",文字效果如图 6-194 所示。

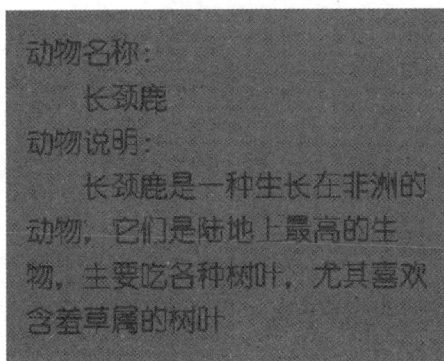

图 6-194　正文文字效果

3.导入图像

选择【文件】→【导入】→【导入到库】命令,导入"长颈鹿.jpg"至库面板。

4.拖动图像到舞台

选中"长颈鹿.jpg",按图 6-195 所示操作,将图像拖到舞台左侧。

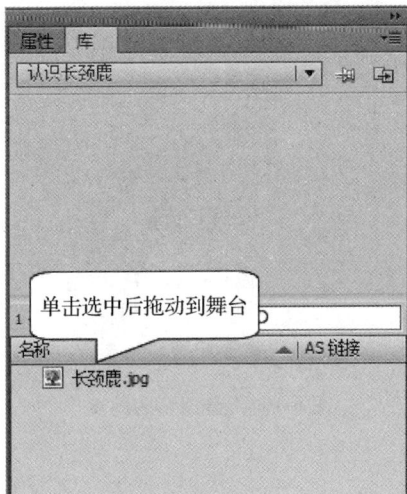

图 6-195　拖动图像到舞台

5.调整图像大小

按图 6-196 所示操作,适当调整图像大小并拖动到合适位置。

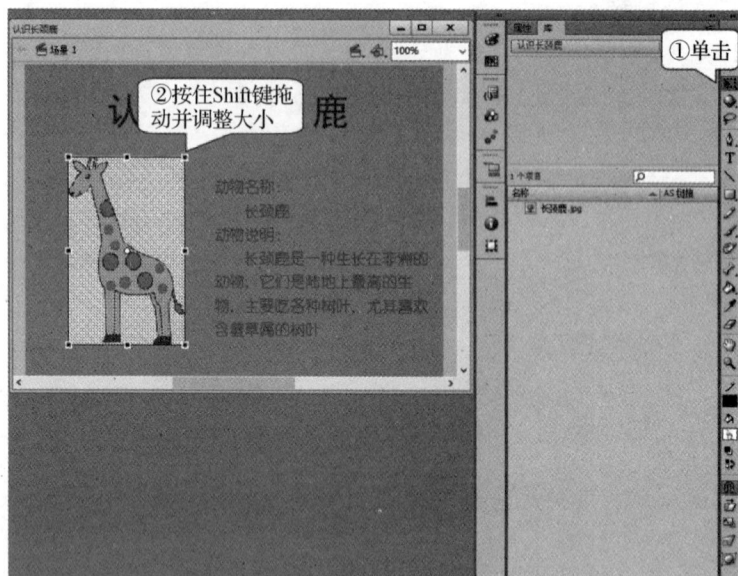

图 6-196　调整图像大小和位置

6.分离图像

单击【选择】工具,选中长颈鹿图像,选择【修改】→【分离】命令,将图像分离,分离后的图像效果如图 6-197 所示。

图 6-197　分离后的图像

7.去掉背景

按图 6-198 所示操作,按 Delete 键去掉图像背景。

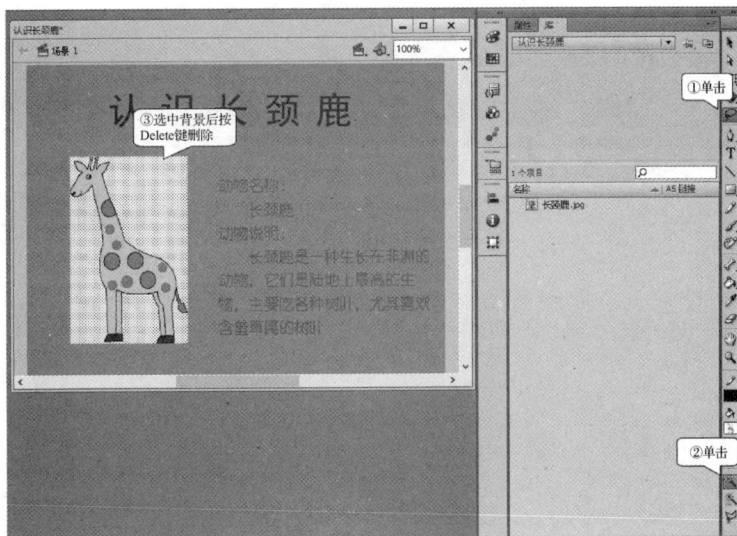

图 6-198　去掉背景

8.清除背景杂质

按图 6-199 所示操作,去掉图像背景未清除的杂质。

图 6-199　清除背景杂质

9.保存

测试效果,以"认识长颈鹿.fla"为名保存。

②添加音频。要在 Flash 课件中加入声音,一般需要将音频文件导入文档,导入后的音频文件会显示在库面板中,可以作为素材在课件中进行播放。另外,Flash 软件自带的"公用库"也提供了一些音频素材,可以根据需要选择使用。

a.导入音频文件。选择【文件】→【导入】→【导入到库】命令,将音频文件导入库面板,如图 6-200 所示操作。

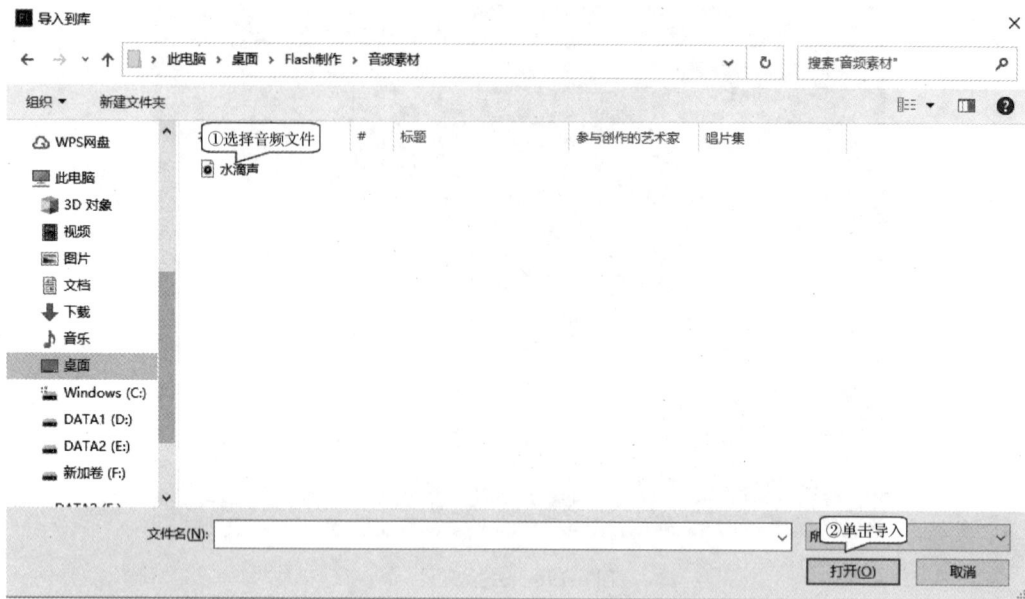

图 6-200　导入音频文件

　　b.添加声音。在时间轴面板上单击"图层1"的第1帧,按图 6-201 所示操作,在关键帧上添加声音。

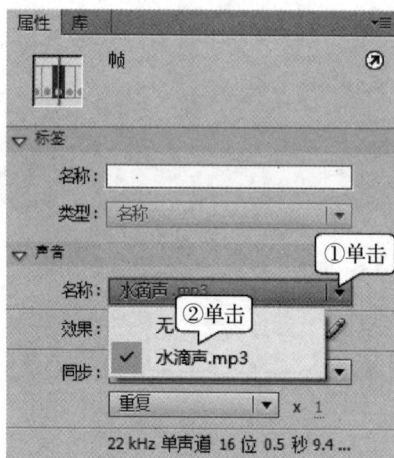

图 6-201　添加声音

　　c.编辑音频。在制作课件时,通常还根据需要对声音进行编辑和调整。编辑声音主要利用"编辑封套"对话框,为声音添加一些效果,如淡入、淡出、左右声道切换等。

　　d.新建文档。按图 6-202 所示操作,将图层1命名为"内容",再新建一个图层并命名为"音乐"。

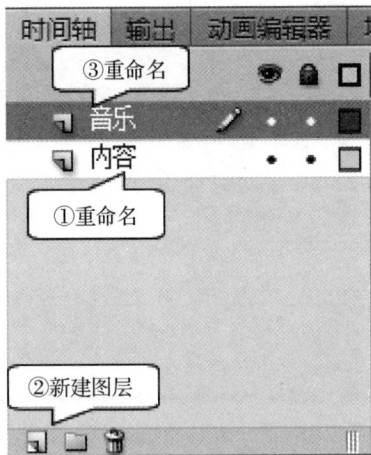

图 6-202　新建文档

e. 导入素材。选择【文件】→【导入】→【导入到库】命令，将音频文件导入库面板。

f. 添加声音。为"音乐"图层添加"致爱丽丝. wav"，为"内容"图层添加"月（朗诵）.wav"。

g. 编辑声音的开始部分。观察"月（朗诵）"元件的时间轴可以发现，朗读从第 6 秒开始，到第 48 秒结束。按图 6-203 所示操作，编辑声音"月（朗诵）"开始部分的音量变化。

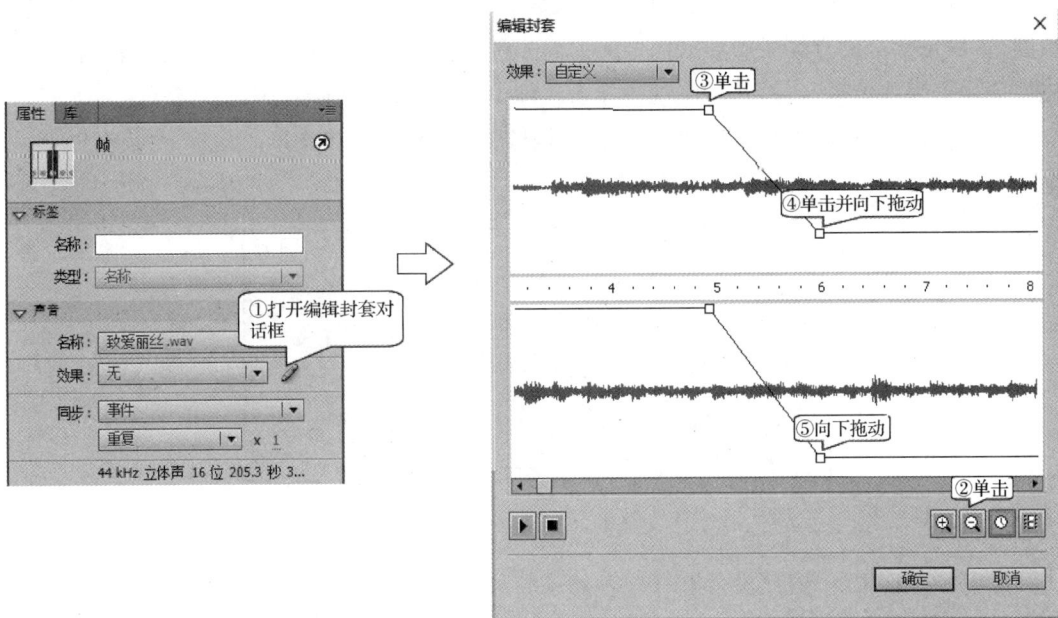

图 6-203　编辑声音的开始部分

h. 编辑声音的结尾部分。按图 6-204 所示操作，编辑声音的结尾部分。

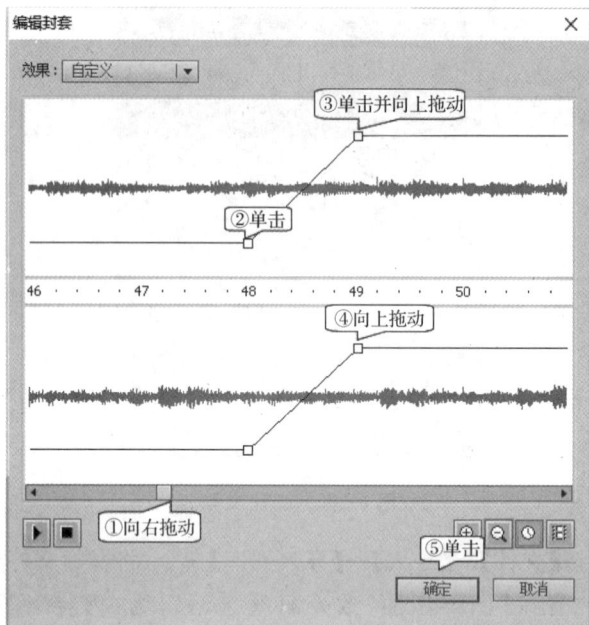

图 6-204　编辑声音的结尾部分

i.测试并保存课件。测试课件,以"编辑声音.fla"为名保存。

③使用元件添加视频。视频素材被导入舞台后,会自动延长时间轴以适应自己的时间长度,这样常常会改变场景中原来图层间的同步效果。因此在制作含有视频的课件时,一般先添加一个影片剪辑元件,然后将视频导入元件中,最后将元件放入场景。

a.新建元件。新建文档,选择【插入】→【新建元件】命令,按图 6-205 所示操作,新建一个影片剪辑元件。

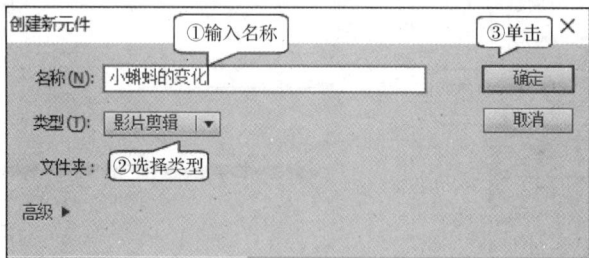

图 6-205　新建元件

b.打开对话框。选择【文件】→【导入】→【导入到舞台】命令,导入"小蝌蚪的变化.flv"视频文件。

c.返回场景 1。单击【场景 1】按钮,返回"场景 1"的舞台。

d.完成课件。按图 6-206 所示操作,从库面板中将视频元件"小蝌蚪的变化.flv"拖到舞台中央,并适当调整大小。

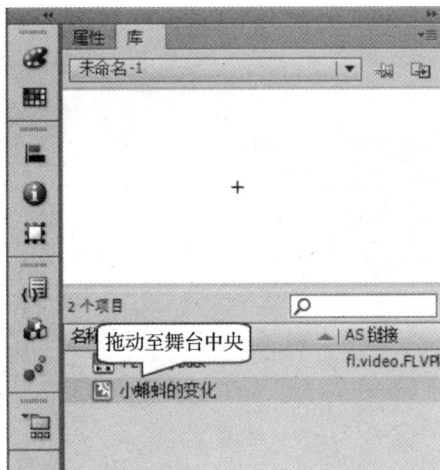

图 6-206　将元件放入场景

e. 测试并保存。测试课件,以"小蝌蚪的变化. fla"为名保存文件。

④使用播放组件添加视频。将视频直接导入舞台或通过元件插入视频的方法都比较简单,但在演示课件时这些视频在默认情况下会自动播放,很难人为控制。本节制作的 Flash 课件中的视频能够自由控制其播放进度。

a. 新建文档。打开 Flash 软件,新建一个 Flash 文档。

b. 导入视频。选择【文件】→【导入】→【导入视频】命令,按图 6-207 所示操作,导入视频。

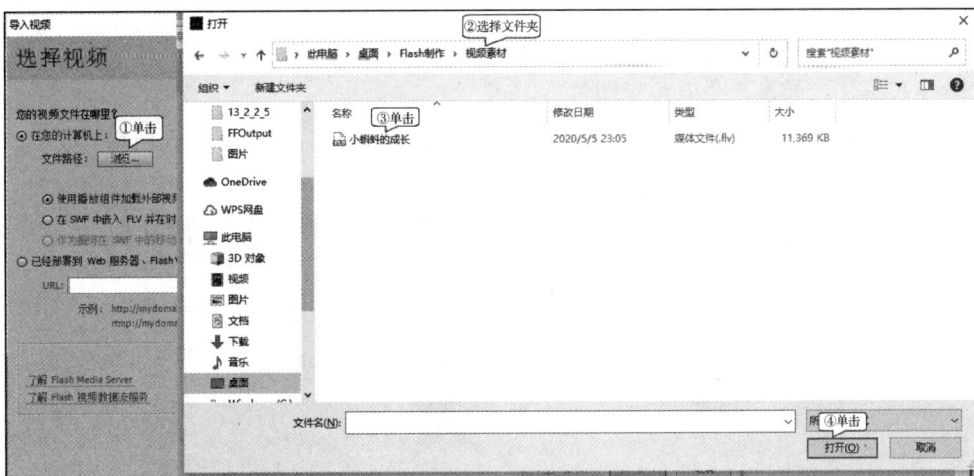

图 6-207　导入视频

c. 选择播放外观。单击【下一步】按钮,按图 6-208 所示操作,选择视频播放组件的外观和颜色。

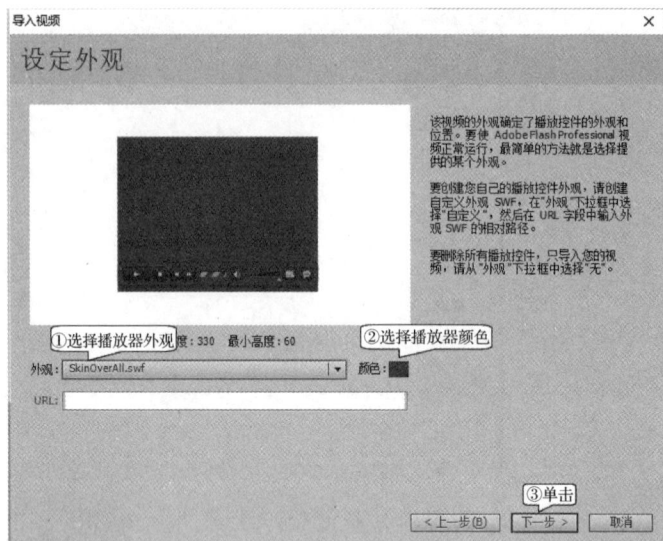

图 6-208　选择播放器外观和颜色

d. 完成导入。单击【完成】按钮，完成视频的导入过程，再适当调整动画播放器的大小和位置。

e. 测试并保存课件。

(3)对象对齐、排列与变形

①对齐对象。在 Flash 中，使用对齐面板可按照水平或垂直方向对选中的多个对象进行对齐操作，把各对象间的距离设置成相等距离。

a. 新建文档。新建 Flash 文档。

b. 导入图片。导入 6 张五角星图片。

c. 匹配宽和高。选择【窗口】→【对齐】命令，打开对齐面板，框选所有五角星，按图 6-209 所示操作，对选中的对象设置相同宽度与高度。

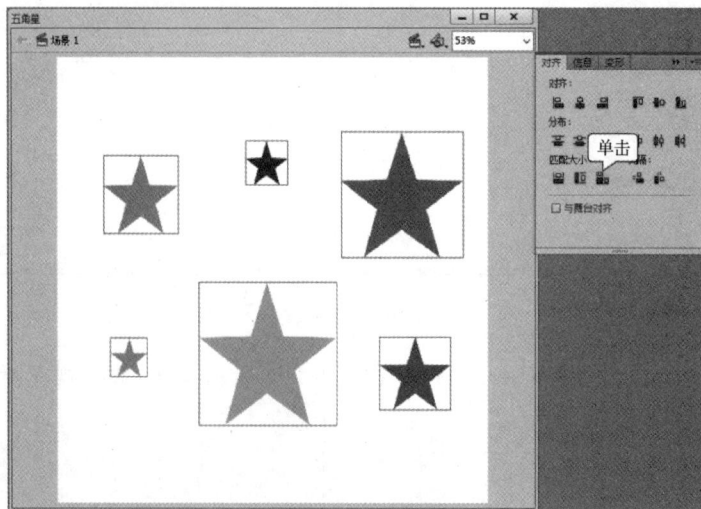

图 6-209　匹配宽和高

d.第一行图像对齐。框选第一行,按图 6-210 所示操作,将第一行图像设置为顶对齐、水平居中分布。

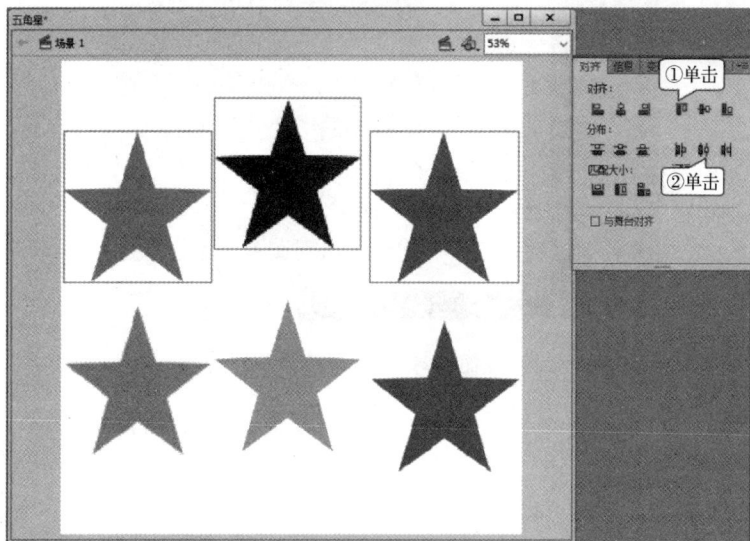

图 6-210 第一行图像对齐

e.第一列图像对齐。框选第一列,按图 6-211 所示操作,将第一列图像设置为左对齐。

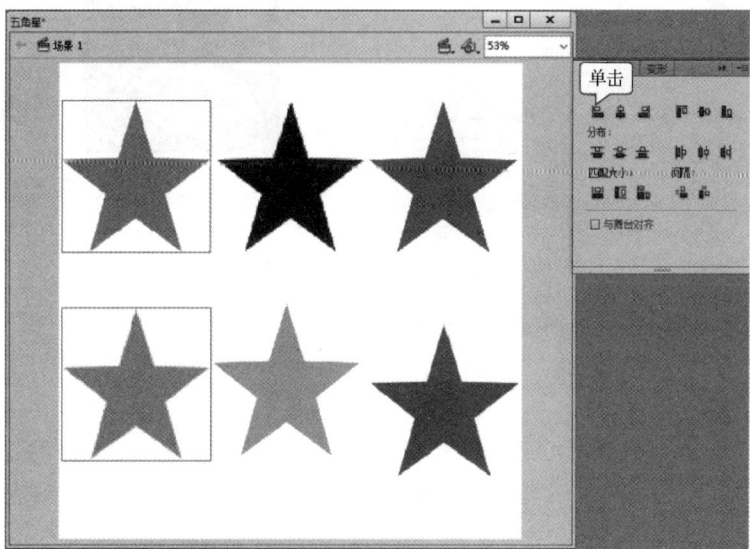

图 6-211 第一列图像对齐

f.其他图像对齐。用上面的方法,将舞台上的 6 个图像对齐。

g.保存文件。将文件以"对齐图像.fla"为名保存。

②排列对象。在同一图层中,Flash 会根据对象建立的先后顺序堆栈找对象,最新建立的对象总在堆栈的最上方。一般可以通过"排列"操作调整对象的前后顺序。

a.新建文档。创建 Flash 文档。

b.导入图片。导入背景图片并拖动至舞台,效果如图 6-212 所示。可以看到,因拖入舞台的顺序为图1、图2、图3,三种图片以先后顺序堆栈,图1在最底层,图3在最顶层。

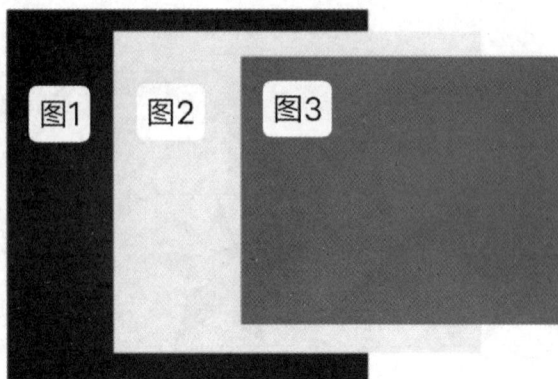

图6-212 导入图片

c.调整排列顺序。按图6-213所示操作,将"图1"背景移到舞台最顶层。

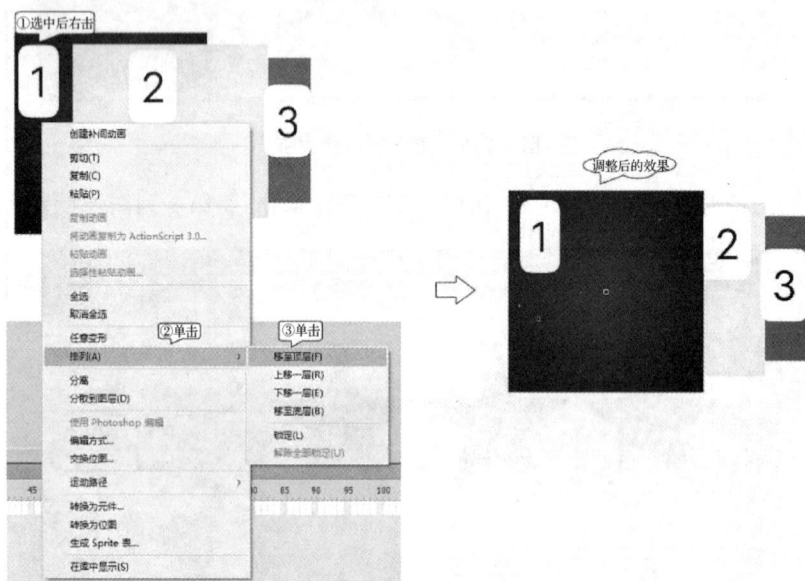

图6-213 调整排列顺序

③缩放对象。缩放对象是将选中的图形对象按照需求缩小或者放大。可以通过鼠标拖拽来缩放对象,也可以在变形面板中输入相应宽度和高度百分比来缩放图形对象。

a.新建文档。创建Flash文档。

b.导入图片。导入背景图并拖动至舞台,效果如图6-214所示。

图 6-214　导入图片

c.使用任意变形工具缩放图片。按图 6-215 所示操作,使用任意变形工具缩放图片。

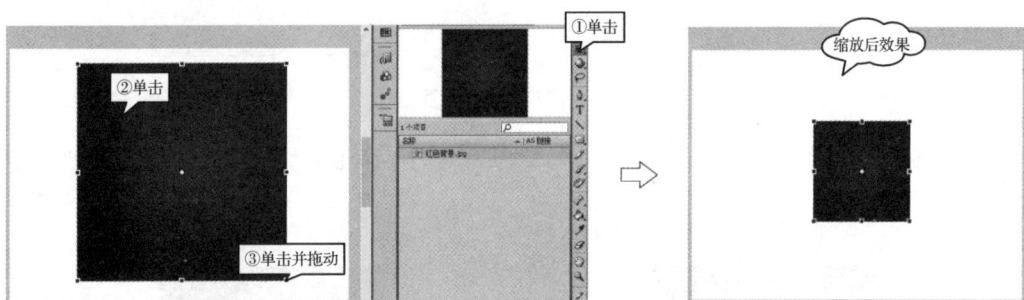

图 6-215　使用任意变形工具缩放图片

d.通过属性窗口缩放图片。按图 6-216 所示操作,通过属性窗口,设置图片大小。

图 6-216　通过属性窗口缩放图片

④旋转和倾斜对象。旋转和倾斜是比较常用的操作。可以通过任意变形工具拖拽变形框控制点,或在变形面板中输入数值来旋转和倾斜所选对象。

a. 新建文档。创建 Flash 文档。

b. 导入图片。导入背景图并拖动至舞台,效果如图 6-217 所示。

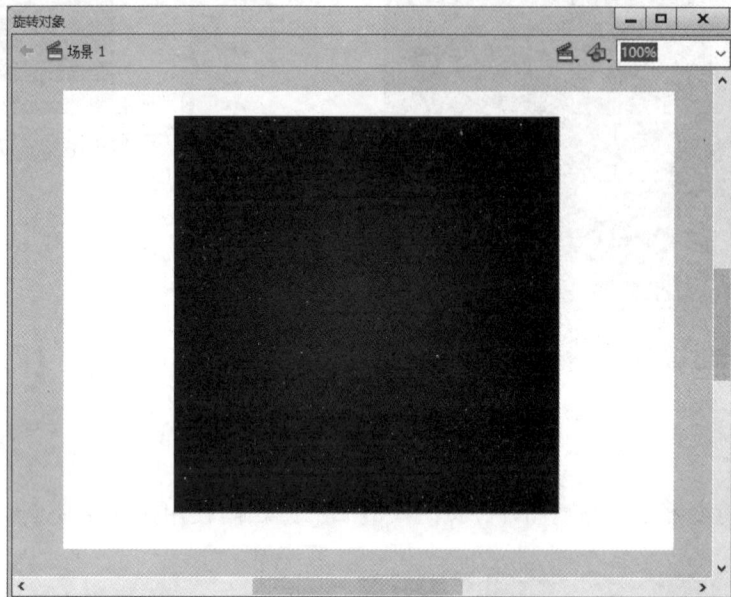

图 6-217　导入图片

c. 调整对象变形点。选中图片,按图 6-218 所示操作,调整红色背景对象的旋转变形点。

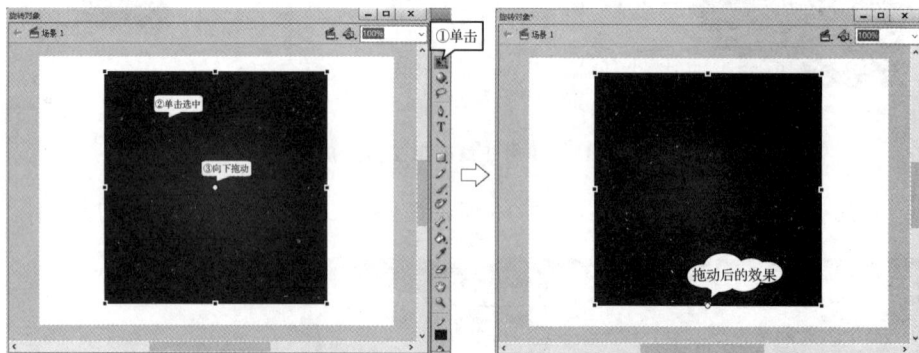

图 6-218　调整对象变形点

d. 旋转红色背景对象。选择【窗口】→【变形】命令,打开变形面板,按图 6-219 所示操作,将红色背景顺时针旋转 72°。

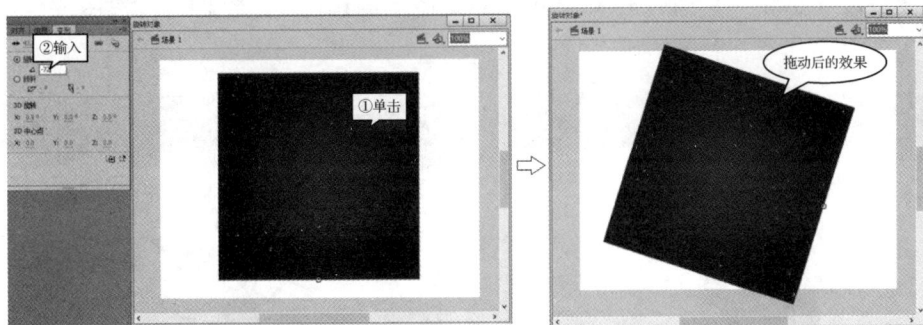

图 6-219　旋转红色背景对象

⑤翻转对象。要翻转的对象可以沿水平或垂直方向翻转,翻转的方法有多种,通过拖拽、菜单命令或变形面板都可以翻转对象。

a.通过菜单命令翻转对象。选择【修改】→【变形】→【水平翻转】命令,将对象水平翻转,效果如图 6-220 所示。

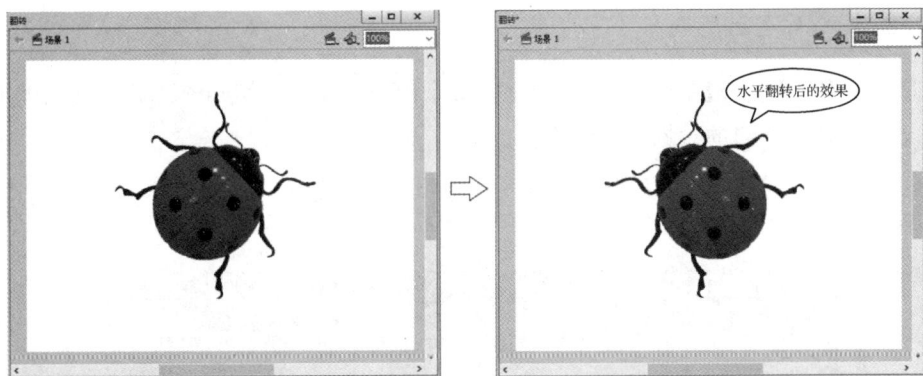

图 6-220　通过菜单命令翻转对象

b.通过设置参数翻转对象。按图 6-221 所示操作,通过设置参数翻转对象。

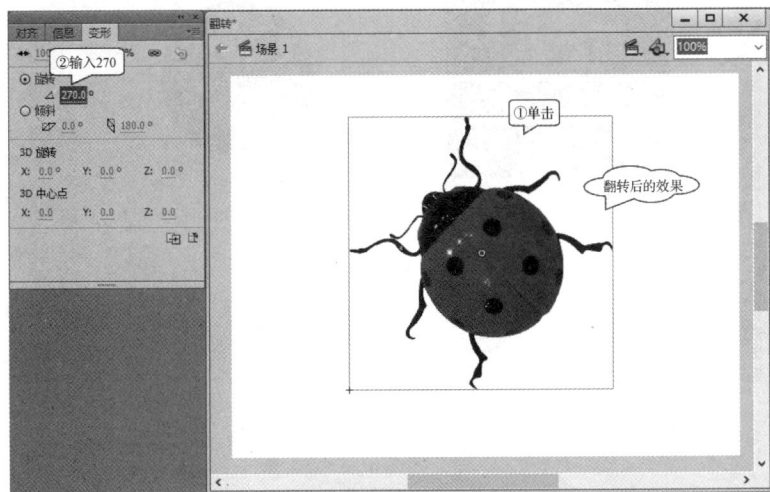

图 6-221　通过设置参数翻转对象

c.使用任意变形工具翻转对象。单击工具栏上的【任意变形】工具,按图 6-222 所示操作。

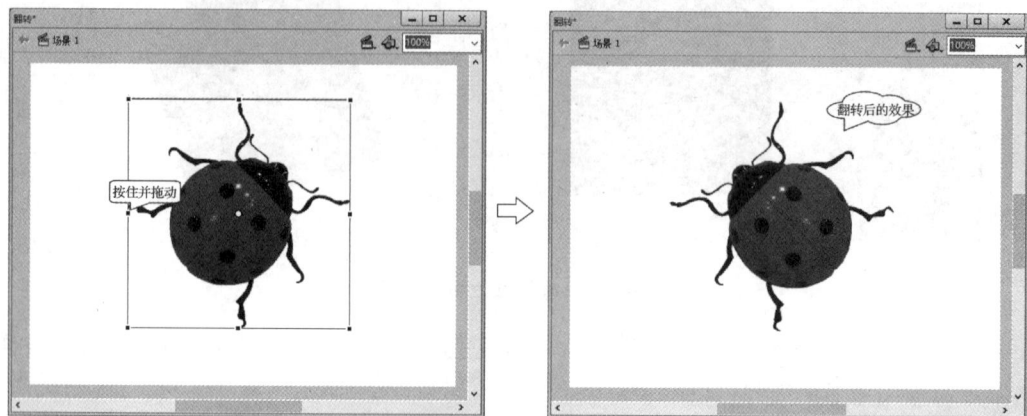

图 6-222　使用任意变形工具翻转对象

(4)合并、编辑与分离对象

①联合。使用【联合】命令,可以将两个或多个图形对象合并成单个图形对象,用户可以很方便地对联合在一起的对象进行编辑。

a.新建文档并绘制图形。新建 Flash 文档,在舞台上绘制一个圆形与一个正方形,如图 6-223 所示。

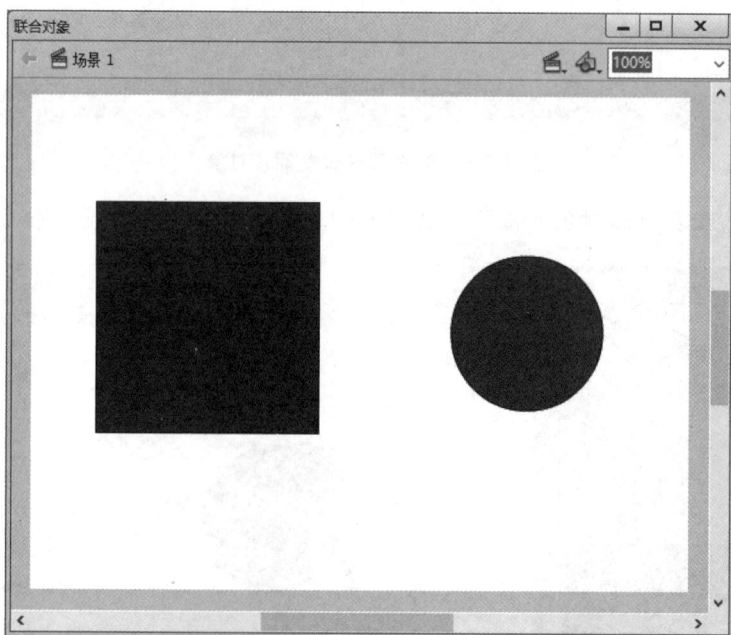

图 6-223　新建文档并绘制图形

b.移动位置。将圆形拖动至正方形中。

c.联合对象。按住 Shirft 键框选正方形与圆形两个对象,选择【修改】→【合并对象】→【联合】,联合后形成一个新的图形对象。

②交集。使用【交集】命令,可以创建两个或多个对象的交集,生成的图形为重叠的部分,并保留堆叠的最上层图形的填充和笔触,其余部分删除。

a.新建文档并绘制正方形。新建 Flash 文档,按图 6-224 所示操作,在舞台上绘制一个正方形。

图 6-224　新建文档并绘制正方形

b.绘制圆形。以同样的方法,绘制一个圆形,如图 6-225 所示。

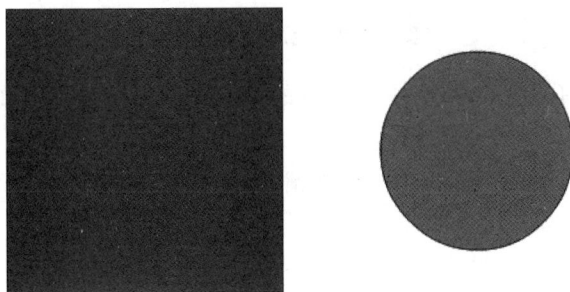

图 6-225　绘制圆形

c.移动对象。拖动圆形至正方形上,使两个对象产生交集,效果如图 6-226 所示。

图 6-226　移动圆形与正方形相交

d.生成交集图形。同时选中两个对象,按图 6-227 所示操作,交集后形成一个新的图形对象。

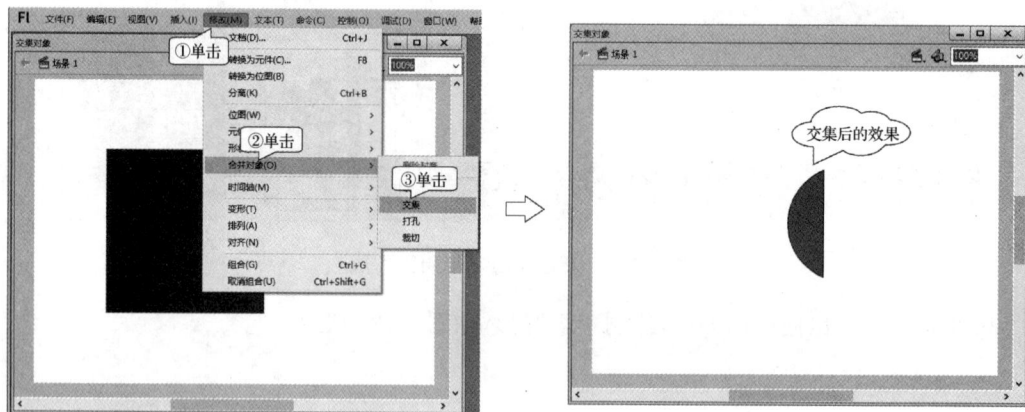

图 6-227　生成交集图形

③打孔。使用【打孔】命令,可将位于上方的图形对象保留为下方图形对象中相应的图形部分。

a.创建文档并绘制图形。创建 Flash 文档,绘制一个正方形和一个圆形,效果如图 6-228 所示。

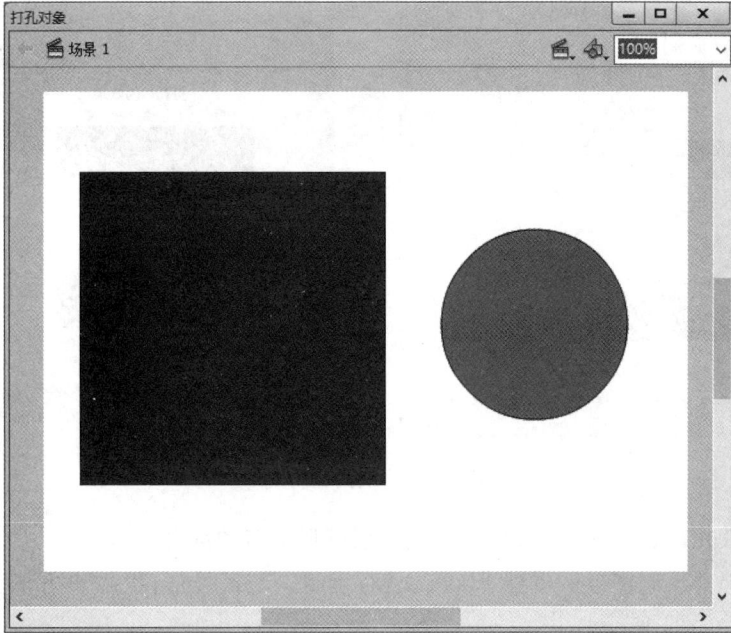

图 6-228 绘制图形

b. 移动对象。拖动圆形至正方形上,使两个对象产生交集,效果如图 6-229 所示。

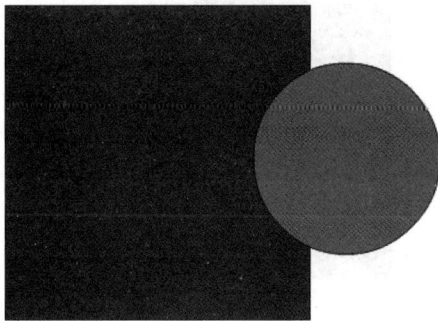

图 6-229 移动圆形产生交集

c. 对对象打孔。同时选中两个对象,按图 6-230 所示操作,打孔后形成一个新的对象。

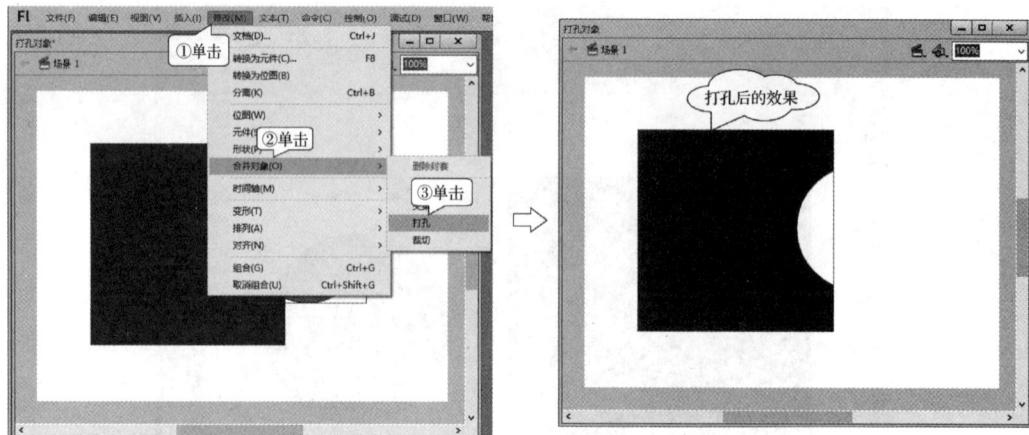

图 6-230　对对象打孔

④裁切。使用【裁切】命令，可以删除最上层图形覆盖的部分。

a.创建文档并绘制图形。创建 Flash 文档，绘制一个正方形，再在正方形上方绘制一个圆形，效果如图 6-231 所示。

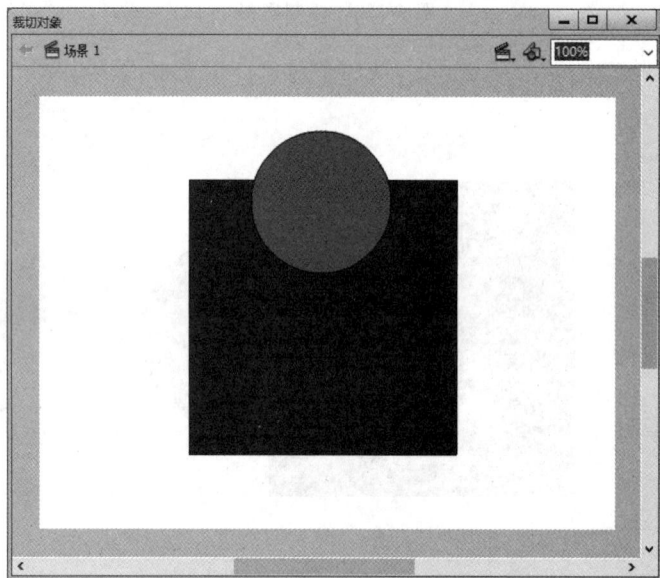

图 6-231　创建文档并绘制图形

b.裁切对象。同时选中两个对象，选择【修改】→【合并对象】→【裁切】命令，效果如图 6-232所示。

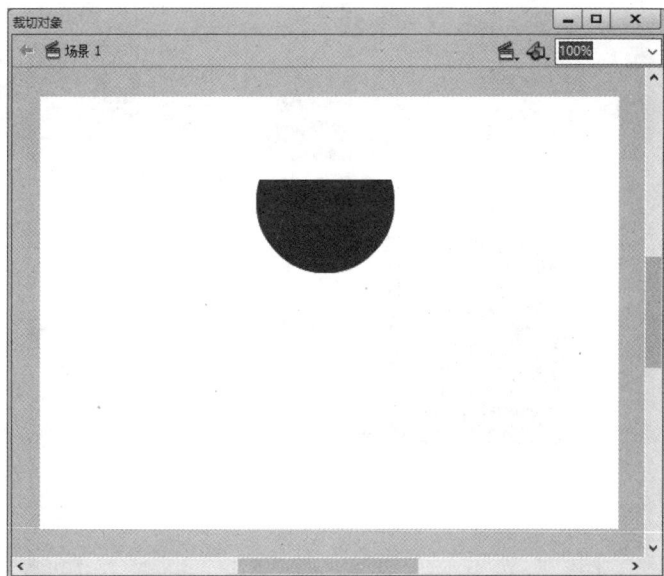

图 6-232　裁切对象

　　⑤创建对象组。将多个对象编组为一个整体,可以很方便地进行移动、复制、变形、旋转等操作。编组后的每个对象还能保持自己的属性及与其他对象的关系,如果要编辑组合中的某个对象,也可以取消组合后进行单个编辑。不仅对象与对象之间可以编组,而且组与组之间也可以编组,一个组包含另一个组,就称为"嵌套"。可以对组合后的对象作为一个整体进行移动、复制、变形,也可以编辑对象组中的单个对象。

　　a.新建文档并绘制图形。新建 Flash 文档,在舞台上绘制一个圆形与一个正方形,效果如图 6 233 所示。

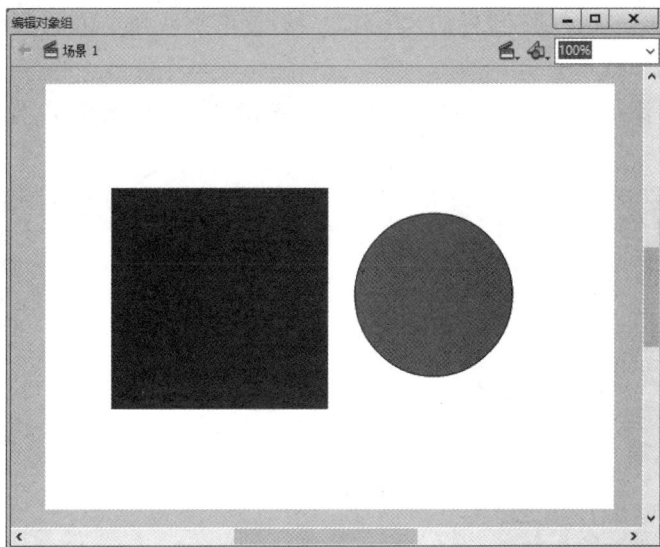

图 6-233　编辑对象组

　　b.创建对象组。同时选中正方形和圆形,按图 6-234 所示操作,使之成为一个整体。

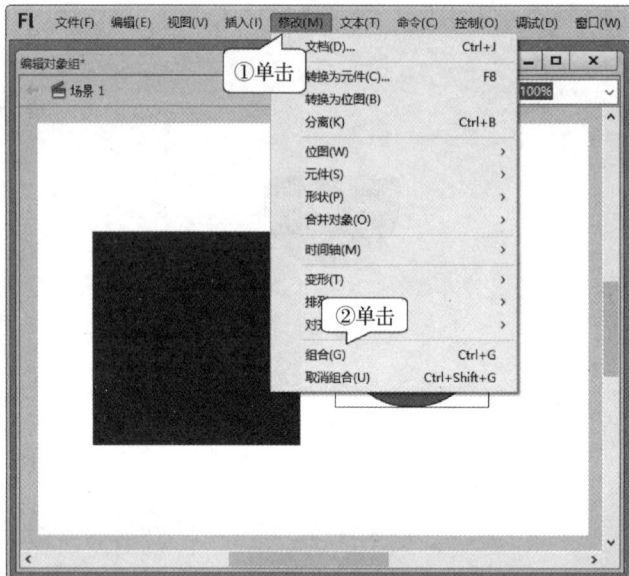

图 6-234　创建对象组

6.4.4　制作课件动画效果

在课件制作过程中,经常需要逐步呈现或者表现动画,如课件中解说文字的打字效果、人物的动作或者火焰燃烧等动画。

(1)文字逐帧动画

利用 Flash 中的逐帧动画,可以让文字逐个以打字的形式显示出来,此类动画可增强课件中文字显示的动感效果。

①创建文档并添加文本框。创建 Flash 文档,按图 6-235 所示操作,在舞台上绘制一个文本框。

图 6-235　创建文档并添加文本框

②添加空格和下划线。按图 6-236 所示操作，在文本框中添加两个空格，然后输入下划线。

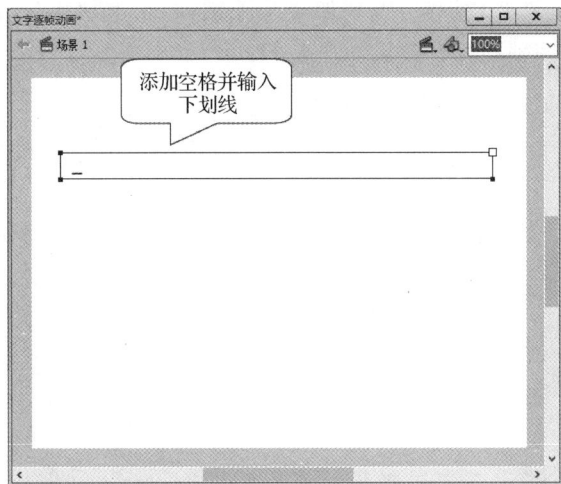

图 6-236　添加空格和下划线

③添加关键帧。按图 6-237 所示操作，在本图层的第 2 帧添加一个关键帧。

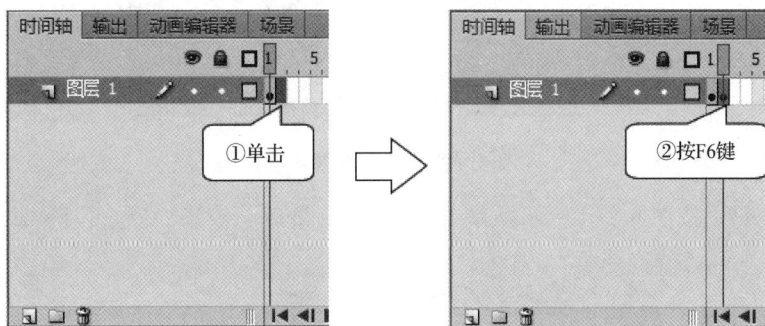

图 6-237　添加关键帧

④输入第 1 个字。按图 6-238 所示操作，在下划线的前面输入第 1 个字"利"。

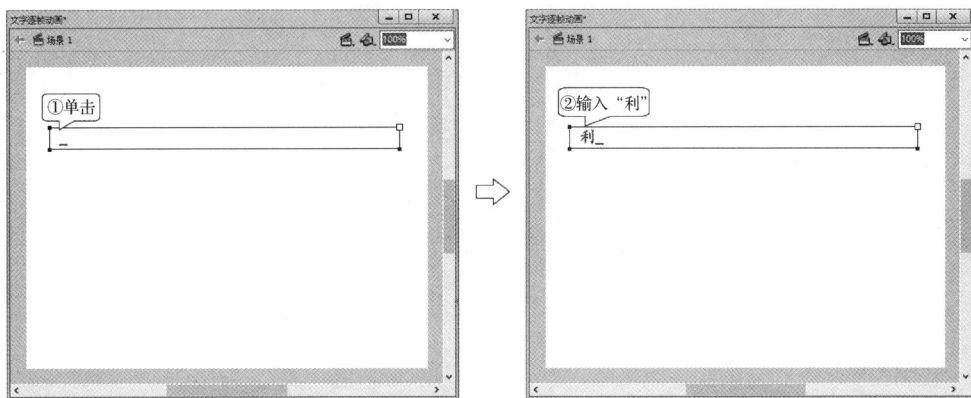

图 6-238　输入第 1 个字

⑤输入第2个字。在本图层第3帧添加一个关键帧,并在下划线"_"的前面输入第2个字"用"。

⑥输入其他字。重复上一步骤,每添加一个关键帧,在下划线"_"的前面添加一个汉字或者标点符号,最终时间轴和舞台效果如图6-239所示。

图6-239 输入其他文字

⑦添加代码。按图6-240所示操作,在本图层的最后一帧添加停止代码"stop();"。

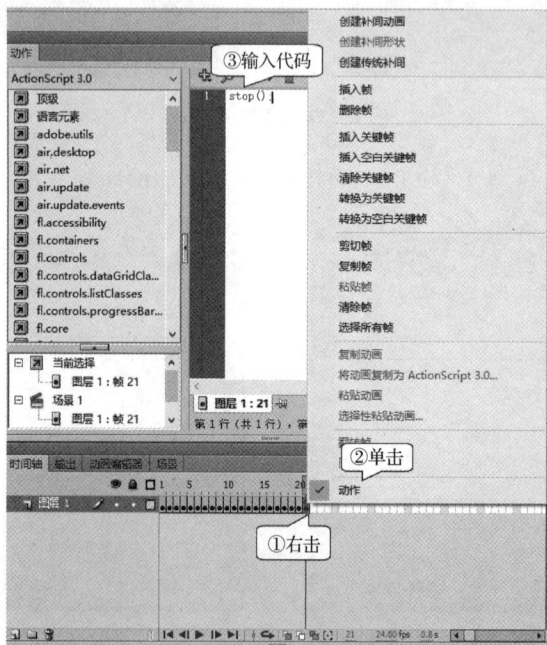

图6-240 添加代码

⑧保存并测试课件。选择【文件】→【保存】命令,保存课件,再选择【控制】→【测试影片】命令,播放并测试课件。

(2)图形逐帧动画

利用 Flash 还可以制作出图形逐帧动画,图形逐帧动画具有非常强的灵活性,在课件制作过程中,涉及的走路的动作、说话的口型,以及实验过程中火焰的燃烧等效果,都可以用图形逐帧动画来实现。

①创建文档并绘制图形。创建 Flash 文档,使用直线和椭圆工具绘制悬挂小球,如图 6-241 所示。

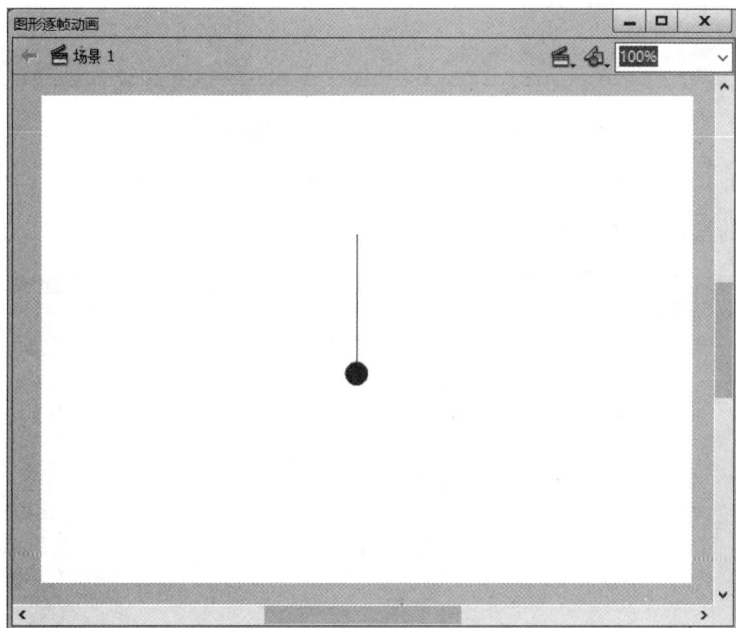

图 6-241　创建文档并绘制图形

②插入关键帧。分别在本图层第 6 帧、第 11 帧、第 16 帧、第 21 帧、第 26 帧、第 31 帧、第 36 帧,通过按 F6 键插入关键帧,效果如图 6-242 所示。

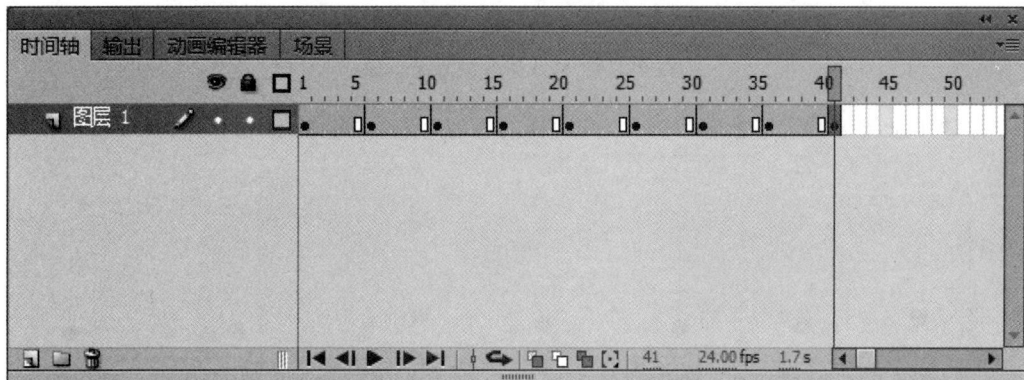

图 6-242　插入关键帧

③打开【绘图纸外观】应用。按图 6-243 所示操作,选中第 1 帧,打开【绘图纸外观】应用。拖动"起始图纸外观"和"结束图纸外观"标记的指针至第 1 帧和第 6 帧之间。

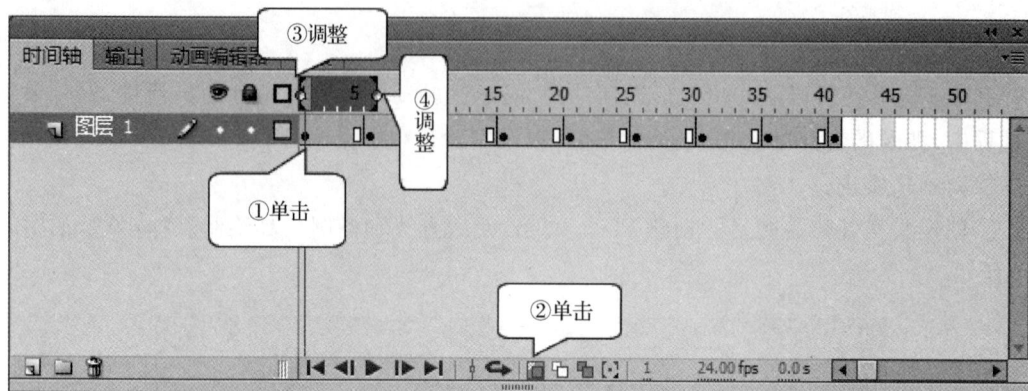

图 6-243　打开【绘图纸外观】应用

④修改第 6 帧悬挂小球。选中第 6 帧图形,按图 6-244 所示操作,选择【任意变形】工具调整悬挂小球的摆动位置。

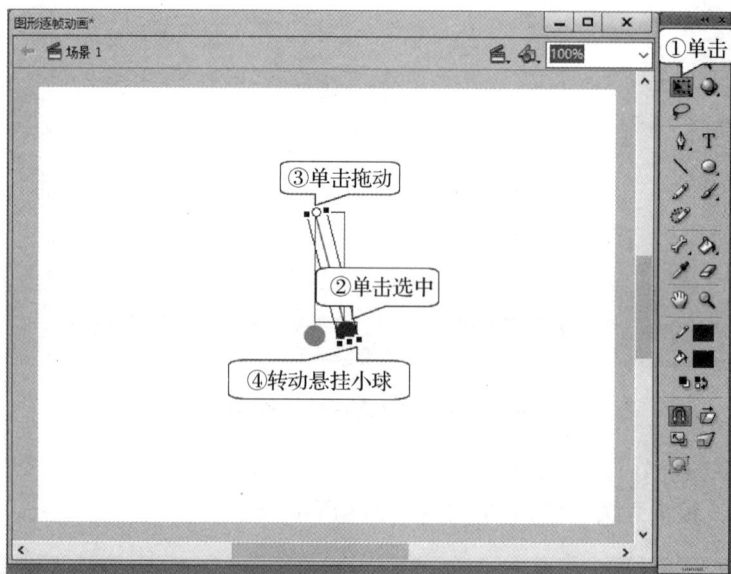

图 6-244　修改第 6 帧悬挂小球

⑤对其他悬挂小球位置进行修改,按同样的方法,编辑关键帧上的图形,效果如图 6-245 所示。

第11帧　　第16帧　　第21帧　　第26帧　　第31帧　　第36帧　　第41帧

图 6-245　对其他悬挂小球位置进行修改

⑥保存并测试课件。选择【文件】→【保存】命令,保存课件,再选择【控制】→【测试影片】命令,播放并测试课件。

6.4.5　ActionScript 语言

ActionScript 是 Flash 的内置脚本语言,Flash CS6 支持两个版本的脚本语言,即 ActionScript 2.0 与 ActionScript 3.0。本节案例使用 ActionScript 3.0(以下简称 AS 3.0)编写。AS 3.0 是标准的面向对象的编程语言,设计思想是:代码与设计分离,而且不再支持在元件上添加代码,所有代码写在时间轴和脚本文件中。在使用编程语言时,要遵循一定的语法规则与标点规则。

(1)了解 ActionScript 语言

①数据类型。AS 3.0 常用的数据类型有 Boolean、数字、String 等,以下简单介绍这几种数据类型。

Boolean 数据类型:是一个用来表示真假的数据类型,有 true(真)和 false(假)两个值。Boolean 的初始值为 false。

数字数据类型:包括 int、uint 和 Number。其中,int 表示有符号整数,用于存储正整数、零和负整数;uint 表示无符号整数,用于存储零和正整数;而 Number 则表示实数。

String 数据类型:String 表示一个字符串,字符串的用途非常广泛。需要注意的是,定义字符串变量未赋值和定义一个空字符串并不相等。

②变量和常量。变量和常量都是为存储数据而存在的。变量和常量就像一个放置在内存中的容器,用于存放各种不同类型的数据。不同的是,变量可以随时间发生变化,而常量则不会发生变化。

声明语法:变量必须先声明后使用,在 AS 3.0 中,用 var 关键字声明,例如 var sum:int＝100;变量定义为 sum,制定数据类型为 int,并制定初始值为 100;用 const 关键字声明常量,格式为"const 常量名:数据类型＝值",例如 const pi:Number＝3.14。

命名规则:常量与变量名的第一个字符必须是字母或下划线等,其后的字符必须是字母、数字或下划线,不能是关键字或动作脚本文本,如 true、false、null 或 undefined。要注意,不能重复定义变量。

③运算符和表达式。我们必须利用计算机编程语言清楚地向计算机描绘如何进行数据计算,而如何运算是通过表达式来告诉计算机的。使用表达式可表达想要达到的效果,使用运算符可进行相关的运算。操作数和运算符的组合构成了表达式。

算术运算符:算术运算符很简单,共有 6 个,分别为加、减、乘、除、模运算和求反运算。其中,加、减、乘、除就是数学中的运算符号;模运算的运算符为％,就是除法取余运算;求反运算是将当前数乘以－1,相当于求一个数的相反数。

关系运算符:关系运算符也称为比较运算符,分别是＜、＞、＜＝、＞＝、＝＝、！＝。关系表达式有两个操作数,通过比较两个操作数的值,返回一个布尔值。

逻辑运算符:逻辑运算符包括逻辑"与"运算符、逻辑"或"运算符、逻辑"非"运算符。其中"与"运算中,只有当两个操作数都是"true"时,结果才为"true"。"或"运算中,两个操作数只要有一个为"true",则结果就为"true"。"非"运算中,对"true"取"非",则结果为"false";对"false"取"非",则结果为"true"。

④程序的两种结构。程序有两种基本结构,分别是顺序结构、选择结构,所有程序均由这两种结构组合而成。

顺序结构:指程序按代码的顺序,一句一句地执行。代码如下:

var a:int=1;　　//定义整型变量 a,并赋初值为 1

var b:int=2;　　//定义整型变量 b,并赋初值为 2

var c:int=a+b;　　//定义整型变量 c,并将 a+b 的值赋给 c

trace("a+b",c);　　//输出 a+b 的值

选择结构:当程序有多重可能需要选择时,就要用到选择结构。以 if...else... 语句为例,其语法规范如下:

if　(表达式){　　　　　　　//表达式为一个条件语句

　语句 1;　　　　　　　//当条件成立时,执行该语句

}else{　　　　　　　　//否则,条件不成立

　语句 2;　　　　　　　//执行该语句

}

(2)使用 ActionScript 语言制作按键进行交互

用按钮交互,指为按钮编写代码、控制时间轴、剪辑影片等。可以在动作窗口中输入代码来实现交互。

①打开文件。运行 Flash 软件,打开文件"文字逐帧动画.fla"。

②添加图层。添加新图层,并命名为"按钮"。

③添加按钮。单击"按钮"图层,选择【窗口】→【公共库】→【按钮】命令,打开【外部库】面板,按图 6-246 所示操作,添加按钮到舞台上。

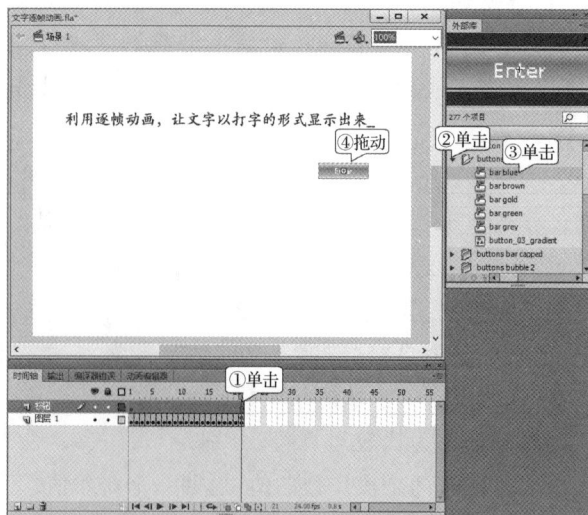

图 6-246　添加按钮

④修改按钮文本。双击按钮图标,将按钮上的文本修改为"重播",效果如图 6-247 所示。

图 6-247　修改按钮文本

⑤添加图层。新建图层,并命名为"Actions",如图 6-248 所示。

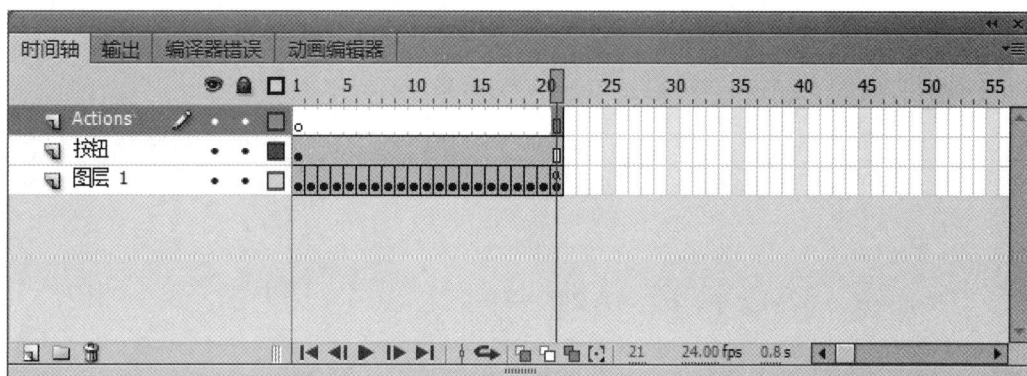

图 6-248　添加图层

⑥输入停止代码。选择 Action 图层第 21 帧,按 F6 键插入关键帧,按图 6-249 所示操作,输入停止代码。

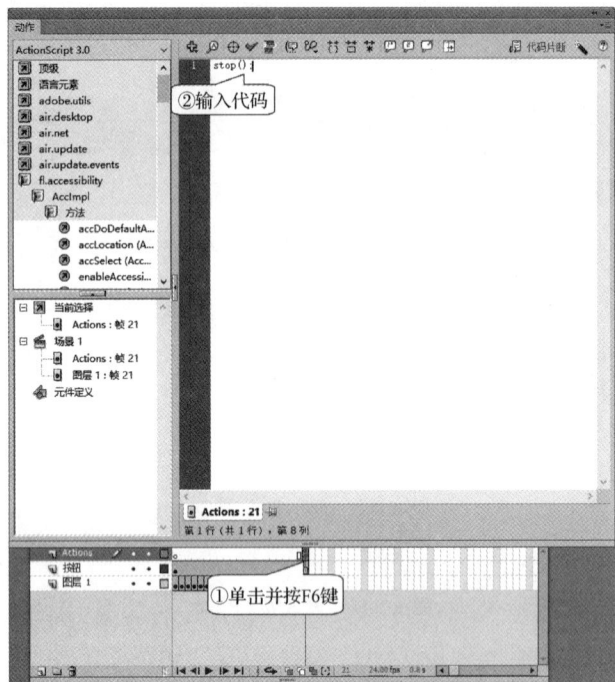

图 6-249　输入停止代码

⑦命名实例。单击按钮，按图 6-250 所示操作，将该实例命名为"botton_1"。

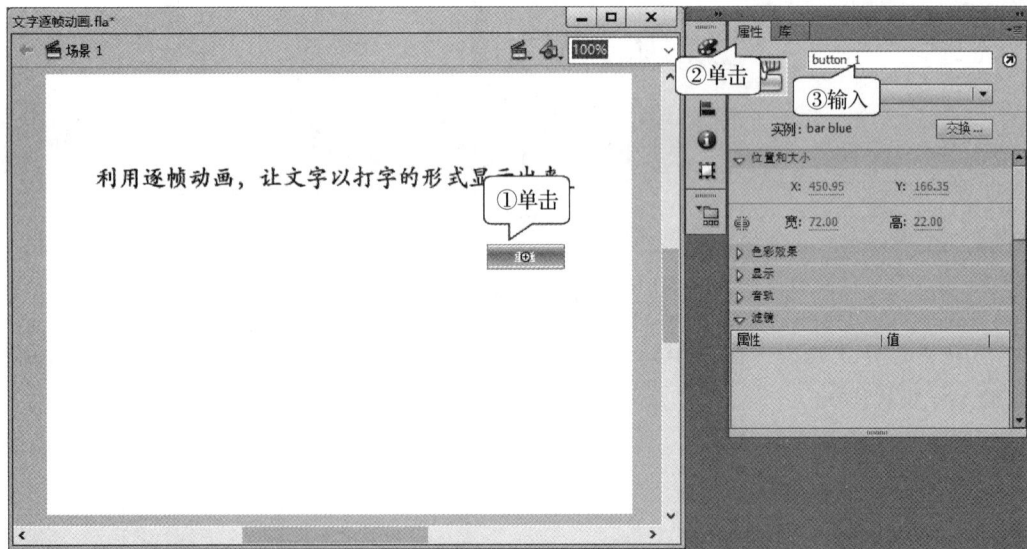

图 6-250　命名实例

⑧输入重播代码。按图 6-251 所示操作，添加代码。

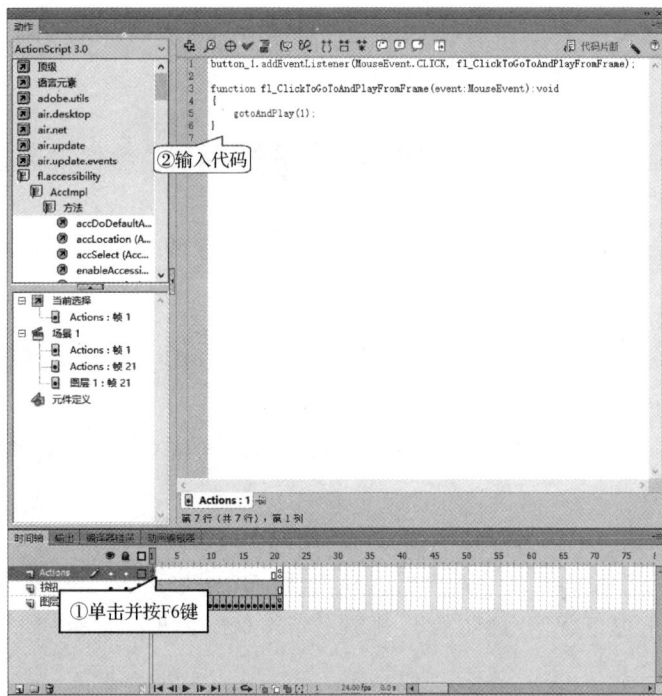

图 6-251　输入重播代码

⑨测试保存。测试动画,将文件以"用按钮交互.fla"为名保存。

参考文献

[1] Azimkulov Ayan. VR 技术的虚拟教学应用研究[D]. 上海：东华大学，2017.

[2] 鲍立泉. 数字传播技术发展与媒介融合演进[D]. 武汉：华中科技大学，2010.

[3] 鲍晓. 基于 Android 平台的新闻资讯阅读软件的设计与实现[J]. 计算机应用，2013，33 (S2)：279-282，289.

[4] 编辑社. 移动阅读不能代替纸质阅读[J]. 新闻记者，2014(8)：70.

[5] 卞金华. 教师是学生阅读素养提升的引领者[J]. 中国教育学刊，2019，309(1)：103.

[6] 蔡丽萍，孔德超. 基于 WCI 的省级公共图书馆微信阅读推广研究[J]. 图书馆工作与研究，2016(10)：90-95.

[7] 蔡琦. 少儿英语阅读市场的打造——从《剑桥彩虹少儿英语分级阅读》的引进谈起[J]. 出版广角，2018(7)：58-60.

[8] 陈邦，汪全莉. 儿童中文分级阅读的思考与建议[J]. 图书馆理论与实践，2019(03)：25-29.

[9] 陈大军. 探寻博物馆公共服务建设可持续发展的新思路[J]. 文物鉴定与鉴赏，2018(6)：86-87.

[10] 陈峰烽. 大学图书馆读者阅读素质教育研究[J]. 情报理论与实践，2005(5)：502-505.

[11] 陈桂香. 大数据对我国高校教育管理的影响及对策研究[D]. 武汉：武汉大学，2017.

[12] 陈静. 浅谈数字媒体艺术对动画设计的影响[J]. 科技资讯，2018，16(28)：9-10.

[13] 陈丽冰. 从青少年数字阅读探讨图书馆推广服务策略[J]. 图书馆，2015(3)：93-96.

[14] 陈丽娟. 试谈公共图书馆的数字化阅读[J]. 图书馆学刊，2010，32(11)：70-72.

[15] 陈启山，雷雅缨，温忠麟，等. 教师指导、学习策略与阅读素养的关系：基于 PISA 测评的跨层中介模型[J]. 全球教育展望，2018，47(12)：51-61.

[16] 陈思宇，黄甫全，曾文婕. "互联网，"时代行动研究的知识建构法[J]. 中国电化教育，2017(1)：71-77，98.

[17] 陈昕. 美国数字出版考察报告[M]. 上海：上海人民出版社，2008.

[18] 陈亭秀. 西方维果茨基研究探析[D]. 上海：华东师范大学，2017.

[19] 陈莹，李嘉宁. 青年群体阅读活动的社会化转向分析——以"微信读书"App 为例[J]. 科技与出版，2020(10)：57-62.

[20] 陈永光. 数字阅读推广服务：图书馆服务"新常态"[J]. 图书与情报，2018(4)：117-121.

[21] 陈永静. 数字时代教育出版企业的战略转型探究[D]. 开封：河南大学，2012.

[22] 陈玉文. 增强现实技术及其在军事装备和模拟训练中的应用研究[J]. 系统仿真学报，

2013,25(S1):258-262.

[23] 崔丽娟,王小晔.互联网对青少年心理发展影响研究综述[J].心理科学,2003,(3):
501-503.

[24] 邓李君,杨文建.高校图书馆开展移动阅读服务的困惑与对策[J].图书馆工作与研究,
2013(12):92-95.

[25] 邓志文,李新春,李丕仕,都平平.开放模式下电子书在线阅读平台设计[J].数字图书馆
论坛,2018(2):39-44.

[26] 翟青竹.基于使用与满足理论的大学生数字媒介阅读研究[D].合肥:安徽大学,2012.

[27] 董若剑,唐乐,李向前,凌云.高校阅读与写作中心网络平台的设计与实现——以西南
交通大学阅读与写作中心为例[J].图书情报工作,2020,64(16):45-53.

[28] 杜都.媒体融合时代新媒体企业的崛起与传统出版单位的转型应对[J].出版广角,
2015(11):26-28.

[29] 段朝辉,洪建中,王福兴.不同媒介阅读效果差异的作用机制探究[J].图书情报工作,
2018,62(12):65-71.

[30] 樊炜.美国公共数字图书馆:免费开放进入课堂.中国文化报,2013-05-16(10).

[31] 樊燚琴.日本社区阅读环境构建模式与启示[J].中国出版,2019(7):64-67.

[32] 范晓.数字时代中国连环画的创新性研究[D].长沙:湖南师范大学,2014.

[33] 方明生,李筱雨.百年回望:布鲁纳对皮亚杰与维果茨基的评价——《赞颂分歧:皮亚杰
与维果茨基》解读[J].全球教育展望,2014,43(10):11-20,37.

[34] 方睿,张莎莎,魏雪琪.基于儿童阅读差异的电子绘本与纸质绘本设计研究[J].出版科
学,2019,27(5):71-77.

[35] 方志.对学术期刊内容质量的新理解——基于纸质阅读与数据库阅读的差异化视角
[J].出版科学,2013,21(4):37-41.

[36] 冯豪博.数字媒体时代新闻观的新变化[J].当代传播,2009(3):105-106.

[37] 冯璐.图书馆阅读需求资源利用率优化管理仿真[J].计算机仿真,2018,35(3):
271-274.

[38] 高建新,张艳楠,赵攀.数字化阅读与纸质阅读的比较研究[J].价值工程,2019,38(29):
235-238.

[39] 高亚峰.试论动漫设计中数字媒体的影响[J].贵阳学院学报(自然科学版),2016,11
(3):24-26.

[40] 宫春洁.数字时代电影美学嬗变研究[D].长春:吉林大学,2019.

[41] 龚浩然.维果茨基及其对现代心理学的贡献——从纪念维果茨基诞辰100周年国际会
议说起[J].心理发展与教育,1997(4):62-65.

[42] 顾建明,王燕萍,张媛.虚拟现实技术开创电力培训新模式[J].中国电力教育,2017(2):
16-21.

[43] 顾理澜,李刚,常颖昊.PISA2018解读:中国学生阅读开展状况的分析及建议——基于
中国四省市PISA2018数据的分析与国际比较[J].中小学管理,2020(1):21-24.

[44] 顾芷瑜.数字化阅读与初中学生语文素养关性研究[D].成都:四川师范大学,2014.

[45] 郭天太.基于VR的虚拟测试技术及其应用基础研究[D].杭州:浙江大学,2005.

[46] 韩保来.多媒体教学—教学电脑化·网络化[M].济南:山东教育出版社,2001.

[47] 韩静华,马丽莉.儿童数字读物的界面设计风格探析[J].包装工程,2014,35(20):83-86.

[48] 郝丽梅.阅读在身边——图书馆微信公众平台服务[J].现代情报,2013,33(11):159-161.

[49] 何兰香.网络文学的文体分析[D].长春:东北师范大学,2009.

[50] 何品.加拿大国家图书馆档案馆的馆藏及数字化[EB/OL].(2018-12-05)[2021-12-20].http://www.zgdazxw.com.cn/news/2018/12/05/content_257160.htm.

[51] 何韵,何兰满.从传统阅读与数字阅读的二元关系论全民阅读推广策略——以日本为例[J].图书馆,2015(7):34-38,44.

[52] 贺兆达,季铁,袁翔.跨平台数字阅读的"通用"界面模式设计探索[J].包装工程,2013,34(18):54-57.

[53] 侯琳,和晓军.基于虚拟现实技术的多媒体教学系统的设计与实现[J].黑龙江科技信息,2017(2):88.

[54] 侯石明.数字艺术与手绘对儿童视觉审美影响的比较[J].美术大观,2013(11):147.

[55] 侯松霞.移动阅读平台比较与分析——以QQ阅读和微信读书App为例[J].图书馆工作与研究,2018(S1):72-75.

[56] 胡卫红,刘道光,王倩,李萌.虚拟现实技术在教育教学中的应用与研究[J].山东省青年管理干部学院学报,2007(6):139-141.

[57] 吉宇宽.图书馆移动阅读资源建设与服务中的著作权侵权控制研究[J].图书馆论坛,2019,39(2):86-93.

[58] 纪显俐.基于增强现实技术的智能沙盘教学演示系统[D].哈尔滨:哈尔滨工业大学,2019.

[59] 季为民,沈杰.青少年蓝皮书[M].北京:社会科学文献出版社,2018.

[60] 贾同.大数据对高等教育发展的推动研究[D].重庆:西南大学,2015.

[61] 江晓原.阅读前景:一个乐观的展望——关于电子阅读和纸质阅读[J].编辑学刊,2013(3):36-39.

[62] 姜海,王珏殷.虚拟现实技术下数字化阅读的沉浸传播研究[J].中国出版,2016(17):42-45.

[63] 姜洪伟,高辅婧,胡霞,覃冰芸.四年级儿童数字阅读与纸质阅读记忆效果比较研究[J].图书馆建设,2019(1):109-114,129.

[64] 姜洪伟,钱震敏,王娴婷.基于PAD和纸书的幼儿阅读能力比较研究[J].中国出版,2016(13):55-59.

[65] 蒋红.数字阅读能取代纸质阅读吗——基于36篇有关信息载体对阅读效果影响研究论文的元分析[J].上海教育科研,2017(9):17-22.

[66] 金莉莉.英国儿童分级图书的特色及启示[J].编辑之友,2019(7):106-112.

[67] 亢琦,王晴,李耀昌.数字阅读对环境的影响——以生命周期为视角[J].图书馆论

坛,2017:1-7.

[68] 孔云,廖寅.图书馆微信服务平台的设计与实现[J].图书馆论坛,2014(2):90-95.

[69] 赖文华,王佑镁,李伟.未成年人不同阅读介质的眼动行为比较[J].现代远程教育研究, 2014(5):95-103.

[70] 李本军.论语文多媒体教学优化[D].南京:南京师范大学,2004.

[71] 李德.数字媒体艺术在影视动画中的应用研究[J].大众文艺,2018(7):85.

[72] 李利芳.在移动互联环境下提高大学生的阅读素养[J].编辑学刊,2016(5):107-110.

[73] 李连和,齐水冰,李可,冼灿标.固体氧化物燃料电池应用现况及展望[J].广东化工, 2013,40(14):122-123,112.

[74] 李琳娜,马捷,潘逸尘.国外数字阅读与纸质阅读的比较研究——基于文献分析与述评 [J].图书情报工作,2018,62(20):6-13.

[75] 李妍.数字媒体平台上字体设计的互动性研究[D].西安:西北大学,2012.

[76] 李瑛.新媒体时代公共图书馆少儿数字阅读推广策略探析[J].图书馆工作与研究,2019 (S1):120-124.

[77] 李雨琦.基于儿童数字读物界面设计应用研究[D].长沙:湖南师范大学,2014.

[78] 李云飞,袁曦临.国外儿童分级阅读研究现状述评[J].图书馆杂志,2019,38(3):12-21.

[79] 林丹,颜成宇.数字媒体技术在展览展示空间中的应用——以上海世博会沙特馆为例 [J].工业设计,2021(6):26-27.

[80] 刘晶晶,郭元祥.小学语文阅读素养:内涵、构成及测量[J].课程·教材·教法,2015,35 (5):69-75

[81] 刘婧.美国儿童网络阅读资源建设的启示——以"美国互联网公共图书馆(IPL2)"为例 [J].现代情报,2014,34(8):148-151.

[82] 刘坤锋,曹芬芳,王文韬.双路径视角下纸质读物与数字读物的比较分析研究[J].图书 馆,2017(10):55-61.

[83] 刘坤锋,王文韬,陈雨.沉浸体验视角下数字阅读与纸质阅读的比较分析研究[J].图书 馆,2016(10):58-62.

[84] 刘敏.新媒体时代网络阅读与传统纸质阅读之争——当前青少年网络阅读的现状、特 点及对策思考[J].编辑之友,2014(9):26-29.

[85] 刘儒德,程铁刚,周蕾.网上阅读与纸面阅读行为的对比调查[J].电化教育研究,2004 (5):28-31.

[86] 刘世清,周鹏.教育网页的结构差异分析及优化设计——基于文本-动画类教育网页的 实验研究[J].教育研究,2012(6):118-122.

[87] 刘艳妮.数字化阅读对传统阅读的影响研究[D].沈阳:辽宁大学,2011.

[88] 刘宇,刘颖.基于虚拟现实出版的儿童数字化阅读推广研究[J].出版科学,2019,27(6): 98-101.

[89] 刘玉利,回新宁.基于 Android 平台的阅读学习软件[J].计算机应用与软件,2014,31 (5):256-259.

[90] 刘长城,张向东.皮亚杰儿童认知发展理论及对当代教育的启示[J].当代教育科学,

2003(1):45-46.

[91] 陆晓红.我国公共图书馆儿童阅读推广模式研究[D].天津:南开大学,2014.

[92] 罗德红,余婧.儿童分级阅读研究的中美对比分析[J].图书馆,2013(2):34-37.

[93] 罗士琰,宋乃庆,王雁玲.基于实证的小学语文阅读素养研究:内涵、价值及表现形式[J].中国教育学刊,2016,282(10):77-83.

[94] 罗永东.基于Unity3D的移动增强现实技术与应用研究[D].青岛:青岛科技大学,2015.

[95] 吕瑾瑜.基于微信的公共图书馆阅读推广模式探究[J].图书馆工作与研究,2018(8):100-107.

[96] 麻彦坤,叶浩生.差异与互补:皮亚杰与维果茨基认知发展观比较的新思考[J].心理科学,2004(6):1426-1427,1425.

[97] 马飞.数字化阅读让阅读更精彩[J].新世纪图书馆,2008(4):99-101,95.

[98] 马捷,张光媛,蒲泓宇.手机与纸媒条件下的数字原住民阅读效果实验——以新闻和小说为例[J].图书馆论坛,2019,39(9):108-117.

[99] 马捷,张光媛,徐晓晨,蒲泓宇.数字阅读与纸质阅读理解效果及沉浸体验实验研究——以科普知识为例[J].图书情报工作,2018,62(16):35-46.

[100] 马坤坤,茆意宏,Zhang X,Anghelescu H,朱玲玲.深度数字阅读推广的内容营销机制研究[J].图书情报工作,2020,64(8):32-40.

[101] 马丽莉,韩静华.儿童数字读物UI设计原则与风格探析[J].包装工程,2016,37(24):136-140.

[102] 马萍.三维虚拟校园立体场景的设计与实现[D].济南:山东师范大学,2013.

[103] 马秀丽.多媒体在小学语文教学中的应用现状及对策研究[D].天水:天水师范学院,2019.

[104] 马玉静.试谈博物馆陈列展览中的数字媒体技术[J].中国博物馆,2015,32(4):89-95.

[105] 茆意宏.数字阅读推广的概念、机制与模式[J].图书情报知识,2020(2):51-59.

[106] 孟浣女.数字媒体环境下博物馆的品牌塑造和发展趋势研究[D].杭州:浙江理工大学,2017.

[107] 孟磊,王枫.文化权益保障视域下全民阅读地方立法研究[J].图书馆工作与研究,2020(11):57-62,69.

[108] 缪蓉,赵婧宏.基于数字故事的学生认知活动研究[J].中国电化教育,2017(12):7-13.

[109] 潘艺.新科技在博物馆展示设计中的应用与研究[J].中国民族博览,2021(9):201-203.

[110] 裴娣娜.教育实验评价体系的建立及其方法论思考——构建少年儿童主体性发展测评体系研究的初步报告[J].教育改革,1996(2):5-8.

[111] 彭爱东,邢思思,茆意宏.图书馆数字阅读推广的发展现状与对策[J].图书情报工作,2019,63(17):93-102.

[112] 彭春艳,曾雪莲.数字阅读背景下高校图书馆阅读推广创新研究——以北部湾大学图书馆为例[J].内蒙古科技与经济,2021(3):104-107.

[113] 彭硕.新媒体视角下休闲体育的传播[J].新闻爱好者,2017(10):94-96.

[114] 彭嗣禹,陈润好.中小学生数字阅读推广的困境与突破[J].图书馆论坛,2020,40(3):139-146.

[115] 皮亚杰.皮亚杰教育论著选[M].北京:人民教育出版社.2015.

[116] 渠竞帆.国际高管预测2016出版走势.中国出版传媒商报,2016-01-01(9).

[117] 饶乐,黄沁.浅谈新媒体艺术设计的视觉韵律[J].大家,2011(24):18-19.

[118] 尚硕彤,蒋若晴.基于我国移动有声App平台发展视角的公共图书馆有声阅读服务现状与分析——以宁夏地区公共图书馆为例[J].图书馆理论与实践,2018(12):71-75.

[119] 佘惠灵,宫丽颖.社会化媒体时代数字阅读平台价值共创模式探究[J].出版发行研究,2020(11):50-57,49.

[120] 盛歆漪,胡心怡.数字时代下儿童交互绘本设计特点研究[J].装饰,2016(8):136-137.

[121] 史云,任洪昌.从YA文学看我国青少年分级阅读[J].出版广角,2018(9):23-25.

[122] 司国东,赵玉,宋鸿陟.认知负荷视角下的移动阅读研究[J].中国远程教育,2013(6):51-55,96.

[123] 宋达.虚拟现实技术在教育领域中的应用与设计[D].长春:东北师范大学,2005.

[124] 宋方昊,胡雯彧,刘燕.基于眼动追踪技术的有纸化与无纸化考试对比实证分析[J].中国考试,2020(2):57-64.

[125] 宋乃庆,肖林,程浩.小学生阅读素养的背景因素探析——基于国际阅读素养进步研究视角[J].中国教育学刊,2017,286(2):61-66,104.

[126] 睢颖.美国州立图书馆数字资源整合现状调查分析[J].图书馆学研究,2016(13):61-66.

[127] 孙静,王慧萍.关于网络对青少年心理发展正面影响的研究[J].烟台教育学院学报,2004(12):81-83,90.

[128] 孙洋,张敏.基于眼动追踪的电子书移动阅读界面的可用性测评——以百阅和iReader为例[J].中国出版,2014(5):48-52.

[129] 谭小军.数字时代全民阅读立法研究[D].重庆:西南大学,2018.

[130] 唐品,王艳,王景文,高玉洁.华北地区高校图书馆网络阅读推广调查分析[J].河南图书馆学刊,2015(1):66.

[131] 唐婷,史滋福,尹霖,谢云天.纸本阅读与数字阅读的对决:认知地图构建[J].图书馆论坛,2020,40(2):113-121.

[132] 陶伶俐.数字媒体产业发展现状及建议[J].中国科技产业,2009(7):68-70.

[133] 陶萌萌.数字化阅读时代掌阅科技的发展模式研究[J].出版广角,2019(18):51-53.

[134] 陶明华,王斌.沉浸理论在虚拟学习环境设计中的应用[J].中国教育信息化,2009(17):69-72.

[135] 陶璇宇.多媒体技术应用于幼儿文学审美能力培养的行动研究[D].贵阳:贵州师范大学,2019.

[136] 仝令宇.在影视动画中数字媒体艺术的应用[J].电脑编程技巧与维护,2019(5):126-128.

[137] 汪全莉,王嘉.童书馆微信公众号推动亲子阅读的调查与优化[J].图书馆论坛,2016,36(3):70-74.

[138] 王畅. 基于增强现实的智能运维技术研究与应用[D].济南:山东大学,2019.

[139] 王光荣. 文化的诠释:维果茨基学派心理学[M].济南:山东教育出版社,2009.

[140] 王光荣.发展心理学研究的两种范式——皮亚杰与维果茨基认知发展理论比较研究[J].华中师范大学学报(人文社会科学版),2014,53(5):164-169.

[141] 王光荣.维果茨基的认知发展理论及其对教育的影响[J].西北师大学报(社会科学版),2004(6):122-125.

[142] 王海.OverDrive电子书平台在图书馆移动阅读服务中应用研究[J].图书馆工作与研究,2017(5):62-64,74.

[143] 王洪明. 高中生英语阅读素养的构建[J]. 教学与管理, 2017, 707(22): 49-51.

[144] 王继红.交互式网络电视技术的分析及其发展[J].科技传播,2016,8(20):38-39.

[145] 王健,陈琳.青少年数字化阅读素养的内涵与培养[J].中小学电教,2011(6):23-27.

[146] 王晋. 基于J2EE架构的手机书院的设计与实现[D].长沙:湖南大学,2011.

[147] 王蕾,毛莉.英国分级阅读品牌读物"牛津阅读树"文本探究[J].出版发行研究,2019(7):88-91.

[148] 王李莹,曹颖.浅谈学前儿童数字读物开发[J].设计艺术研究,2014,4(5):31-35.

[149] 王梦倩,郭文革,罗强,高洁,乔博.中学生数字化读写特征研究——基于"数字化阅读"在线课程的调查[J].现代教育技术,2020,30(8):57-64

[150] 王秋燕.维果茨基与皮亚杰认知发展观的比较研究[J].亚太教育,2016(27):256-257.

[151] 王思楠.微信公众平台在少儿图书馆的应用——以天津地区为例[J].图书馆建设,2019(S1):89-94,102.

[152] 王文.公共图书馆开展未成年人数字阅读服务的思考——基于"互联网,数字阅读"[J].图书馆工作与研究,2018(11):64-69.

[153] 王晓诚.PISA2018阅读素养评估的特征解读[J].首都师范大学学报(社会科学版),2019(3):171-179.

[154] 王晓鸽.数字阅读平台的运营模式[J].青年记者,2015(35):75.

[155] 王晓明,赵歆波.阅读眼动追踪语料库的构建与应用研究综述[J].计算机科学,2020,47(3):174-181.

[156] 王晓嫣. 初中语文教学中多媒体的运用研究[D].锦州:渤海大学,2019.

[157] 王馨雪.美国数字阅读的发展与趋势研究——以亚马逊自助数字出版平台为例[J].传媒,2018(6):54-55.

[158] 王学贤,张洁,刘晶晶.大学生数字阅读素养研究——以北华航天工业学院学生为例[J].内蒙古科技与经济,2020(6):70-71.

[159] 王雪.数字时代纸质阅读的"身体感"研究[J].编辑之友,2017(11):16-19.

[160] 王雪野. 传媒经济发展的传媒要素驱动机制研究[D].西安:西北大学,2020.

[161] 王晔.英美两国儿童分级阅读对我国的启示[J].现代情报,2013,33(12):95-98.

[162] 王佑镁.电子课本不同版面要素的眼动行为分析[J].编辑之友,2014(5):89-91,98.

[163] 王佑镁.数字化阅读对未成年人认知发展的影响研究[J].中国电化教育,2013(11):6-11.

[164] 王佑镁.数字化阅读对未成年人社会性发展的影响研究[J].中国电化教育,2014(11):17-22.

[165] 魏戈,缪蓉,Vivitsou M,Kallunki V.数字故事的教学实践:中芬教师比较研究[J].现代远程教育研究,2019(1):78-86.

[166] 温国华.从传播学视角论网络对青少年认知发展的影响[J].中国青年研究,2003(12):16-18.

[167] 沃兹沃思.皮亚杰的认知发展理论[M].武汉:华中师范大学出版社,1986.

[168] 吴昊.图书馆微信公众服务平台探索与创新——以广东省立中山图书馆为例[J].图书馆论坛,2015,35(1):100-104.

[169] 吴兰岸,刘延申,刘怡.促进还是阻碍:全球视域下信息技术早期教育应用的SWOT分析及对策[J].学前教育研究,2016(10):3-17.

[170] 吴莉.国内副省级城市图书馆少儿数字资源建设调查研究[J].图书馆学研究,2019(23):17-25.

[171] 吴亮芳,李建红.分级阅读推广的尴尬与出路[J].出版发行研究,2010(10):15-18.

[172] 吴瑶.儿童数字阅读变革与反思[J].中国出版,2016(2):40-44.

[173] 吴翊楠.针对3~5岁儿童绘本的视觉文化本源性探究[J].艺术工作,2020(1):95-98.

[174] 夏光富.数字媒体对文化传播的演进与重构[J].新闻界,2010(1):32-34.

[175] 夏少琼.增强现实技术在儿童出版物中的应用与实现[D].北京:北京工业大学,2013.

[176] 谢嘉佩.手机新媒体对大学生德育教育的影响[D].武汉:武汉工程大学,2015.

[177] 新华网.2019年度中国数字阅读白皮书[R/OL].(2020-04-23)[2021-04-30].http://www.xinhuanet.com/2020/04/23/c_1125896421.htm.

[178] 熊哲宏,李其维.论儿童的文化发展与个体发展的统一——维果茨基与皮亚杰认知发展理论的整合研究论纲[J].华东师范大学学报(教育科学版),2002(1):1-11.

[179] 徐军英,张康华,张怿.手机阅读与纸质阅读实验效果的对比分析[J].情报资料工作,2015(6):92-96.

[180] 徐婷.数字化阅读及其对传统出版物的影响[D].合肥:中国科学技术大学,2009.

[181] 徐伟,冷静.现代计算机技术的发展方向与趋势[J].电子技术与软件工程,2019(15):114-115.

[182] 徐新贺.浅析现代计算机技术的发展方向与趋势[J].科技视界,2016(8):196-197.

[183] 徐延章.移动阅读App交互体验设计的艺术范式[J].出版发行研究,2016(7):90-93.

[184] 徐艳.基于信息素养视角的碎片化阅读行为实证研究——以图书馆微信平台为例[J].情报科学,2017,35(3):76-81.

[185] 许山杉.增强现实电子书的开发[D].上海:华东师范大学,2011.

[186] 许莹.数字环境下的阅读教育新模式——学前儿童电子书应用带来的启示[J].中国电化教育,2014(10):29-35.

[187] 薛峰.联觉体验视阈下的数字阅读界面设计方法探析[J].出版发行研究,2019(9): 83-86.

[188] 寻海燕.德国公共图书馆少儿阅读推广服务研究——基于"阅读起跑线"计划的实证 [J].出版广角,2019(10):55-57.

[189] 闫国利,熊建萍,臧传丽,余莉莉,崔磊,白学军.阅读研究中的主要眼动指标评述 [J].心理科学进展,2013,21(4):589-605.

[190] 闫国利,梁晓伟,宋子明,何双,兰泽波,董存良,崔琳,郭艳玲.颜色交替文本促进小学 高年级聋生篇章阅读的眼动研究[J].心理科学,2019,42(3):570-576.

[191] 闫国利,刘璐,陈艳婷,朱玉.聋人阅读的眼动研究[J].心理科学,2017,40(03): 553-558.

[192] 严贝妮,方皓,魏梅,帅利君."互联网+"环境下的社区智慧阅读平台构建研究[J].图 书馆学研究,2016(19):19-25.

[193] 严贝妮,邢欣.我国台湾地区公共图书馆少儿数字资源服务调查与分析[J].图书馆建 设,2016(10):43-49.

[194] 严晨,杨智坤.数字出版物界面设计中的3C原则[J].科技与出版,2010(5):47-48.

[195] 严洪.数字媒体技术解决方案市场概况[J].中国新通信,2011,13(6):80-83.

[196] 严玲艳,胡泊.美国公共图书馆儿童数字阅读推广实践调查及启示[J].图书情报工作, 2018,62(04):137-144.

[197] 杨杰,金花.数字媒体艺术专业课程体系构建的探讨[J].黑河学院学报,2017,8(6): 92-93.

[198] 杨莉,郭晶,周锋,钱吟.图书馆云阅读平台的设计与思考[J].数字图书馆论坛,2018 (02):67-72.

[199] 杨连成,许嘉璐.纸质阅读不可能被代替[N].光明日报,2010-12-03(2).

[200] 杨嵘均.网络智能时代纸质阅读向数字阅读模式跃迁的裂陷与弥合[J].南京社会科 学,2019(12):108-116.

[201] 杨少梅,王婷,李胜利.基于模糊层次分析法的微信英语学习平台用户满意度综合评 价——以水滴阅读为例[J].图书情报工作,2019,63(21):97-104.

[202] 杨文建.高校读者移动阅读现状与图书馆资源服务转型研究——以重庆市为例[J].现 代情报,2014,34(10):96-99.

[203] 杨文建.基于移动阅读需求的高校图书馆数字资源建设研究[J].新世纪图书馆,2015 (09):42-46.

[204] 姚浩斯拉.浅析现代计算机技术的发展方向与趋势[J].科技创新导报,2015,12(3): 41-42.

[205] 叶凤云.数字媒体阅读受众行为模式研究[J].图书馆工作与研究,2012(8):21-24.

[206] 叶兰编译.加拿大国家图书档案馆2008—2011年战略规划[J].图书情报工作动态, 2008(7):1-3.

[207] 叶文伟."互联网+"时代背景下图书馆数字阅读服务策略探析[J].图书馆工作与研 究,2016(8):101-104.

[208] 尹国强.儿童数字化阅读研究[D].重庆:西南大学,2017.

[209] 用印刷教科书学习比用屏幕学习更有效[J].图书馆建设,2019(2):164-166.

[210] 于朝晖.CNNIC发布第44次《中国互联网络发展状况统计报告》[J].网信军民融合,2019(9):30-31.

[211] 于凝雨.英国公共图书馆儿童服务研究[J].图书馆建设,2016(11):44-49,61.

[212] 余闻婧.如何培养学生的数字化阅读素养?[J].课程·教材·教法,2019,39(1):79-85.

[213] 俞向军,宋乃庆,王雁玲.PISA2018阅读素养测试内容变化与对我国语文阅读教学的借鉴[J].比较教育研究,2017,39(5):3-10.

[214] 袁梦群,严贝妮.省级少年儿童图书馆数字资源服务调查与分析[J].图书馆理论与实践,2019(8):70-73.

[215] 袁曦临,王骏,刘禄.纸质阅读与数字阅读理解效果实验研究[J].中国图书馆学报,2015(5):35-46.

[216] 袁曦临,王骏,陈霞.移动阅读与纸质阅读对照实验研究[J].图书馆建设,2012(3):74-76,81.

[217] 张晗.新闻图表数字阅读眼动实验研究[J].出版科学,2020,28(1):53-60.

[218] 张竑.数字媒体时代的三维动画变革研究[D].哈尔滨:哈尔滨师范大学,2010.

[219] 张洪波.增强现实技术在教学中的应用研究[D].开封:河南大学,2012.

[220] 张汇."微时代"公共图书馆阅读推广的创新实践——以上海青浦区"清阅朴读"为例[J].新世纪图书馆,2016(1):45-48.

[221] 张杰芳.数字故事在初中生物学教学中的应用[J].生物学教学,2017,42(08):39-41.

[222] 张金秀.运用分级阅读培养中学生英语阅读素养的实证研究与启示[J].课程·教材·教法,2018,38(7):73-80.

[223] 张军花.移动互联网时代少儿阅读方式嬗变研究[D].西安:陕西师范大学,2017.

[224] 张莉云.维果茨基认知发展理论的当代发展及教育启示[D].长春:东北师范大学,2008.

[225] 张茂林,杜晓新.阅读预期对不同阅读策略特点聋人大学生快速阅读影响的眼动研究.中国特殊教育,2012(3):41-46.

[226] 张蓬.青少年网络阅读问题探析[J].理论界,2009(12):168-169.

[227] 张淑萍,范国睿.以数字故事促进学生21世纪技能发展——基于对芬兰"数字故事"研究的分析[J].开放教育研究,2015,21(6):53-61.

[228] 张所帅.PISA阅读素养特征维度比重变化分析与解读[J].教育科学研究,2017(8):31-34.

[229] 张文涛,李慧娟.我国远程教育学习资源的现状与高质量发展研究[J].天津电大学报,2020,24(4):28-31.

[230] 张效祥.计算机科学技术百科全书[M].3版.北京:清华大学出版社,2018.

[231] 张兴刚,袁毅.自媒体阅读平台用户关系网络研究——以"十点读书"微信公众号为例[J].情报理论与实践,2017,40(5):82-86.

[232] 张艳萍.浅析中国新媒体发展及趋势[J].安徽文学(下半月),2009(11):372-373.

[233] 张燕南.大数据的教育领域应用之研究[D].上海:华东师范大学,2016.

[234] 张颖.国际阅读素养进展研究(PIRLS)项目评[J].中学语文教学,2006(12):3-9.

[235] 张玉珍.在竞争中共同发展——论电子文献与纸质文献的关系[J].中国图书馆学报,2003(1):51-54

[236] 张震东.数字媒体时代环境设计教育的发展研究[D].黄石:湖北师范大学,2017.

[237] 张祖忻.绩效技术概论[M].上海:上海外语教育出版社,2003.

[238] 赵海霞,陈清.基于用户黏性数字化阅读奖励机制的发展策略——以起点中文与QQ阅读为例[J].图书馆学研究,2019(23):65-69,88.

[239] 赵霞.新媒体对青少年阅读的影响研究[J].中国青年研究,2014(02):21-26.

[240] 赵宣.数字化阅读与传统阅读比较研究——兼谈阅读经典文献的有效介质[J].新世纪图书馆,2012(02):39-41,11.

[241] 赵芷涵.数字时代传统阅读的现代使命[D].合肥:安徽大学,2010.

[242] 郑白玲,刘世英.定制式大学英语阅读自主学习平台设计模式研究[J].外国语文,2016,32(2):148-151.

[243] 郑方奇,赵宇翔,朱庆华.用户体验视角下数字阅读平台人机交互界面的比较研究[J].图书馆杂志,2015,34(7):50-58.

[244] 郑敏芳,崔红叶.国内《格萨尔》史诗传播研究综述[J].四川民族学院学报,2021,30(2):1-7.

[245] 钟君.国际视角下教育质量评价的实践与探索——基于PISA的天津市义务教育进展评估[M].天津:天津人民出版社,2014.

[246] 周大镕.基于增强现实的体验式教学演示软件的设计与实现[D].桂林:广西师范大学,2014.

[247] 周桂珍,王江虹.现代教育技术[M].北京:教育科学出版社,2012.

[248] 周世明,郭韬.刍议影视动画中数字媒体艺术的应用[J].采写编,2017(1):116-117.

[249] 周文清.数字时代的关联主义学习理论研究[D].上海:华东师范大学,2014.

[250] 周宇,魏太亮,廖思琴.基于移动阅读的高校图书馆信息资源推荐策略与应用研究[J].现代情报,2015,35(10):161-164.

[251] 周钰,王娟,陈憬,李永锋.信息载体影响文本阅读的实证研究——基于数字阅读与纸质阅读的比较[J].中国远程教育,2015(10):21-26,79-80.

[252] 朱婷婷,尹贵.浅析数字媒体产业的发展现状及前景[J].科教导刊(中旬刊),2012(10):226-227.

[253] 朱咫渝,史雯.新媒体时代数字化阅读的审视[J].现代情报,2011,31(2):26-29.

[254] Aliagas C,Margallo A M. Children's responses to the interactivity of storybook apps in family shared reading events involving the iPad[J]. Literacy, 2017,51(1):44-52.

[255] Belanger N N,Baum S R,Mayberry R I. Reading difficulties in adult deaf readers of french: Phonological codes, not guilty! [J]. Scientific Studies of Reading,2012,16(3):263-285.

［256］Burner J. Celebrating divergence：Piaget and Vygotsky［J］. Human Development，1997,40(2):63-73.

［257］Davis D S, Neitzel C. Collaborative sense-making in print and digital text environments［J］. Reading and Writing,2012,25(4):831-856.

［258］Fesel S S, Segers E, Clariana R B, Verhoevena L. Quality of children's knowledge representations in digital text comprehension：Evidence from pathfinder networks ［J］. Computers in Human Behavior,2015(48):135-146.

［259］Harry T. Creating a library brand for electronic resources［J］. Mississippi Libraries，2010,74(1):6-9.

［260］Jacob R J, Karn S K. Eye tracking in human-computer interaction and usability research：Ready to deliver the promises［C］//Hyn J, Radach R, Deubel R. The Mind's Eye：Cognitive and Applied Aspects of Eye Movement Research. Amsterdam：Elsevier Science,2003.

［261］Jang B G, Ji H R, Smith K C. Latent profiles of adolescent toward print and digital reading among adolescents［J］. Reading and Writing,2021(34):1115-1139.

［262］Kim J E, Hassinger-Das B. Reading in the Digital Age：Young Children's Experiences with E-books［M］. Berlin：Springer,2019.

［263］Korat O, Levin I, Atishkin S, et al. E-book as facilitator of vocabulary acquisition：Support of adults, dynamic dictionary and static dictionary ［J］. Reading and Writing, 2014, 27(4):613-629.

［264］Kortemeyer G, Dröschler S. A user-transaction-based recommendation strategy for an educational digital library［J］. International Journal on Digital Libraries, 2021,22(2):147-157.

［265］Lambert J. Digital Storytelling：Capturing Lives, Creating Community［M］. New York：Routledge,2013.

［266］Lambert J. Digital Story Telling Cookbook ［M］. Berkeley：Digital Diner Press,2010.

［267］Mathôt S, Siebold A, Donk M, et al. Large pupils predict goal-driven eye movements ［J］. Journal of Experimental Psychology：General,2015,144(3):513-521.

［268］Megino-Elvira L, Martin-Lobo P, Vergara-Moragues E. Influence of eye movements, auditory perception, and phonemic awareness in the reading process ［J］. Journal of Educational Research,2016,109(6):567-573.

［269］Murase T, Dale P S, Ogura T, et al. Mother-child Conversation during Joint Picture Book Reading in Japan and the USA ［J］. First Language, 2005, 25(2):197-218.

［270］Naumann J, Slzer C. Digital reading proficiency in German 15-year olds：Evidence from PISA 2012［J］. Zeitschrift für Erziehungswissenschaft,2017, 20(4):585-603.

［271］Retscher G, Leb A. Development of a smartphone-based university library navigation

and information service employing wi-fi location fingerprinting[J]. Sensors,2021,21
(2):432.

[272] Sargezeh B A, Tavakoli N, Daliri M R. Gender-based eye movement differences in
passive indoor picture viewing:An eye-tracking study[J]. Physiology & Behavior,
2019,206:43-50.

[273] Schmidt J. Promoting library services in a google world[J]. Library Management,
2007,28(6/7):337-346.

[274] Segal-Drori O,Korat O,Shamir A. Reading electronic and printed books with and
without adult instruction:effect on emergent reading. Reading and Writing,2010,
23:913-930[2021-05-21]. http://dx. doi. org/10. 1007/s11145-009-9182-x.

[275] Wang L, Lee H, Ju D Y. Impact of digital content on young children's reading
interest and concentration for books[J]. Behaviour and Information Technology,
2019,38(1):1-8.

[276] Zhan Z, Wu J, Mei H, et al. Gender differences in eye movements during online
reading[C]//Cheung S,Jiao J, Lee L K, et al. Communications in Computer and
Information Science. Berlin:Springer,2019.